Understanding Pragmatics

語用論の基礎を理解する

Gunter Senft [著]

石崎雅人・野呂幾久子 [訳]

Understanding Pragmatics
語用論の基礎
を理解する

開拓社

Understanding Pragmatics

by Gunter Senft

Copyright © Gunter Senft, 2014
Japanese edition © M. Ishizaki and I. Noro, 2017

All Rights Reserved. Authorized translation from the English language
edition published by Routledge, a member of the Taylor & Francis Group.

Japanese translation rights arranged with
Taylor & Francis Group, Abingdon
through Tuttle-Mori Agency, Inc., Tokyo.

訳者はしがき

　本書は，*Gunter Senft, Understanding Pragmatics*, London and New York: Routledge, 2014 の全訳である．語用論に関しては，すでに英語，日本語とも少なからぬ数の書籍が出版されており，またきわめて評判の高いものも存在する．この状況の中でなぜ翻訳書を出版することにしたのかについて疑問を持たれる読者もいるかもしれない．以下ではその理由を説明したい．

　本書にあるように語用論は超領域的（transdisciplinary）であり，1 冊の書籍ですべての領域を対象とすることが難しい．語用論とまとめてしまえば書籍の数は少なくないように見えても，領域の選択によって異なる書が構成できることを意味する．本書は，哲学，心理学，人間行動学，民族誌学，社会学，政治学に関連する知見を取り上げており，訳者の視点からはとてもバランスの良い選択がなされていると思われた．また，取り上げる話題について，原文を多く引用しながら，研究の始まりから現在までを簡潔にまとめ，さらに，複数の分野にわたる話題の共通性を考えるために，著者によるフィールド調査の経験について各分野の知見から考えるような工夫もなされている．専門の研究者は，原著をひもとけばよいが，この分野に新たに入ってくる人たち，もしくはすでに上記の分野のどこか 1 つで研究をしているが，さらに語用論について理解を深めようとする人たちに，知見を理解するとともに，さらに学び続けるための文献が示されている書として役立つと考えた．

　翻訳書の必要性について議論がある．原書で学ぶことの重要性は論を俟たないが，この分野に新たに入ってくる人たち，語用論におけるさまざまな分野を学ぼうとする人たちには，少なくとも現在の日本において，本書が分野への橋渡しになると考え翻訳をすることにした．さまざまな用語に関しては，従来の訳語を可能な限り尊重しながらもそれにはこだわらず，入門書であることを意識してできるだけ読みやすくなるように心がけた．翻訳の分担は，東京慈恵会医科大学・野呂幾久子教授が 2 章，3 章を，石崎が，序章，1 章，4 章，5 章，6 章，7 章を担当した．

　本書を翻訳するにあたっては，日本女子大学井出祥子名誉教授，同大学院文

学研究科藤井洋子教授から翻訳を進めることについて暖かい励ましをいただいた．とくに井出祥子教授からは，本書の序言まで寄稿していただいた．また，東京大学大学院学際情報学府博士後期課程小林伶さん，藤井洋子教授研究室博士後期課程杉崎美生さん，阿部あかりさん，小澤雅さん，鹿野浩子さん，櫻田怜佳さん，博士前期課程幸田瑞希さんからは，本書が想定する読者の視点から有益な示唆を得た．また，本書を企画，出版するにあたり，開拓社川田賢氏には多大なご助力をいただいた．ここに記して謝意を表する．言うまでもなく，翻訳について不十分な点に関する責任はすべて訳者にある．本書が語用論を学ぶ人たちにとって有益なものになることを願っている．

訳者を代表して

石崎　雅人

著者から日本の読者へのメッセージ

日本の言語研究者，特に語用論，意味論・語用論・文化・認知の相互作用を専門とする研究者と 2000 年以降，密に連絡を取ってきた．日本での滞在中は，言語研究に関して理論的・経験的な観点から，興味深く，思慮深い議論を友好的，開放的な環境で行ってきた．私の著書である *Understanding Pragmatics* の翻訳により，言語使用の研究に関心をもつ多くの日本の学生に読んでもらい，本書の語用論への学際的取り組みにより言語学におけるこの超領域的な領域を研究しようと考えてもらうことになれば幸いである．本書の翻訳には，東京大学大学院情報学環・石崎雅人教授，東京慈恵会医科大学・野呂幾久子教授に労を取っていただくとともに，出版に関してラウトリッジ出版社，開拓社の関係者に大変お世話になった．ここに記して感謝の意を表する．

グンター・ゼンフト

本書の出版に寄せて

表紙の強烈な赤い花が目に飛び込んできた．それは，東京駅近くの書店で次年度の参考書を探するために言語学関係の書籍の棚を見ているときだった．緑の背景に映る南国の深紅の色に惹かれて手にした本は，*Understanding Pragmatics* と題する語用論の概論であった．内容を見ると，類書にはみられない巨視的・多角的視野で語用論が捉えられ，記述は平易である．この本を訳して日本の読者に読んでもらいたい．そう思われた石崎雅人教授は野呂幾久子教授を誘って翻訳の労をとられた．本書『語用論の基礎を理解する』誕生の経緯である．

石崎先生の目を捉えた美しい花は，パプアニューギニア東部に位置するトロブリアンド諸島に咲くプルメリアであり，原著者グンター・ゼンフト教授が撮影したものが原著の表紙だが，訳本でもその表紙が受けつがれていることは幸いである．ゼンフト教授は，30 年間にわたり島の人々の言語であるキリヴィラ語を土着文化の中で捉えるフィールドワークを行ってきたエスノグラファーである．彼は，オランダのマックスプランク心理言語研究所のシニア研究員であると同時にドイツのコロン大学の言語学特任教授でもあり，多数の出版で著名な言語学者でもある．

ゼンフト教授は，国際語用論学会（IPrA）の機関誌 *Pragmatics* の編集長を2017 年まで 25 年間務めてきた方である．世界各地から投稿される原稿を長年編集長として非西欧も含めた言語に関するの語用論論文を多数扱ってきた．その幅広い関心と経験は，本書で扱っている例文が非西欧語のものまでも含まれていることに現れている．

本書は，語用論を哲学，心理学，人間行動学，民族誌学，社会学，政治学といった西欧学問の系譜との関わりで基本的問題を概説し，課題，さらに学びを深めるための文献を添え，読者にやさしい配慮が施されている．しかし，最後

vii

viii

の章では，「語用論を理解する：まとめと展望」として，既存の語用論の枠組みから解き放たれて，超領域的に，マルチモーダルに，異言語文化の比較を推し進めることで，これまで叶わなかった地球上の多様な人々の言語・文化を捉える解放的語用論を推奨していることは，本書が語用論の類書には見られない特徴といえよう．

ゼンフト教授がフィールドワークを始めた 30 年前は，トロブリアン諸島の子供達はきれいな海で遊んでいた．しかし，最近は環境汚染のためにそれが不可能になってしまったという．その嘆きには，彼のサステイナブルな地球への眼差しがみてとれる．私達言語研究者は，地球社会のインフラである多様な言語を，それを使う人々の多様な文化と共に尊重し，この地球上で共生する秩序を見いだす，という課題がある．原著者，翻訳者達が共に心にいだき，本の表紙を飾っている南国の深紅のプルメリアのイメージは，非西欧世界の美しい輝きの象徴のひとつであり，そこから得られるメッセージは本書を貫いている．

『語用論を理解する』が多くの読者に愛され，既存の語用論を理解するに留まらず，身近な日本語の言語現象から挑戦的な研究課題に取り組んで下さる方が沢山生まれることを期待している．

井出　祥子

目　次

訳者はしがき　　v
著者から日本の読者へのメッセージ（グンター・ゼンフト）　　vi
本書の出版に寄せて（井出祥子）　　vii
省略記号　　xiv
謝　辞　　xvii

序　章 ·· 1

　事例による本書の案内 ·· 1
　語用論的転回 !? ·· 3
　本書の構成 ·· 5
　　第1章　語用論と哲学 ·· 6
　　第2章　語用論と心理学 ·· 7
　　第3章　語用論と人間行動学 ·· 8
　　第4章　語用論と民族誌学 ·· 9
　　第5章　語用論と社会学 ··· 10
　　第6章　語用論と政治 ··· 11
　　第7章　語用論の基礎を理解する ··· 13

第1章　語用論と哲学
　　　　　──我々は言語を使用するとき，何を行い，実際に何を意味するのか：
　　　　　言語行為論と会話の含みに関する理論──
　　　　　·· 15

　1.1　はじめに ·· 15
　1.2　ジョン・オースティンによる言語行為論 ······························ 17
　　1.2.1　陳述対何かをする発話（事実確認発話対行為遂行発話） ··············· 17

ix

x

| | 1.2.2 | オースティンの議論における 2 つの転回 ………………… | 20 |

1.2.3 何かを言う，何かを行う，効果を生み出す発話：発語行為，発
語内行為，発語媒介行為 ……………………………… 23

1.3 サールによる言語行為論 ………………………………… 27

1.3.1 言語行為とは何か ………………………………… 27

1.3.2 誠実な約束と命題内容条件 ………………………… 29

1.3.3 発語内行為と構成的規則 …………………………… 30

1.3.4 サールによる発語内行為の分類 …………………… 32

1.3.5 直接・間接言語行為 ………………………………… 36

1.3.6 複数の文化の視点からの言語行為論 ……………… 40

1.4 社会的なつながりをつくる力に関するピーター・シューレンによる論考 ‥ 43

1.5 会話の指針となる格率：グライスによる会話の含みに関する理論 ……… 45

1.5.1 はじめに ……………………………………………… 45

1.5.2 グライスによる協調の原則とそれを構成する会話の格率 … 46

1.5.3 どのようにして会話の格率は破られるか，あるいは，「故意に守
られないか」 …………………………………………… 48

1.5.4 会話の含みに関する 5 つの性質 …………………… 50

1.5.5 人類言語学の観点からのグライスの理論 ………… 51

1.6 まとめ …………………………………………………… 53

1.7 課題 ……………………………………………………… 54

1.8 さらに学びを深めるための文献 ………………………… 55

第 2 章　語用論と心理学
―直示参照とジェスチャー―
………………………………………………………… 57

2.1 はじめに …………………………………………………… 57

2.2 直示参照 …………………………………………………… 58

2.3 空間直示 …………………………………………………… 62

2.3.1 キリヴィラ語における空間直示 …………………… 68

2.3.1.1 指示詞 ……………………………………… 68

2.3.1.2 キリヴィラ語における指示詞の非空間的用法 …… 77

2.3.1.3 場所格と方向詞 …………………………… 79

2.3.1.4 空間参照枠 ………………………………… 82

2.4 ジェスチャー ……………………………………………… 87

2.4.1 はじめに ……………………………………………… 87

2.4.2 ジェスチャー，言語，心 …………………………… 89

2.4.3　複数の文化における発話とともになされるジェスチャーの多様性：
　　　　　ジェスチャー使用に関する語用論 ……………………………………… 96
　　2.4.4　語用論的ジェスチャー ………………………………………………… 102
　2.5　まとめ ……………………………………………………………………… 105
　2.6　課題 ………………………………………………………………………… 107
　2.7　さらに学びを深めるための文献 ………………………………………… 108

第3章　語用論と人間行動学
——コミュニケーション行動の生物学的基盤——
………………………………………………………………………………… 109

　3.1　はじめに …………………………………………………………………… 109
　3.2　表出動作およびその記号への儀礼化 …………………………………… 110
　　3.2.1　表情 ………………………………………………………………………… 112
　　3.2.2　対人距離と身体動作行動：近接空間学と身体動作学 ……………… 116
　3.3　儀礼，儀礼的コミュニケーション，相互行為方略 …………………… 119
　　3.3.1　儀礼と儀礼的コミュニケーションに関する総論 …………………… 119
　　3.3.2　基本的相互行為方略の概念 …………………………………………… 122
　　3.3.3　エイポ族言語共同体における要請する，与える，受け取る行為
　　　　　に見られるちょっとした儀礼 ……………………………………… 124
　　3.3.4　儀礼的コミュニケーション形式：ヤノマモ族の椰子の実祭り ……… 129
　　3.3.5　人間の「相互行為エンジン」………………………………………… 136
　3.4　まとめ ……………………………………………………………………… 139
　3.5　課題 ………………………………………………………………………… 141
　3.6　さらに学びを深めるための文献 ………………………………………… 142

第4章　語用論と民族誌学
——言語・文化・認知の相互関係——
………………………………………………………………………………… 143

　4.1　はじめに …………………………………………………………………… 143
　4.2　交感的言語使用 …………………………………………………………… 144
　4.3　言語相対説：サピア-ウォーフの仮説 ………………………………… 157
　4.4　言語使用の民族誌学 ……………………………………………………… 166
　　4.4.1　クナ語の言語使用 ……………………………………………………… 170
　　　4.4.1.1　クナ語における挨拶と別れの表現 ……………………………… 172

xii

	4.4.1.2 治療と呪術の言語 …………………………………… 173
	4.4.1.3 思春期の少女の儀礼における言語 ………………… 174
4.4.2	言語使用の民族誌学：批判的評価 ……………………… 177
4.5	まとめ ……………………………………………………… 179
4.6	課題 ………………………………………………………… 181
4.7	さらに学びを深めるための文献 ………………………… 182

第5章 語用論と社会学
――日常における社会的相互行為――
　　　………………………………………………………… 183

5.1	はじめに …………………………………………………… 183
5.2	アーヴィング・ゴフマンによる相互行為の秩序 ……… 183
5.3	ハロルド・ガーフィンケルによるエスノメソドロジー ………… 194
5.4	ハーヴィ・サックスと会話分析 ………………………… 201
5.5	まとめ ……………………………………………………… 220
5.6	課題 ………………………………………………………… 221
5.7	さらに学びを深めるための文献 ………………………… 222

第6章 語用論と政治
――言語，社会階級，人種，教育，言語イデオロギー――
　　　………………………………………………………… 223

6.1	はじめに …………………………………………………… 223
6.2	バジル・バースティンによるコード理論 ……………… 225
6.3	ウィリアム・ラボフと変異理論 ………………………… 228
6.4	言語イデオロギー ………………………………………… 233
6.4.1	太平洋地域における2つの言語共同体の言語イデオロギー ……… 235
	6.4.1.1 ソロモン島ホニアラにおける言語イデオロギー ……… 236
	6.4.1.2 ラパ・ヌイ語における言語イデオロギー ………… 237
6.4.2	敬語の言語イデオロギー ………………………………… 242
6.5	まとめ ……………………………………………………… 249
6.6	課題 ………………………………………………………… 251
6.7	さらに学びを深めるための文献 ………………………… 252

第 7 章　語用論を理解する
　　　　　—まとめと展望—
‥‥‥‥‥‥‥‥‥‥‥‥‥‥‥‥‥‥‥‥‥‥‥‥‥‥‥‥‥‥‥‥ 253

7.1　はじめに ‥‥‥‥‥‥‥‥‥‥‥‥‥‥‥‥‥‥‥‥‥‥‥‥ 253
7.2　まとめ ‥‥‥‥‥‥‥‥‥‥‥‥‥‥‥‥‥‥‥‥‥‥‥‥‥ 253
7.3　解放的語用論：語用論における将来の展開に関する概観 ‥‥‥‥‥‥‥ 258

参考文献 ‥‥‥‥‥‥‥‥‥‥‥‥‥‥‥‥‥‥‥‥‥‥‥‥‥‥‥‥ 261

索　　引 ‥‥‥‥‥‥‥‥‥‥‥‥‥‥‥‥‥‥‥‥‥‥‥‥‥‥‥‥ 289

著者・訳者紹介 ‥‥‥‥‥‥‥‥‥‥‥‥‥‥‥‥‥‥‥‥‥‥‥‥ 305

省略記号

引用例は標準的な表記とするため変更したところがある（可能な限りライプツィッヒ注釈規則に従った）.

1	first person（1 人称）
2	second person（2 人称）
3	third person（3 人称）
ABS	absolutive（絶対格）
ACAUS	anti-causative（逆使役形）
ACS	achieved change of state particle（完了不変化詞）
AN	animate（有生の）
ASP	neutral aspect（中立相）
CLF	(numeral) classifier（助数詞）
CNJ	conjunction（接続詞）
COP	copula（連結詞）
CRA	cross-reference set A（>ergative=, possessor）（相互参照セット A（能格, 所有者）
CRB	cross-reference set B（>absolutive=）（相互参照セット B（絶対格））
Dat	dative（与格）
DEF	definiteness marker, definite determiner（定標識, 定限定詞）
DEIC	deictic（直示）
DEM	demonstrative（指示詞）
DF	disfluency（非流暢性）
DIM	diminutive（指小辞）
DIR	directional（方向格）
DIST	distal（遠称）
E	experimenter（実験者）

EXCL	exclusive（除外）	
EXIST	existential predicate（存在述語）	
FP	final particle（末尾不変化詞）	
FUT	future（未来）	
H	hearer（聞き手）	
HON	honorific prefix（敬意接頭辞）	
IMPF	imperfective（未完結相）	
INC	incompletive（未完成相）	
INCL	inclusive（包含）	
LOC	locative（場所格）	
M	masculine（男性）	
MED	medial（中間項）	
ms	milliseconds（ミリ秒）	
NMLZ	nominalizer（名詞化）	
N	proper name (Moerman transcript, subsection 5.4)（固有名（モーマンの転記，5.4節））	
NOMP	nominative particle（主格不変化詞）	
OBL	oblique（斜格）	
P	particle（不変化詞）	
PAST	past（過去）	
(p.c.)	personal communication（私信）	
PL	plural（複数）	
PP.IV	possessive pronoun series IV in Kilivila, marking inalienable possession（キリヴィラ語における所有代名詞系IV（譲渡不可能所有を有標化））	
POSS	possessive（所有格）	
PRS	present（現在）	
PRN	pronoun（代名詞）	
PROG	progressive（進行形）	
PRT	unanalysed sentential particle（未分析文不変化詞）	
PT	discourse/evidential particle（談話的／確認的不変化詞）	
PRV	pro-verb（代動詞）	

QPRT	question particle（疑問不変化詞）
QUOTP	quotative particle（引用不変化詞）
S	subject (in an experiment)（実験参加者）
	speaker（話し手）
SG	singular（単数）
T	title（称号）
TCPs	turn-completion points（順番完了点）
TCUs	turn-constructional units（順番構成単位）
TRPs	transition-relevance places（順番移行可能場所）

謝　辞

　この本の執筆にあたって多くの助力を得た．ここに記して感謝の意を表する．バーナード・コムリー（Bernard Comrie），グレヴィル・コルベット（Greville Corbett）は，「言語を理解する（Understanding Language）」双書における語用論への入門の執筆を勧めてもらい，3名の匿名査読者からは執筆案に対して建設的で示唆に富むコメントをもらった．また，グレヴィルとバーナードは執筆過程のさまざまな段階において編集上の有用な助言をくれた．

　友人，同僚であるマーク・ディンジマンス（Mark Dingemanse），アド・フーレン（Ad Foolen），エルマ・ヒルブリンク（Elma Hilbrink），イングジャード・ホエム（Ingjerd Hoem），ピーター・シューレン（Petere Seuren）は，草稿を読み，詳細で深い理解に基づく有用なコメントをしてくれるとともに，参考文献の候補を挙げてくれた．ピーター・シューレンには言語表現を丁寧に確認してもらい，修正案まで提示してもらった．

　またミュンスター大学言語学科博士課程の学生，とくにラヘル・ベイヤー（Rahel Beyer），エライザ・フランツ（Eliza Franz），カタリナ・ケーニッヒ（Katharina König），イルカ・ペスチェック（Ilka Pescheck），ベレナ・ベッカー（Verena Wecker），チアン・ズー（Qiang Zhu）には，本書が想定する読者の目で草稿を批判的に読んでもらい，意見をもらった．言うまでもないが，本書の内容に関するすべての責任は著者にある．

　本書の出版に関しては，クリスティーン・アンドリュース（Kristin Andrews），スーザン・ミラーシップ（Susan Millership），ルーシー・ウィンダー（Lucy Winder）（以上，ホッダー・エデュケーション社（Hodder Education）），イザベル・チェン（Isabelle Cheng），レイチェル・ドー（Rachel Daw），ナディア・シーマングル（Nadia Seemungal），ルイジアナ・セムリェン（Louisa Semlyen）（以上，ラウトリッジ社（Routledge）），ロブ・ブラウン（Rob Brown）（サクソン・グラフィクス社プロジェクト・マネージャー），編集を担当してくれたローラ・ホース（Lorna Hawes）により，それぞれの専門からの助力を得た．またパシフィック・リングイスティクス社（Pacific

xvii

Linguistics），ハワイ大学出版会（the University of Hawai'i Press），ムートン・ド・グロイター社（Mouton de Gruyter）からは，著者の論文・書籍の一部を本書に利用することに対して許諾を得た．

　最後になるが，仕事と人生をともにしてくれる妻バーバラ（Barbara）に感謝する．

Understanding Pragmatics
語用論の基礎を理解する

序　章

事例による本書の案内

筆者は1982年にパプアニューギニア・トロブリアンド諸島で言語と文化に関するフィールド研究を始めた．以下は研究を始めたときの経験である．

> 朝起きて歯をみがいた後，タオルと，石鹸，シャンプー，ブラシ，その他西欧人にとっての風呂の必需品を入れた小さな箱を持ち，村を通って淡水のある洞窟への小道を歩くのを日課としていた．タウウェマ（Tauwema）南東の低木地帯を行く10分ぐらいの道程である．村人は，持っているものから私がどこへ行こうとしているかはわかっていただろうと思う．しばらくしてからは村人はみんな，これが私の朝の日課の一部だとわかっていたはずである．それにもかかわらず，村の中であろうと，洞窟への小道であろうと，みんないつも（あなたはどこに行きますかという意味で）「Ambe?（どこへ）」と聞いてきた．最初は笑顔でブゲイ（Bugei）という洞窟の名前を答えていたが，数週間がたち現地のことばが少しわかってきてからは，「どこへ」を聞く人たちに対して，（おろかなことに）苛だってタオルをひらひらさせたり，「O, kunuk-wali, bala Bugei makala yumyam（いつものようにブゲイに行くんだよ）」と答えていた．
>
> 数日このように質問に答えていたら，隣人，友人であり，研究に関する最高の情報提供者であるWeyeiが近づいてきて，その質問にはいつもできるだけ正確に答えなければいけないと教えてくれた．さらにことばがわかるようになってからは，その助言に従い，「Ambe?（どこへ）」の質問に対してトロブ

リアンド諸島での適切なやり方で答えられるようになった.「Bala bakakaya baka'ita basisu bapaisewa（行きます，風呂に入ります，戻ります，村に滞在します，働きます）」といったように.

Weyei のおかげで村人の質問は実のところ挨拶のきまり文句であることを理解した.トロブリアンド諸島の人々が出会い，互いに親しさを表したいときには Bwena kaukwa（おはよう）といった決まり文句の挨拶をしない.代わりに互いにどこにいくかを確認する.彼らは，（上記の例のように）この確認に対していつもできるだけ誠実にわかりやすく答える.これには実際上の理由がある.カイレウナ（Kaile'una）島にあるすべての道，トロブリアンド諸島に属する島のほとんどの道は，ふみかためられた小道となっている.そこからはごつごつしたサンゴの岩へ続いていて，ちょっとしたことで足にけがをしてしまう.またココナッツの林を横切っている道があり，そこで通行人は落ちてくるココナッツでひどいけがをすることもある.さらにトロブリアンド諸島の人々はコシ（kosi）をとても恐れている.彼らの信じるところによるとコシは死者の霊魂である.その霊魂は死後すぐにしかるべくほうむられなかったので生きている人々を恐れさせる.コシの亡霊は方向をわからなくさせるなど，ジャングルの中にいる人をこわがらせることがある.このようなわけで，この挨拶の形式への答えは目的地までの安全な移動と到着を確認する機能をもつ.挨拶の答えの中で述べられた場所に，ある程度の時間が過ぎても相手が現れなかったら，村の仲間や友人が探しに行く.つまり，この質問によって挨拶されることは地域社会がその人を大切に考えていることを示している.これは社会的なつながりをつくる毎日の日課である.村の仲間からこのように挨拶をされないトロブリアンド島民は，彼らの社会に対して深刻な害をなすに違いないと考えられるほど重要なものである.村の人々がこの質問をしないということは，その村人のことを大切に考えていないことを示唆する.ときどきとはいえ，思いあがってくだらない質問だと勘違いして笑顔をつくるのは全く適切でない反応であり，村に数日滞在しただけでタウウェマ（Tauwema）の人々からこの質問で挨拶されたことは，彼らの社会に受け入れてくれた好意と善意の最初のしるしであったのだ[1].

この誤解の例がまさにこの本が何についてか述べるかを示している.私はトロブリアンド言語共同体への新しい参加者として，トロブリアンド諸島民が社会

---

[1] この点については Senft (1995: 217f.) で述べた.

的相互行為において彼らの言語であるキリヴィラ語（Kilivila）をどのように使っているか，単語，句，文がどのようなコンテクストでどのような意味を伝えるのか，彼らの言語使用は話者のコミュニケーション行動において／対してどのような機能をもつのかに関して，慣習，規範，規則を何も知らなかった．この種の知識を得るためにはトロブリアンド諸島民による言語使用に関する文化特有の形式を調べる必要がある．言語学において言語使用について研究する分野を「語用論」[2]という．本書はこの分野への案内役を果たす目的で書かれたものである．

　語用論は実際の言語使用を扱う言語学の一分野である．言語使用には文法や語彙だけではなく，文化，状況，対人関係，慣習も関係する．語用論の主な目的の1つは（上記の逸話で示したように）広い意味でコンテクストと慣習が意味と理解にどのように寄与するかを明らかにすることにある．つまり，意味が社会や文化にどのように埋め込まれているかが本書の焦点となる．

語用論的転回 !?

現代の語用論におけるパイオニアであり，分野を先導する研究者であるヤコブ・メイ（Jacob Mey）は，この分野を「言語学と呼ばれる由緒ある科学における最も歴史の浅い下位分野」であるとしている（Mey 1994: 3261; Mey 1993: 3,18）．メイや他の研究者たちは，1970年代以降語用論研究が開始され，徐々に研究者が増え，影響力が増してきているのを見てきた．それは，ノーム・チョムスキー（Noam Chomsky）による「完全に均一な言語社会における理想的な話者／聴者」（Chomsky 1965: 3）を研究の対象とし，言語能力は内省にもとづいて言語学者により記述され分析されるという主張に至る，アメリカ構造言語学の展開に対する応答／反発を理由の一部としていた．言語学においてチョムスキーの研究枠組みの影響力が増すにつれ，徐々に言語学者はこの枠組みによる全体的な抽象化が言語の現実を無視していることに気づくようになっ

---

　[2] この用語は Charles Morris (1938) によって最初に使用された．その源流には記号の一般科学（記号論）を展開したチャールズ・サーダース・パース（Charles Sanders Peirce）がいる．語用論における／対してパースが果たした役割については Hookway (1998: 1084–1086) を参照してほしい．語用論という用語の歴史については Levinson (1983: 1ff.), Gazdar (1979: 1ff.), Seuren (1998: 406) を参照のこと．

た．言語の現実は，さまざまな目標と意図をもった社会的，文化的，政治的な
コンテクストにおいて話者が生成する言語において実現されるものである．言
語は辞書と文法を基礎としたアルゴリズム以上のものであり，話者が社会的な
相互行為を行い，コミュニケーションをする道具なのである．言語学における
語用論では，さまざまな状況やコンテクストで話者がどのように言語を使用す
るか——話者が話すとき何をして，なぜそれをするのか——について研究を行う．
語用論の焦点は，実際の言語使用者，コミュニケーション行動，世界，視
点，つまり言語使用において人間が関わる全体的なコンテクストにある
(Mey 1994: 3265)．

　このことはヤン=オラ・エーストマン (Jan-Ola Östman) (1988: 28) が述べ
るように，語用論が「社会言語学や何々言語学」だけでなく，言語学における
その他の伝統的な下位分野をまとめる機能を果たしていることを意味する．
Mey (1994: 3268) が述べているように，「語用論の研究課題は意味論，統語
論，音韻論だけに属するわけではない．語用論は厳密に研究分野の境界が区切
られているというよりは，（言語使用に）関係する問題の集まりであると定義
される」．語用論は状況，行動，文化，社会，政治に埋め込まれた言語使用者
の視点から，研究の課題や関心に応じてさまざまな種類の方法論や学際的な研
究枠組みを使い，言語使用とその意味について研究する学問である．

　学際性の問題を考えると，1970 年代は言語学において「語用論的転回」が
なされた時代であるという主張が思い出される．Journal of Pragmatics の第
一巻は 1977 年に出版され，ジョン・ベンジャミン (John Benjamin) 出版社
は 1979 年に Pragmatics and Beyond という表題の叢書を開始した．Interna-
tional Pragmatics Association が 1986 年に創設され，1 年後にその学会誌で
ある Pragmatics が IPrA Papers in Pragmatics という名称で発刊された．し
かしこの学問分野の核となる領域を考えてみると，言語学における語用論は哲
学，心理学，動物行動学，民族学，社会学，政治学のような他の学問分野と関
連するとともにそれらの学問分野に先駆があることに気づく．

　本書では，語用論が言語学の中で本来的に学際的であるだけでなく，社会的
行為に対する基本的な関心を共有する人文科学の中のさまざまな領域を結びつ
け，相互に影響し合う「超領域的な学問」であることを示す．この関心が「語
用論の中心は社会的行為としての言語の記述である」(Clift et al. 2009: 50) と
いう確信を基礎とした本書の主題を構成する．

本書には全体をつらぬく3つの基本的な考え方がある.

1. 言語はその話者により社会的な相互行為において使用される. 言語は何よりもまず社会的なつながりや責任関係をつくる道具である. 手段は言語や文化によって異なる.
2. 発話はそれがなされる状況のコンテクストの一部であり, 本質的に語用論的な性格をもつ.「意味は発話の語用論的機能にある」(Bauman1992: 147).
   - 言語の話者は社会的相互行為における言語使用の慣習, 規範, 規則に従う.
   - 単語, 句, 文の意味はある特定の状況におけるコンテクストにおいて伝えられる.
   - 話者は言語を使用することにより, コミュニケーション行動における／のための, ある特定の機能を実現する.
3. 語用論は言語使用における言語・文化特有の表現形式を研究する超領域的な学問領域である.

本書の構成

前節で, 言語学における語用論は哲学, 心理学, 動物行動学, 民族誌学, 社会学, 政治学といった他の学問分野と関連するとともに, それらの学問分野に先駆があることを指摘した. 本書の構成はこの考えに基き, 各章では6つの領域によって導入された語用論の核となる問題を選んで議論する. それぞれの章は語用論へ問題を導入した1人以上の著名な学者の説明から始める. 続いて, その問題の内容と語用論における最新の展開を複数の言語・文化の観点から説明する. 各章の最後では章の内容を簡単にまとめ, 導入部の逸話との関連について議論する. これによりこの逸話における言語使用や理解における文化的差異に関する問いに答えるだけではなく, 文化, 状況, 対人のコンテクストと文化特有の慣習が実際の言語使用における意味にどのように関係するかを示す. 各章には課題と学習をさらにすすめるための文献が用意されている. 参考文献の中でこれらの文献にはアステリスク (*) を付した.

6

第1章　語用論と哲学：我々は言語を使用するとき，何を行い，実際に何を意味するのか──言語行為論と会話の含みに関する理論──

最初の章は語用論と哲学の関係を考える．哲学の中心的な問いの1つに我々はどのようにして世界や日常を意味のあるものとして解釈するのか，より一般的にはどのようにして意味を作り出すのかについての問いがある．このことを解明する最も重要な道具の1つが言語である．また，言語学において最も魅力的な領域の1つに，話者が言語を使って，ある特定のコンテクストである特定の意味をどのようにして作り出すのかについての研究がある．ここが哲学と意味論・語用論が交わるところである．1.2節，1.3節では John L. Austin (1962)，John R. Searle (1969) によって提案された言語行為論を説明し，我々が言語を使用するときに何を行うのかという普遍的な問いを扱う．オースティンは『言語と行為 (How to Do Things with Words)』において，言語としての行為について普遍的な概念を発展させ，言語行為を，発語行為 (locutions. 意味をもつ)，発語内行為 (illocutions. ある特定の発語内の力をもつ)，発語媒介行為 (perlocutions. ある特定の効果をもつ) に分類し，サールはオースティンの言語行為論を体系化した．サールは話すことを発語内行為の遂行と考える．発語内行為は，ある特定の機能を示す発語内の力と命題を示す命題内容 (propositional content) から成るとされる．話者は規則に従った行動として発語内行為を遂行する．この考えは，「誠実な約束」とその命題内容条件に関する発語内行為の分析によって例示されている．この分析では内容条件を基礎として，発語内行為に対する構成的規則をどのように定式化するかを示す．続いてサールによる言語行為の分類を提示する．さらに複数の文化の観点から言語行為論について手短かに議論をする．そこでは言語行為論が主張し得る普遍性が誤りであることに関するほかの研究者の議論が示される．1.4節ではピーター・シューレン (Pieter Seuren) による言語行為と社会的なつながりの力に関する論考を紹介する．

　1.5節では，H. ポール・グライス (H. Paul Grice) による会話の含み (implicature) と会話の格率 (conversational maxims) に関する理論を説明する．グライスは，会話が会話参加者により共有される期待の体系──会話の格率──を指針として進められると考えていた．会話の含みに関する理論において，彼は協調の原則とそれを具体化した4種類の格率を定式化した．またどのようにして会話の格率が破られるか，故意に守られないかを説明し，会話の含みに

関する特徴的な性質について議論している．本節は人類言語学の視点からグライスの理論を概観し終える．

　本章は，言語についての哲学的視点を提示する．具体的には，言語行為は，話し手-聞き手の相互行為において，話者の意図をもとに，結果として心理的，行動的な変化を引き起こす行為としての言語の現れとして考える．発話に関して，(1) どのように使用されるかと，ある特定のコンテクストにおいて何を意味するかに違いがあること，(2) 話し手は特定の意味をもつ発話をしながら，ある特定の状況では，ほかのことも意味することを示す．それが可能になるのは，特定の言語社会において正当であるとされる社会的な慣習があるからである．言語行為は，社会常識における責任関係をつくる．その関係は，話し手と聞き手の社会的な慣習にもとづく社会的な契約であり，会話参加者の社会的な能力を要求するものであると考えることができる．

第2章　語用論と心理学：直示参照とジェスチャー

異なる言語を話す話者はどのようにして物，人，場所，期間，さらには文章または文章の一部を参照するのであろうか．

　参照はある特定のコンテクストでなされ，それが発話を形づくる．自然言語はコンテクストに依存する．言語が発話の置かれるコンテクストの特徴を言語がどのように利用するかを研究する言語学の下位分野の 1 つに「直示」がある．「昨日彼はこの本を私にくれた」といった文が何を意味するかを知るためには，誰が，いつ，どこで発話し，どの本が参照されているかを知る必要がある．直示は参照のための指標表現の形式と手段の体系に与えられた名称である．上記の例でわかるように，指標表現は使用と意味が完全にコンテクストに依存するという事実によって特徴づけられる．20 世紀前半に直示の研究に関して最も影響力のある貢献をしたのはドイツの心理学者カール・ビューラー (Karl Bühler) である．ビューラーの研究以来，直示は語用論における重要な研究課題となった．2.2 節では直示の言語現象を示し，議論する．本章の話題についての概説の後，空間の直示表現に関する複数の言語の比較により直示参照に関して話者が利用できる多様な手段を示す．2.3 節ではオセアニア語族キリヴィラ語における空間直示の体系を示す．

　直示という語はギリシャ語からの借用であり，指し示すことを意味している．何かを指し示すことは単語によってだけではなく，ジェスチャーによって

も行うことができる．2.4節ではジェスチャーの種類と機能について説明する．
20世紀の初め，心理学者のヴィルヘルム・ヴント（Wilhelm Wunt）は，影響力の大きかった著書Volkerpsychologieにおいてジェスチャーと手話に関する研究の基礎をつくり，標準を定めた．ヴントの洞察は，現代のジェスチャー研究の先駆者であるアダム・ケンドン（Adam Kendon），デイビッド・マクニール（David McNeil），スーザン・ゴールディン-メドゥ（Susan Golden-Meadow）に引き継がれている．本節ではジェスチャーの定義を示し，思考や発話とともになされるジェスチャーを含むジェスチャーの分類を説明するとともに，その機能と，ジェスチャー，言語，心の相互関係について議論する．さらに複数の文化におけるジェスチャーの多様性を概観したあと，いわゆる語用論的ジェスチャーに関する議論で本章を終える．直示とジェスチャーの研究は人間の相互行為がマルチモーダルであるという事実の直接的な証拠を提供する．

第3章　語用論と人間行動学：コミュニケーション行動の生物学的基盤

ジェスチャーはなにかを伝える記号として機能する表出動作であるだけではない．本章では人間のコミュニケーションで使用されるいくつかの表出行動について取り上げる．人間行動学は生物学に含まれる学問領域であり，特にすべての種類の表出行動におけるコミュニケーション機能を研究対象とする．（例えば）最も高いコミュニケーション機能をもつ記号の1つに表情がある．3.2節ではまず表情について，特に「眉上げの仕草」に焦点をあてて，そのコミュニケーション上の機能に関する研究を紹介する．次に人間の主観的空間意識行動を表現する対人距離，姿勢，身体の動きが，コミュニケーションおよび相互行為の記号を表出するもう1つの手段であることについて述べる．また主観的空間意識にもとづく行動は文化によって異なることを示す．

　人間行動学は本章前半で述べたような表出動作が系統発生や文化における儀礼化の過程の中で独特な差異化を経てきたと主張する．3.3節では以下のような複雑な問いについて考える．

- なぜ言語・非言語表出動作の形式が儀礼化されたのか？
- 儀礼行動の機能はなにか？
- 儀礼や儀礼行動の形式からさかのぼって，その根底にある相互行為の方

略がどのようなものであるかわかるか？

儀礼や儀礼的コミュニケーションの概念について概観したあと，それらはいわゆる基本的な相互行為方略にもどって考えることができるという，イレネウス・アイブル=アイベスフェルト（Irenäus Eibl-Eibesfeldt）による主張を検討する．基本的な相互行為方略の概念やそのコミュニケーション上の機能について述べ，(1), (2) の分析例を示す．

(1)　西パプアにおけるエイポ（Eipo）族による要請や交換における儀礼
(2)　アマゾン熱帯雨林におけるヤノマモ（Yanomamö）族の祭で行わる複雑な形式をもった儀礼的コミュニケーション

　最後にイレネウス・アイブル=アイベスフェルトによる概念を，スティーブン・レビンソン（Stephen Levinson）による，相互行為における普遍的な体系学であり，社会的相互行為における文化的多様性に対する構成単位に関する最近の提案である「相互行為エンジン（interaction engine）」との関係について議論する．

第4章　語用論と民族誌学：言語・文化・認知のインタフェース

本章は人間の相互行為における言語・文化・認知の相互関係を扱う．言語の洞察に関して語用論に大きな影響を与えた文化人類学者の 1 人に，ブロニスワフ・マリノフスキー（Bronislaw Malinowski）がいる．4.1 節はマリノフスキーによる意味と言語に関する民族誌の理論を説明する．彼にとって言語は行動の様式，すなわち，単語や発話の意味がある特定のコンテクストにおいてその機能を構成する行為の様式であった．彼は特に言語の本質的な形式とはなにかという問いに関心をもった．そのような形式の 1 つにマリノフスキーが交感的言語使用（phatic communion）と呼んだものがある．交感的言語使用とはもっぱら社会的なつながりをつくる機能をもが，知識や考えを伝え，思考を表現する機能はもたない言語使用の一形式である．

　4.2 節では交感的言語使用について韓国語の例をもとにその概念と機能を批判的に検討する．しかし交感的言語使用の概念は言語に対するマリノフスキーの考えの一側面に過ぎない．マリノフスキーは言語の普遍的な特徴とともに，言語の文化に特有な特徴や現象に現れる言語・文化・認知の相互関係に非常に

10

関心をもっていた.

　マリノフスキーと同時代の言語学者の1人であるフランツ・ボアズ (Franz Boas) も同じ関心を持っていた. ボアズの学生であったエドワード・サピア (Edward Sapir) は, ボアズが慎重に形式化した言語・文化・認知の相互関係に関する考えを検討し, 自分の学生であるベンジャミン・リー・ウォーフ (Benjamin Lee Whorf) とともに言語相対性に関する, いわゆるサピア-ウォーフの仮説を提案した. この仮説は言語と思考の関係についての問いに答えを与えるとされるものであり, ウォーフは強い仮説と弱い仮説を提示している.

　　（強い仮説）言語が思考を決定する.
　　（弱い仮説）言語が思考に影響する.

4.3 節では言語相対性に関する仮説を説明したあと, おもに空間の概念化と空間参照に関する複数の言語／文化の研究をもとに言語相対性仮説を批判的に検討する. この研究は, 言語・文化・認知の強い相互関係を浮かび上がらせる. 研究の結果は, 非言語による問題解決の事例において言語は思考の形成に寄与するという仮説を支持するものになっている.

　マリノフスキー, ボアズ, サピアは, 言語は社会的コンテクストにおいて研究がなされなければいけないことを強調している. したがって, 言語・文化・認知の相互関係を研究する研究者は対象の言語共同体が社会的現実を構成するやり方を知る必要があることになる. つまり, 研究者は対象となる共同体がもつ共通基盤を共有する必要があるのである. 言語使用の民族誌 (ethnography of speaking) にもとづく研究方法はこの目的へ有用であるが, 複雑な枠組みを提供する. 4.4 節ではジョエル・シャーザー (Joel Sherzer) による『クナ語の言語使用 (*Kuna Ways of Speaking*)』からの例をもとに, 言語使用の民族誌的な研究枠組みを批判的に紹介する. その例には挨拶, 別れを告げる, 病気を治す呪術, 少女の思春期にある決まった文章を叫ぶといった言語使用が含まれる.

第 5 章　語用論と社会学：日常における社会的相互行為

1960 年代, 70 年代, 人間の日常における対面相互行為全般, および, 特に会話におけるコミュニケーション行動と言語使用に関して大きな影響力をもった

研究が，北アメリカにおける 3 人の社会学者によって行われた．

　5.2 節ではアーヴィング・ゴフマン (Erving Goffman) をとりあげ，日常生活における自己呈示，社会的な出会い，話の形式 (forms of talk) について彼による洞察を説明する．ゴフマンは社会学における社会的相互行為を研究するこの下位領域を相互行為の秩序 (interaction order) と呼ぶことを提案している．5.3 節ではハロルド・ガーフィンケル (Harold Garfinkel) をとりあげ，社会秩序，社会組織に関する日常生活における「常識」，社会的行為とコミュニケーションにおける推論，つまり，我々はいかにして社会を意味のあるものとしているのかについて，エスノメソドロジー研究 (ethnomethodological studies) における知見を説明する．彼が行った有名な「違反実験」に焦点をあて，「お元気ですか？」という挨拶に対して「どのような意味で私が元気であると尋ねているのですか？ 健康，金銭，仕事についてですか？」と応答されると，攻撃的な反応をしてしまうのはなぜなのかを説明する．ガーフィンケルによって，またゴフマンによっても影響を受けた，ハーベィ・サックス (Harvey Sacks) は，エマニュエル・A・シェグロフ (Emanuel A. Schegloff)，ゲイル・ジェファーソン (Gail Jefferson) とととともに，どのように会話が秩序立っているか，構造的に組織化されているかについて研究する会話分析 (Conversation Analysis (CA)) という分野を確立した．会話分析の研究領域は社会学において発展し，現在でも言語学よりは社会学に深く根づいているように思われる（近年これは少し変わってきているが）．5.4 節は会話分析における主要な概念の基礎について説明するとともに最新の展開についてふれる．

第 6 章　語用論と政治：言語，社会階層，民族性，教育，言語イデオロギー

本章では語用論と政治の関係，語用論に対する政治の関連性・影響についての問いに答える．1960 年代は政治問題が先鋭化した 10 年であった．この時代にはマルクス主義の考えやその他の左翼イデオロギーが興隆した．社会における不平等や異なる社会階層間の衝突が一般的な政治に関する議論の中心となり，特に人文科学においてはこの議論が科学的な言説の中でとりあげられた．1959 年に英国のもと教員であった社会学者バジル・バーンスティン (Basil Bernstein) は「日常言語」と「公式言語」の区別を提案する論文を出版した．のちにこの区別に対して，子どもたちが社会文化的な環境で学ぶ「限定コード」と「精密コード」という表現を使うようになった．バーンスティンは次のこと

12

を主張した.

> 限定コードのみで社会化した子どもはコミュニケーション技能を十分に身に
> つけることができない. これらの子どもはたいてい下級階級に属する. それ
> に対して精密コードを身につけ, 社会に順応した子どもはあらゆるコミュニ
> ケーション状況を扱うことができる言語技能をもった話者になる. これらの
> 子どもはたいてい中流階級に育つ.

バーンスティンの研究は欧米において政治的な観点からだけでなく, 教育的な
観点からも重要性をもった. 米国ではオペレーション・ヘッドスタート・プロ
グラム (Operation Headstart programme) のような, いわゆる「補償」教育と
言われるプログラムが開発・実施された. 1960 年代, 70 年代を通して, 言
語・社会階級・教育の相互関係に関するバーンスティンの理論や補償教育プロ
グラムは厳しく批判された. この理論は欠陥仮説 (deficit hypothesis) と呼ば
れているが, 社会言語学における差異仮説 (difference hypothesis) と対立し
ていた. 後者の理論における最も著名な研究者の代表がウィリアム・ラボフ
(William Labov) であった. ラボフは補償教育プログラムは初めから失敗が
わかっていたと主張する. プログラムが「学校ではなく子どもを矯正するため
に考えられている」のがその理由である. 彼は言語学の知見を基礎に, すべて
の生徒が社会階級にかかわらず等しく学校教育を受けられるよう「学校」とい
う制度を変えることを訴えた. ラボフは低い社会階級に属する子どもたち, 特
に米国の都市に暮らす黒人の子どもたちの言語技能を正しく理解・評価するた
めには子どもたちが自分の暮らす社会でどのように言語を使用しているかを調
査する必要があると強く主張した. 参与観察にもとづいて適切な文化的知識を
集めること, 子どもが普通に使う言語における規則にもとづいた文法構造を発
見するための適切なデータを集めることができるのはそこしかないのである.

　6.2 節, 6.3 節ではバーンスティンとラボフの研究, 言語学における語用論
に対して多大な影響をもった欠陥仮説と差異仮説との論争を説明する. バーン
スティンとラボフによる社会言語学に対する貢献についての議論が言語学の研
究が政治的な影響力をもつことに関する研究者の認識を高めることにつながっ
ていることを示す. これについては言語イデオロギーと, 言語イデオロギーの
語用論における役割について議論する 6.4 節でとりあげる. 概念について議論
を概観したあと, 言語イデオロギーに関する 2 つの研究 (ソロモン諸島の首都

ホニアラ（Honiara）とイースター島のラパ・ヌイ（Rapa Nui）における太平洋言語共同体）と敬語に現れる言語イデオロギーについての比較研究について説明する.

第7章　語用論の基礎を理解する：まとめと展望
本書の最終章である第7章ではいままでの6章をつらぬく3つの主要な流れを再びとりあげ，まとめを行う.さらにその流れについては第1章から第6章で得られた洞察をもとに精緻化がなされる.このまとめで再度指摘するのは，語用論はコンテクストに依存する言語と言語使用における文化特有の形式について研究を行う超領域的な学問領域として理解されることである.

　本章の最後は言語的語用論のこれからについて展望を概観する.近年，井出祥子，片桐恭弘，ウィリアム・ハンクス（William Hanks）などの研究者によって「解放的語用論」というプロジェクトが始められた（Hanks et al. 2009b; Hanks et al. 2012 参照）.彼らのプロジェクトでは，「伝統的な語用論」から欧米の言語や言語使用をもとにした理論や観点だけに依拠しない「解放的語用論」の研究枠組みへの移行の必要性が主張されている.

第1章　語用論と哲学

——我々は言語を使用するとき，何を行い，実際に何を意味するのか：言語行為論と会話の含みに関する理論——

1.1　はじめに

哲学における中心的な問いの1つに我々はどのようにして世界および日常を「意味のある」ものとして解釈するのか，より一般的には我々はどのように意味をつくりだすのかというものがある．この問いに取り組むために利用できる重要な道具の1つが言語である．言語学において最も興味深い研究分野の1つでは，ある特定のコンテクストで意味をつくりだすために話者が言語をどのように使用するかについて研究がなされている．このところが哲学が意味論・語用論と交わるところである．

「単語の意味は何か」「文は何を意味するのか」のような問いに答える多くの研究が哲学者によってなされている．1920年代の終わりから1930年代の初めにかけてモーリッツ・シュリック（Moritz Schlick）（1882-1936），ルドルフ・カルナップ（Rudolf Carnap）（1891-1970），クルト・ゲーデル（Kurt Gödel）（1906-1978），オットー・ノイラート（Otto Neurath）（1882-1945），カール・ヘンペル（Carl Henpel）（1905-1997），ハンス・ライヘンバッハ（Hans Reichenbach）（1891-1953）といったウイーンとベルリンの哲学者と数学者は，真理条件が検証されない限り，つまり，文の論理分析の結果，どのような条件のもとで真または偽となるかに答えることができない限り文は無意味であるという主張を行った．文が意味をもつためには検証可能でなければならない．この立場によれば文学，神学，形而上学の文章や，日常生活の言語的相互行為において話者が話す文の大部分は意味がないことになってしまう！

16

この言語に対する高度に形式的で非常に制約された研究の取り組み——「論理実証主義」と呼ばれる——は，上記のほかにも多くの欧米の哲学者によって受け入れられた．英国の哲学者アルフレッド・エイヤー (Alfred J. Ayer) (1910-1989) は，その当時よく知られ広く読まれた『言語・真理・論理 (*Language, Truth and Logic*)』(Ayer 1936) において，論理実証主義の研究枠組みといわゆる「意味の検証理論」を広めた．

この研究枠組みへの最も重要な反論は，特に 1945 年から 1970 年にかけてオックスフォード大学の哲学教員によってなされたといってよいだろう．彼らはいわゆる日常言語学派 (school of Ordinary Language Philosophy) (Seuren 1998: 367) を形成した．1930 年代から 1940 年代にケンブリッジ大学の教員であったルートヴィヒ・ヴィトゲンシュタイン (Ludwig Wittgenstein) (1889-1951) による教えやのちの著作に影響され (Seuren 1998: 419)，この学派の学者たちは完全に論理実証主義とはいえないものの，それに強く影響された，その時代の形式意味論における論理にもとづく研究枠組みを正しいものとは見なさなかった．彼らはこの研究枠組みが照応（談話において以前に述べられた実体への参照），前提（相互行為を行う話者間で当然とされる情報）[1]，日常言語における言語行為のような現象を適切に扱うことができないことを示した (Seuren 1998: 367; Seuren 2009: Chapter 4 を参照)．この学派にはギルバート・ライル (Gilbert Ryle) (1900-1976)，ピーター・ギーチ (Peter Geach) (1916-)，ピーター・ストローソン (Peter Strawson) (1919-2006)，ジョン・オースティン (John Austin) (1911-1960)，ジョン・サール (John Searle) (1932-)，ポール・グライス (H. Paul Grice) (1913-1988) がいる．

本章では最初に John Austin (1962) と John Searle (1969) によって提唱された言語行為論を取り上げる．次に言語行為とその社会的つながりをつくる力に関する Peiter Seuren (2009) の論考のいくつかと，Paul Grice（ポール・グライス）による会話の含みに関する理論，会話の格率について説明する (Grice 1967; 1975; 1978)．さらに人類言語学の観点から言語行為論とグライスによる会話の含みに関する理論を批判的に検討する．本章はやや複雑な理論的

---

[1] オックスフォード英語辞典では，「前提」は文により意味され，聞き手には理解されるが，明示的に述べられない事実または条件と定義される．例えば「私の叔父」という句を含む陳述は話者に叔父がいることを意味する (http://www.oed.com)．この複雑な概念の詳細で精緻な定義や議論については，Levinson (1938: 168)，Seuren (1994) などを参照.

第 1 章　語用論と哲学　　　17

な話題を取り上げるので注意深く読んでほしい.

1.2　ジョン・オースティンによる言語行為論

本節ではまず陳述（「事実確認発話」(constatives)）と行為を遂行する発話（「行為遂行発話」(performatives)）との区別について議論する. 次にオースティンの議論における 2 つの転回についてみることにする. 最初の転回で行為遂行発話と事実確認発話の区別を放棄し, 次の転回で行為としての言語という発想の中心となる行為の分類について述べている. その分類は, 意味をもつ発語行為 (locutions), ある特定の力をもつ発語内行為 (illocutions), ある特定の効果を達成する発語媒介行為 (perlocutions) から成る. オースティン自身は, 彼の理論では「十分に検討できなかった点が多くあること」を認識していた (Austin 1962: 148).

1.2.1　陳述対何かをする発話（事実確認発話対行為遂行発話）

ジョン・オースティンによる言語の哲学は日常言語の使用の一部を扱っている. オースティンは「発話によって表現される意味と, 発話がどのように使用されるか（すなわち,「発話の力」(force)）を区別しなければいけないこと, … すべての種類の発話が行為として捉えられること」を確信していた (Sbisà 1995: 496). オースティンは 1955 年にハーバード大学で行った 12 回のウィリアム・ジェームズ講義 (William James Lectures) において言語行為論を発展させた. それは彼の死後,『言語と行為』(How to Do Things with Words) (Austin 1962) という小冊子の形で出版された. その小冊子はいわゆる既存の理論の紹介を意図したものではなく, 言語使用について彼の考えを徐々に明らかにするものであった. オースティンは最初の 4 回の講義で (1), (2) のような文と (3), (4) のような文との区別を行った (Austin 1962: 5).

(1)　I name this ship the Queen Elizabeth.
　　　（私はこの船をクイーン・エリザベス女王号と命名する）

(2)　I bet you six pence Fury, the black stallion, will win the race.
　　　（私は黒毛の雄馬フューリーがレースに勝つほうに 6 ペンスを賭ける）

(3)　My dauchter's name is Frauke and my son is called Sebastian.
　　　（私の娘の名前はフローケ, 息子はセバスチャンと呼ばれています）

(4)　We live in a small provincial town in the northwest of Germany.
　　（私はドイツ北西の小さな田舎町に住んでいます）

オースティンは言うことにおいて／によって何かを行う最初の2つの平叙文（(1), (2)）を「行為遂行（performative）」文と呼んだ．これらの文は「一人称，現在形，直説法，能動態」の動詞が使われることで特徴づけられ，話者が行為を遂行することを明示化する（Austin 1962: 5）．これらの文は（洗礼や賭けのように）行為を行うものであり，「真」「偽」は問題にならず，「真や偽になり得る発話ではないとみなされる」．遂行的に使用され得る動詞は「遂行動詞（performative verbs）」と呼ばれる．(3), (4) のような文（陳述）はオースティンの用語では「事実確認（constative）」文とされる．これらの文では言われたことは真か偽であり得る（Austin 1962: 3, 12）．

　行為遂行文はその性質から真偽にはなり得ないが，レースが終わった後に(2) の賭けをする場合のようにうまくいかないことがあるとオースティンは説明する．この状況では行為遂行発話は適切ではない（unhappy）（Austin 1962: 14）．行為遂行文は少なくとも次に示す「適切性条件（felicity conditions）」を満足しなければならない．

A.　(i)　慣習的な効果をもつ慣習的な手続きが存在しなければならない．
　　(ii)　手続きで指定されるように（行為を遂行する）状況と人が適切でなければならない．
B.　手続きは (i) 正しく，(ii) 完全に行われなければならない．
C.　多くの場合，(i)（行為を遂行する）人は手続きに指定される，必要な考え，感情，意図をもたなくてはならない，(ii) 行為の帰結について指定がある場合は関係する人たちはそのように行動しなければならない．

(Levinson 1983: 229; Austin 1962: 15 を参照)

オースティンはこれらの条件が満足されない状況の例を示している．

A.　(i)　ある夫婦がいて，ともにキリスト教徒であるとする．夫が妻に対して「私はこれによりあなたと離婚する」という発話を3回繰り返しても彼は離婚することはできない．しかし，夫婦がイスラム教徒ならばこの行為は離婚となる．
　　(ii)　聖職者が赤ん坊のアルフレッドの代わりアルバートに洗礼を施す

第 1 章　語用論と哲学　　　19

場合 (Austin 1962: 27, 35 を参照).

B.　(i)　家を 2 軒所有している男性が「自分の家」と言う場合（コンテクス
トからはどちらの家であるかがわからない），もしくは，複数の
レースが予定されている状況で「レースが今日行われないことに
賭ける」と言う場合（コンテクストからはどのレースのことを指し
ているかはわからない）.

　　　(ii)　（結婚式において）花婿が「誓います」と言うことにより結婚しよ
うとしても，花嫁が「誓いません」と言うと（その結婚は）無効と
なる (Austin 1962: 36f. を参照).

オースティンは A, B の，当該の言語形式により意図された行為の目的や行
為自体が実現されない不適切性を「不発 (MISFIRE)」と呼んだ (Austin 1962:
16). この場合，意図された行為は単に遂行されない.

C.　(i)　助言を求められて，意図的に相手のためにならない助言をする場
合.

　　　(ii)　約束を守る意図をもたずに約束をする場合 (Austin 1962: 42, 45 を参照).

C の条件は不誠実性と違反に関するものである. オースティンは行為は遂行
されるけれども不誠実である場合の不適切性を「濫用 (ABUSES)」と呼んだ
(Austin 1962: 16, 39 を参照)[2].

　次にオースティンは事実確認発話も適切性条件に影響されることを指摘し，
(5)-(8) の例文を示した (Austin 1962: 20, 48, 143). 例 (5) は存在しない何か
を参照する陳述である.

(5)　The present King of France is bald. [3]
(現在のフランス国王は，はげである)

例 (6) は適切性条件 C (i) に違反している.

(6)　The cat is on the mat but I do not believe it is.

---

[2] オースティンは不誠実な言語行為を妥当であるが，濫用の一形式であると考えている.
[3] この例は，存在しない実体を参照できる可能性についての長く続いている議論の一部であ
る. Russell (1905) と Strawson (1950) を参照.

（猫が敷物の上にいる．しかし私はそのことを本当だと思わない）

例（7）は真でも偽でもない．単に「粗い記述」である．

(7) France is hexagonal.（フランスは六角形である）

例（8）では話者はジャックに子どもがいることを前提としている．「すべての
ジャックの子どもは，はげである．しかし，ジャックに子どもはいない」もし
くは「ジャックに子どもはいない．すべての彼の子どもは，はげである」と言
うことはできない．それは（8）の前提（当然とされる情報）が成立していない
からである．

(8) All Jack's children are bald.
　　（すべてのジャックの子どもは，はげである）

このように行為遂行発話と事実確認発話は誠実性，責任，前提に関係する現象
に影響を受ける．したがって「共通の基本的な構造」をもつ（Sbisà 1995: 497）．
このことはオースティンが主張するように，行為遂行発話と事実確認発話は実
際には違いがないということを意味する．

1.2.2　オースティンの議論における2つの転回

今までの議論をまとめると次のようになる．最初オースティンは事実確認発話
（単に何かを言う発話）と行為遂行発話（行為を遂行する発話．発話と制度化
された手続きを結びつける慣習があるため，言うことが行為することになる）
を区別していた．しかし，次にこの区別が偽りであることを示した．オース
ティンは4回目の講義の最後に議論のねじれを暗示し，次の8回の講義で行
為としての言語という一般的な概念を徐々に展開した．オースティンは4回
目の講義を次のように終えている．

　　陳述についてうまくいかない部分を説明するためには，（それがどのようなも
　　のであれ）伝統的に行われてきたように関係する命題に議論を集中させてもう
　　まくいかない．陳述と行為遂行発話の類似点，それぞれがどのようにうまく
　　いかないかを検討してみると，発話が行われた全体の状況を考慮に入れなけ
　　ればいけないことがわかる．全体の言語状況における言語行為全体（という考
　　え方）は特別な場合に重要なものとして論理学から現れ，事実確認発話とされ

るものを行為遂行発話に同化する[4].   (Austin 1962: 52)

実際オースティンは 5 回目以降の講義で，最初に違いがあるとした事実確認
発話と行為遂行発話について，その違いを示す絶対的な文法的，語彙的な基準
がないことを指摘することにより，この 2 種類の発話を同化することの正当
化を行っている．例 (9) は「私はそれをあなたにあげる」，「それは（すでに）
あなたのものである」のどちらにも解釈され得る．

    (9) It's yours.

このように発話は，異なる場面において行為遂行発話としても事実確認発話と
しても使用され得る．それにもかかわらず，オースティンは一人称，単数，直
説法，能動態の遂行動詞が特別な注目に値すると述べる．一人称，現在，直説
法，能動態の使用は，同じ動詞における他の人称，直説法とは異なる時制の使
用と「対称的ではない」．なぜなら，（他の人称，他の時制の）動詞は単なる記
述，報告を構成するからである (Sbisà 1995: 497)．この知見にもとづいて，
オースティンは明示的な遂行動詞のリストを作成することを提案し，'I x
that', 'I x to', 'I x can be' という形式でない行為遂行発話はこの形式に変換
することができ，「明示的行為遂行発話」を構成すると主張した．これらの明
示的行為遂行発話（遂行動詞を含む行為遂行発話）は，「原初的」行為遂行発話
(Austin 1962: 69) とは対立するものである．原初的行為遂行発話は遂行動詞を
もたないものである．例 (10) には原初的行為遂行発話，例 (11) には明示的
行為遂行発話を示す (Austin 1962: 69 を参照)：

    (10) I shall be there.（私はそこに行きます）
    (11) I (hereby) promise that I shall be there.
          （私はそこに行くことをここに約束します）

明示的行為遂行発話は，「ここに (hereby)」という副詞を加えることにより，
（行為性）を強めることができる（日常言語の目的には形式的すぎるが）(Austin
1962: 61)．オースティンは「明示的行為遂行発話は原初的行為遂行発話から発

---

[4] 「言語行為」という用語は 1934 年にカール・ビューラーが専門用語として初めて使用した
(Karl Buhler 1934: 48; 1990: 57 を参照)．

22

展してきた」と主張する．このことは「すべての行為遂行発話は原理的に明示的行為遂行発話の形式に変換できる」ことを意味する（Austin 1962: 83, 91）．

　しかし，オースティンは発話が行為遂行的かどうかを判断するのは容易ではないと再度指摘せざるを得なくなる．「私は承認する（I approve）」，「私は同意する（I agree）」といった例を挙げ，「私は承認する（I approve）」は，承認を与える行為遂行の力と記述的な意味（気にいる（I favour this））をもち得ることを説明する（Austin 1962: 78）．さらに遂行動詞は例（12）のように記述的にも利用され得る．

(12)　I named this ship the Queen Elizabeth.
　　　（私はこの船をクイーン・エリザベス女王号と命名した）

また，「私は言明する（I state that）」のような発話は行為遂行発話の条件を満たしているように思われるが，明らかにその発話は例えば，「地球は平らであると言明する」のように，含まれる命題によって真または偽になり得る．ここでオースティンはこの問題を別の視点から考え始める必要があると確信する（Austin 1962: 91 を参照）．

　オースティンは行為遂行発話と事実確認発話の二分法を放棄する．これが彼の議論における最初の転回である．行為遂行発話を「特別の統語的，語用論的特徴をもつ特別な分類」とはみなさない．代わりに「明示的行為遂行発話，原初的行為遂行発話を含む行為遂行発話の一般的な分類がある」とする．後者にはすべてでないにしても多くのほかの種類の発話が含まれる（Levinson 1983: 231）．さらに遅くとも 7 回目の講義の最後には，行為遂行発話／事実確認発話の二分法から，さまざまな行為遂行発話と事実確認発話が特別な分類を構成する発語内行為の一般的理論への転換があることがわかる（Levinson 1983: 231）[5]．

　マリナ・シビサ（Marina Sbisà）は，影響力の大きい「どのようにオースティンを読むか（How to read Austin）」の論考で，『言語と行為』（How to Do Things with Words (HTW)）について次のことを指摘している．

　　（『言語と行為』では）最初から行為遂行発話と事実確認発話の区別は道具的な役割を果たしていた．行為遂行発話の分析は言語において遂行される行為，

---

[5]　次節ではオースティンによる発語内行為の理論を説明し，発語内行為を定義する．

すなわち，発語内行為でなされる種類の行為への最初の取り組みであった．
事実確認発話は仮想の議論の対象であり，発語内行為としての陳述の分析に
置き換えられる．... この読みは本書の前半にちりばめられている暗示により
確認できる．それは本書のあとのほうで明らかにされる根幹をなす主張（すべ
ての言語は行為として考えられる）に照らしてのみ意味をもつものである．

　『言語と行為（HTW）』ではすべての言語は行為と考えられる，より厳密に
は，言語は行為遂行発話によって遂行されるのと同じ種類の行為を遂行する
こととして記述できるという主張を根拠づけるために複雑な議論を行ってい
るように思われる．この複雑な議論は背理法の形式をとっている．最初の主
張は意図するものと反対になっており，反駁が意図された主張の証明となっ
ているのである．　　　　　　　　　　　　　　　　　　　　　(Sbisà 2007: 462f.)

1.2.3　何かを言う，何かを行う，効果を生み出す発話：発語行為，発語内行為，発語媒介行為

オースティンは「何かを言うことが何かを行うことであり得ること，もしくは，
何かを言うことにおいて何かを行うことについて，より一般的にその意味を再
考し」(Austin 1962: 91)，すべての言語行為（行為遂行発話と事実確認発話）
を記述できる枠組みを提案する．彼はすべての発話における3つの要素を区
別する．

　最初にオースティンは「何かを言う行為を発語行為と呼び，発話に関する研
究を発語の研究，もしくは完全な単位からなる言語の研究」と呼ぶ（Austin
1962: 92ff. を参照）．次に何かを言うことは以下の行為を遂行することであると
考えた．

- ●「音声（phonetic）行為」：ある特定の音を発する行為
- ●「用語（phatic）行為」：ある特定の文法構造で複数の単語を発話する行為
- ●「意味（rhetic）行為」：単語を使ってある特定の意味を伝える行為

Sbisà(1995: 498) は，我々が発語行為について報告するときは直説話法を使
う用語行為（例：He said "The cat is on the mat"（「猫は敷物の上にいる」と彼
は言った)），あるいは，間接話法（発話の意味を伝えるが，発話された形式で
単語を引用しない）を使う意味行為（例：He said that the cat was on the mat
（猫は敷物の上にいると彼は言った))に注目すると指摘する．

24

　次に Austin（1962: 98ff.）は発語行為は同時に発話内行為でもあると主張する．つまり，何かを言うことにおいて何かを行う行為である（例：告発する，質問する，質問に答える，謝罪する，非難する，伝達する，命令する，保証する，警告する，意図を公表する，予約をする，記述する，約束する，述べる）．発語内行為は慣習に一致し，ある特定の効果を引き起こす慣習的な力である「発語内の力」をもつ．

　最後にオースティンは，発語行為・発語内行為と「発語媒介」行為（何かを言うことにより何かを行う行為）を対比させる（発語媒介行為の例：説得する，警戒態勢を取らせる，納得させる，阻止する，驚かせる，人に何かをさせる）．発語媒介行為は相手の感情，思考，行為に影響をあたえ，結果として相手の心理と行動の一方または両方を変化させる（Austin 1962: 101f.; Sbisà 2010: section 3.4 を参照）．

　オースティンは発語行為，発語内行為，発語媒介行為を説明したあと，次のような例を示す（本書では例を少し修正している）．

発語行為：
He said to me 'kiss her!'（彼は私に彼女にキスをしろと言った）
[「キス」はキスを意味し，「彼女」は彼女を参照する]
発語内行為：
He urged (or advised, ordered, etc.) me to kiss her.
（彼は私に彼女にキスをするように強くうながした（助言した，命令した等））
発語媒介行為：
He got me to (or made me, etc.) kiss her.
（彼は私に彼女にキスをさせた）

このように，発語行為（音声行為，用語行為，意味行為を含む）は，通常意味のある何かを言うことである．発語行為の遂行はある特定の力（例：強くうながす，助言する，命令する，強制する）をもつ発語内行為の遂行に関わる．発語内行為の聞き手への効果（結果として聞き手に影響を与える）は発話媒介行為（によるもの）である（Austin 1962: 121; Clark 1996a: 146 を参照）．

　オースティンはこれらの行為について説明したあと，議論を発語内行為に絞り，発語媒介行為と対照させる．

　上で述べたように，発語内行為は慣習に従い，ある特定の効果をもたらす慣

第1章 語用論と哲学 25

習の力である発語内の力をもつ．発語媒介行為とは違い，発語内行為は行為が
適切に為されたときのみ効果をもたらす．オースティンはこのことを次の例で
示す．

> （私が聞き手に警告を行う場合を考える）聞き手が私の言うことが聞こえず，
> あるいは私の言うことの意味を普通に理解することができなければ，私が聞
> き手に警告を行ったとは言うことはできない．発語内行為が遂行されるので
> あれば，聞き手に対して効果がもたらされなければならない … したがって発
> 語内行為の遂行はその了解（uptake）を得ることが必要である．
>
> (Austin 1962: 116f.)

「了解」は行為遂行がうまくいく（発語内行為の核となる効果を達成する）ため
の必要条件である．この了解は単に発語行為を理解する以上のものである．
「了解を得ること」は発語内行為の最も重要な（達成すべき）効果である．それ
は「意味と発語の力が理解されたこと」を示す（Sbisà 1995: 498; 2007: 464 を参
照）．

　発語内行為について二番目に重要な効果は慣習的なものである．Austin
(1962: 117f.) はこのことを次のように述べている．発語内行為は，「通常」の
方法で状態を変化させるという意味で結果を生じさせる（例：事象の自然な進
行における変化）とは区別される，ある特定の方法で「効果をもたらす」．彼
はこれを船の命名（上記 (1) を参照）[6] の例で説明している．

　発語内行為について三番目に重要な効果は，応答または次の発話を要請する
ものである．例えば約束は守られなければならない．

　オースティンはこれらの発語内行為の効果についてまとめ，発語媒介行為に
特徴的な効果と対照させる．

> 発語内行為の効果には，了解を得るもの，慣習によるもの，応答を要請する
> ものの3種類がある．これらはすべて発語媒介行為に特徴的な効果が生じる
> こととは区別される．
>
> (Austin 1962: 118)

---

　[6] Sbisà (2007: 464) はオースティンが「発語内行為は慣習的な力をもつ」と主張している
ことを強調し，「船の命名による効果は，進行する出来事の自然な過程における変化ではなく，
規範における，つまり，社会的慣習の領域に属する変化である」と指摘している（Sbisà 2007:
464; オースティンの適切性条件（Ai）も参照）．

話し手は，発語媒介行為によりある特定の状況において相手の感情，思考，行為に影響をあたえる．その影響は，結果として関係する人々（聞き手，話し手自身，その他の人々）の心理，行動のどちらか一方または両方を変化させる．発語媒介行為は因果的である．Austin（1962: 119ff.）は，発語媒介行為への応答または次の発話は非言語的な手段によってもなしうると指摘する（「例えば，棒をふりまわしたり，銃を向けることで威嚇をすることができる」）．発語内行為とは違い，発語媒介行為は慣習的ではない．発語内行為の効果は話し手により意図され得るが，そうでない可能性もある（Austin 1962: 106f. を参照）．しかし，シビサは次のことを指摘する．

> ある特定の結果に対して主体に責任を帰することが正当な場合，行為主体性がある．主体が（少なくとも部分的にでも）正当に責任を帰されることを行うとすると，話し手が（少なくとも部分的にでも）聞き手の行為や状態に責任を負うときはいつでも発語媒介行為は遂行される．このことが発語媒介行為に成り立つとすると，発語行為-発語内行為-発語媒介行為の区別は話し手に責任を帰される可能性のある効果の種類に関する区別として考えることができる．
>
> (Sbisà 2007: 467)

この考え方は非常に興味深い「オースティンの読み方」である．しかし，オースティン自身は，発語内行為と発語媒介行為の違いを特徴づけるすべての試みにもかかわらず，それらを明確に区別するのは非常に難しいとしている（特に10回目の講義において）[7]．

オースティンは最後の講義で，発語内動詞に関して発語内の力にもとづく最初の，きわめて基本的な分類を行っている．上で述べたように，オースティンは，彼の講義では「多くのやり残したことがあり」，「研究計画（何をしたかではなく何をすべきかを述べる）」を作成したという事実を認識していた（Austin 1962: 148, 164）．それにもかかわらず，『言語と行為』で提案した言語は行為であるという彼の考えは「言語行為論」の基礎となっている．

---

[7] これを行う興味深い試みに Herbert Clark (1996a: 147ff.) による「行為階層（action ladders）」の概念がある．

1.3 サールによる言語行為論

本節ではまずサールが言語行為をどのように考えていたかを説明する．次に誠実な約束を例に発語内行為および命題内容条件の分析を示し，この条件を基礎として発語内行為に関する構成的規則をどのように形式化したかについて述べる．さらにサールによる発語内行為の分類を説明したあと，異文化コミュニケーションの観点から言語行為論に関する議論を概観する．

1.3.1 言語行為とは何か

オースティンによる言語行為論を体系化し，形式化したのは，彼の学生ジョン・R・サールであった (Searle 1965; 1975; 1976; 2006 を参照．特に 1969)．サールは「人間の言語コミュニケーションにおける基本単位は発語内行為である」と指摘した．それはある特定の条件のもとで生成される「完全な文」の形式をとる (Searle 1976: 1; 1965(1972)[8]: 137; 1969: 25 も参照)．発語内行為は聞き手に「効果」をもたらし，聞き手は話し手の発話を理解する．

　サールは，発話を行うことは規則にもとづいて発語内行為を遂行することであると考える．規則には統制的なものと構成的なものがある．前者は命令と言い換えることができ，後者は新たな行動の形式を創りだし，定義するものである．サールによる言語行為の構成的規則はオースティンの適切性条件に相当する (Searle 1972: 137ff.; 下記 1.3.3 節を参照)．

　1965 年のサールによる論文「言語行為とは何か (What is a speech act)」は次の仮説にもとづいている．「言語の意味論は構成的規則の一連の体系とみなすことができ，発語内行為はこれらの構成的規則に従って遂行される行為である」(Searle 1972: 140)．サールは「約束」の言語行為に関する構成的規則を形式化することによってこの考えを説明する．しかし，その前にさらに明らかにすべきことがあると考えていた．彼は，(13)–(17) の文 (Searle 1972: 140f.) を提示したあと，次のことを指摘する．

(13)　Will John leave the room?（ジョンは部屋を出ますか？）

(14)　John will leave the room.（ジョンは部屋を出るでしょう）

---

[8] 以下では 1972 年に再版された論文（1965 年に最初に出版されている）から引用する．

(15)   John, leave the room! (ジョン，部屋を出なさい！)

(16)   Would that John left the room.

  （あのジョンが部屋を出てくれればよいのに）

(17)   If John will leave the room, I will leave also.

  （もしジョンが部屋を出るなら，私も出ます）

これらの発話 (13)-(17) ──ある状況における異なる発語内行為の遂行──に
おいて，話し手は特定の人（ジョン）を参照し，人が部屋を出るという行為を
述部としている．発語内行為は異なるが（質問，将来に関する言明（予測），
命令，願望，意図の仮定的な表現として実現されている），共通の内容をもつ
ので参照と述定の行為は同じである．サールはこの共通な内容を「命題」と呼
んだ．話し手は発語内行為を遂行するとき，発語行為（単語を発話する）と命
題行為（何かを参照し，述定する命題を表現する）を同時に遂行する．発語内
行為はある特定の発語内の力だけでなく命題内容をもつ (Searle 1969: 31)．こ
の洞察によると，文は「命題を表示する要素と機能を表示する装置」に分ける
ことができる．後者は「発話がどのような発語内の力をもつか」，すなわち，
「発話において話し手がどのような発語内行為を遂行するか」を明らかにする．
この装置には少なくとも英語においては，「語順，強勢，音調の変化，区切り，
動詞の法，いわゆる遂行動詞（の集合）」が含まれる (Searle 1972: 142)．

　次にサールは「言うことによってなにかを意味する，なにかが意味をもつと
はどのようなことか」という問いについて議論する (Searle1972: 143)．彼は「意
味は意図に関するだけでなく，慣習に関するものでもあるとし」，次のことを
強調する．

> 何かを言うとき何かを意味するとは，話し手が話す言語において文と意味が
> 偶有的に関係する以上のものである．発語内行為を分析するときには，意図
> と慣習の側面とともに特に両者の関係について考える必要がある．発語内行
> 為を遂行するときに，話し手は聞き手にある特定の効果を生じさせようとす
> る意図を認識させることにより，その効果を生じさせることを意図する．さ
> らに話し手が単語を文字通りに使用するならば，話し手は，発話の使用規則
> が表現と効果を関係づけるという事実により，この認識を達成することを意
> 図する．発語内行為の分析にはこの2つの要素の組み合わせが必要になる．

> (Searle 1972: 145f.)

1.3.2 誠実な約束と命題内容条件

サールは 1.3.1 節における説明のあと，誠実な約束の分析を行う[9]．例えば，自分が一緒に映画に行きたいと思っている友達のためにチケットをとる約束をすることについて説明するのは普通に考えると難しくない．（しかし）サールは約束の言語行為がいかに複雑であるかを示す．彼はまず話し手が聞き手に対して誠実な約束をする条件を記述する[10]．

1. 発話は聞き手が話し手の言ったことを理解できるように行われる．

2. 話し手は聞き手へ向けて文を発話することにより約束をする．Searle (1972: 148) はこの条件を次のように詳細化する．「この条件は言語行為の命題内容と残りの部分を分ける．これにより分析では約束独自の性質に集中できる.」

3. 話し手は約束をする．この約束は彼（彼女）が将来 1 回（複数回）行う（行わない）行為，そうでなければ，ある状態のままでいることを参照する．サールは (2) と (3) を「命題内容条件」と呼ぶ．

4. 聞き手は話し手が行う行為が自分に対して良いものであると考え，話し手はそのことを真であると考える．さらにサールはこの条件を，発話が約束として意図され，脅し，警告のようなほかの言語行為として意図されてはいけないと説明する．また，英語においては，「私は約束する」と「私はここに約束する」は，英語において行為の責任を負う最も強い機能表示装置であるとする．

5. 遂行される言語行為は（行為の）「目的をもたなければならない」．サールはこの条件を（約束をしなくても）行われる行為は約束することに意味はないと述べる．彼は条件 (4), (5) を「準備条件 (preparatory conditions)」と呼ぶ．

6. 話し手は自分がした約束を守る．これはサールが誠実な約束の発語内行為における「誠実性条件 (sincerity condition)」と呼ぶものである．

---

[9] Searle (1969: 57-61)，Searle (1972: 147-151)，Austin (1961: 97-103) を参照．この分析に対する最近の批判については，不誠実な約束も約束であると指摘する Seuren (2009: 150ff.) を参照．

[10] 以下は Searle (1969: 147-151) を単純化した版である．直接の引用はそれが述べられている頁を示す．

30

7. 約束をした話し手はそれを守る義務があると考える．サールはこれを誠実な約束の発語内行為における「本質条件」と呼ぶ．

8. 話し手はなされた約束が本気であることを聞き手に確信させたいと考えている．

9. 約束は 1–8 の条件が成立する状況において文法的，意味的に適切な方法で発話される．

1.3.3 発語内行為と構成的規則

サールは，1.3.2 節における条件 (1)，(8)，(9) は「正常な発語内行為すべての種類にほとんどの場合適用できる」とする (Searle 1969: 62)．誠実な約束に対して要請される上記 (2)–(7) の条件をもとに，サールは「約束の機能表示装置 P を使用するための」規則集合を抽出する．

規則1： 約束は話し手による将来の行為を述定する文（あるいは，より大きな一続きの談話）のコンテクストでのみ発話される．私はこれを命題内容規則 (propositional content rule) と呼ぶ．この規則は命題内容条件 (2)，(3) から導かれる．

規則2： 約束は聞き手が話し手がある行為を行うことを行わないことよりよいと考え，話し手がそのように考えているときのみ発話される．

規則3： 約束は正常な事態の進行において，話者がある行為を行うことが話し手と聞き手両方にとって明らかでない場合にのみ発話される．私は規則 (2)，(3) を準備規則 (preparatory rules) を呼ぶ．この規則は準備条件 (4)，(5) から導かれる．

規則4： 約束は話者がその行為を行う意図をもっているときのみ発話される．私はこれを誠実性規則 (sincerity rule) と呼ぶ．それは誠実性条件 (6) から導かれる．

規則5： 約束の発話は行為を行う義務を負うとみなされる．私はこれを本質規則 (essential rule) と呼ぶ．

これらの規則には適用順序がある．規則 2–5 は規則 1 が成り立つ場合のみ適用される．規則 5 は規則 2,3 が成り立つ場合にのみ適用される．

(Searle 1969: 63)

第 1 章　語用論と哲学　　31

サールの規則はシビサによって次のようにまとめられている．

- 命題内容規則は「言語行為がもつべき命題内容の種類」，つまり，言語行
為が何についてであるかを規定する．
- 準備条件規則は「コンテクストに関する要請（特に話し手と聞き手の認識
と意志に関する）」，つまり，言語行為に対する必要条件を規定する．
- 誠実性条件規則は「言語行為によって表現される話し手の心理的状態が
どのようなものか」，つまり，言語行為が誠実に行われるかどうかを規定
する．
- 本質条件規則は「発話がどのような発語内行為としてみなされるかを説
明する」．

(Sbisà 1995: 500)

サールは，「言語行為とは何か？（What is speech act?）」の論文を，「約束」の
言語行為に関する分析は，ほかの言語行為に対しても利用できるとしめくくっ
ている．（さらに）彼は「命令」，「陳述」，「挨拶」の言語行為に対する分析を提
案している（Searle 1972: 154 を参照）．1969 年の『言語行為（Speech Act）』で
はこの考え方のもと，依頼，陳述・言明・肯定，質問，感謝，助言，警告，挨
拶，祝辞の発語内行為に対する同様の分析を行っている（Searle 1969: 66f.）.
表 1.1 には適切性条件（構成的規則）にもとづく依頼，陳述，挨拶の分析を示
す（Searle 1969 66f.; 1972: 154）．

表 1.1　依頼，陳述・言明・肯定，挨拶の発語内行為に対する分析の比較（適切性条件（構成的規則）にもとづく）

	依頼	陳述・言明・肯定	挨拶
命題内容規則	H の将来の行為	任意の命題 p	なし
準備条件規則	1. H は A をすることができる．S は，H が A をすることができると考えている． 2. S と H にとって，正常な事態の進行において自発的に，H が A をすることは明らかではない．	1. S は p が真であることの根拠（理由等）をもつ． 2. S と H にとって，H が p を知っていること（H に p の記憶を呼びおこす必要がないこと等）は明らかではない．	S は H にちょうど出会った（紹介された等）．
誠実性条件規則	S は H に A をしてほしい．	S は p が真であると考えている．	なし
本質条件規則	H に A をさせる試みとみなされる．	p が現実の事態を表していることを保証するとみなされる．	H は S により礼儀正しく認識されたとみなされる．

A＝行為，H＝聞き手，p＝命題（の表現），S＝話者．

1.3.4　サールによる発語内行為の分類

Searle（1976: 2）は，発語内行為を分類する少なくとも 12 種類の次元があると主張する．その中でも最も重要な次元は次のものである．

- 発語内行為の目的（illocutionary point）
- 適合の方向（direction of fit）
- 表現された心理状態（expressed psychological states）

最も重要な次元について説明する前に，「発語内行為の分類（A Classification of illocutionary act）」の論文にある残りの 9 次元について述べる．これらの次元にもとづいて Searle（1976: 5ff.）は次に示す（発語内行為間の）違いを明らかにする．

- 「発語内行為の目的が示される強さ」（サールは「映画に行くことを提案する」と「映画に行くことを主張する」の例を示している．両方とも同じ

発語内行為の目的をもつが，異なる強さで提示されている）．

- ●「発話における発語内の力に影響する話し手と聞き手の地位」（サールは将官が兵卒に部屋の掃除を頼むこと──命令──と，兵卒が将官に同じことを頼むこと──不服従でなければ，提案である可能性が最も高い──を例に挙げている）．
- ●「発話（の内容）と，話し手と聞き手の利害との関係のあり方」（例：自慢と悲嘆，祝福と哀悼）．
- ●「談話における他の部分との関係」（「結論する」のような行為遂行表現，「さらに」，「したがって」，「しかしながら」のような副詞・接続詞は，発話を談話における他の部分と関係づける）．
- ●「発語内力表示装置によって決定される命題内容」（報告は過去・現在について，予想は未来についてでなくてはならない）．
- ●「常に言語行為でなければならない行為と，言語行為であり得るが言語行為として遂行される必要のない行為」
- ●「遂行に言語外の制度を必要とする行為とそうでない行為」（神の加護を祈る，洗礼を施す，有罪判決を下すなどの行為を行うためには，話し手は言語外の制度においてある地位を占めていなければならない．「雨が降っている」といった陳述を行うためには言語外の制度は必要ない）．
- ●「発語内動詞が遂行的に使用できる行為とそうでない行為」（「陳述」，「約束」，「命令」といった大部分の発語内動詞は遂行的に使用できるが，例えば，「私はここに自慢する（I hereby boast）」という言うことにより自慢という行為を遂行することはできない）．
- ●「発語内行為を遂行する様式」（告知すると打ち明けるのは発語内行為の目的と命題内容に違いはないが，どのように発語内行為が遂行されるかの様式のみに違いがある）．

以下では，言語行為間の違いを区別する最も重要な次元に戻って説明する．

第一の重要な次元は「発語内行為の目的における違いによる，聞き手に何かをさせる試みへの影響」である．サールは次のことを指摘する．

記述の目的は対象がどのようなものかを表現することである（真偽，正確不正確であり得る）．約束の目的は話し手が約束の行為を行う義務をひきうけることである ...

34

　　発語内行為の目的を私は発語内の目的と呼ぶ．発語内の目的は発語内の力
の一部であるが，同じものではない．例えば依頼に関する発語内の目的は命
令と同じであり，両方とも聞き手に何かをさせる試みである．しかし発語内
の力は明らかに異なる．

(Searle 1976: 2f.)

言語行為間の違いを区別する第二の重要な次元は，「言葉と世界との適合に関
する方向の違い」である．Searle (1976: 3) は「ある発語内行為は発語内行為
の目的の一部として言葉を世界に適合させ，別の発語内行為は世界を言葉に適
合させると指摘する．陳述は前者に，約束・依頼は後者に分類される」．サー
ルは，G. E. M. Anscombe (1957) からの例を使ってこれらの違いを説明す
る．男が，「豆，バター，ベーコン，パン」と書いている買い物リストを妻か
ら受け取り，スーパーマーケットに行くとする．彼は，何を購入したかを記録
する探偵につけられている．男と探偵がスーパーマーケットを出たときには，
2 人は同じものが書いてあるリストをもっていることになる．しかし，それら
のリストは異なる機能をもっている．買い物をした男は，彼の行為を買い物リ
ストに適合させている，つまり世界を言葉に適合させていることになる．探偵
が作成するリストの目的は，買い物をする男の行為を記録すること，つまり言
葉を世界に適合させることである．探偵が家に帰り，買い物をした男がベーコ
ンではなくポークチョップを購入したことに気づいたら，自分のリストにある
「ベーコン」を消して，ポークチョップに書き換えることができる．買い物を
した男が家に帰り，妻からベーコンではなくポークチョップであったことを告
げられたとする．彼はリストの「ベーコン」を消して「ポークチョップ」に書
き換えても，過ちを正すことはできない (Searle 1976: 3 を参照)．
　　言語行為間の違いを区別する第三の重要な次元は，「表される心理的状態に
おける違い」に影響する．サールはこの次元について次のように説明する．

　　命題 p を陳述，説明，主張する場合，p が真であると考えられていることが
表されている．約束，誓約，脅しは，その行為 A を行う意図が表されてる．
命題内容をもった発語内行為が遂行される場合，一般的に，命題内容をとも
なった発語内行為の遂行において話し手はその命題内容に対する態度，状態
などを表す．発語内行為の遂行において表される心理的状態はその行為の誠
実性条件である．（ただ）表される心理的状態に全面的にもとづいて発語内行

第1章　語用論と哲学　　35

為を分類しようとするのは，... きわめて難しい.　　　　　　(Searle 1976: 4)

サールは，発語内行為の遂行において表される心理的状態のみにもとづいて発語内行為を分類しようとはしなかった. 彼による言語行為の類型は，「発語内行為の目的」，「適合の方向」，「表された心理的状態」の三次元にもとづくものである. ウィリアム・ジェームズ講義の最終回で提示されたオースティンによる発語内動詞の分類を批判的に検討したあと，サールは，彼の分類，「発語内行為の基本範疇」とみなすもののリストを提示する (Searle 1976: 10). リストは次の5種類から成る.

1. 陳述型： オースティンによる事実確認発話のように陳述型は真偽値をもつ. 陳述型は「話し手に，命題が成り立っていること，表現された命題が真であることを引き受けさせる. ... 適合の方向は言葉を世界へ適合させる方向である. 表された心理的状態は p が真であるという考えである」(Searle 1976: 10f.)[11]. 陳述型の典型には，「主張」，「報告」，「陳述」，「締めくくり」，「推定」，「記述」がある. (18) に陳述型の例を示す.

(18)　Barack H. Obama is the forty-fourth President of the United States.
　　　（バラック・H・オバマは米国の第44代大統領である）

2. 指図型： 指図型に関する発語内行為の目的は，「聞き手に何かをさせる話し手の試みである. 適合の方向は世界を言葉に適合させる方向である. 誠実性条件は（命題内容を）望んでいることである. 命題内容は常に聞き手が行う将来の行為である」(Searle 1976: 11). 指図型の典型には，「依頼」，「質問」，「指図」，「命令」，「懇願」，「嘆願」，「祈願」，「反抗」，「挑戦」がある. (19) に指図型の例を示す.

(19)　Go home.（家に帰れ）

3. 約束型： 約束型に関する「発語内行為の目的は，話し手に将来の行為を行う責任をひきうけさせることである. 適合の方向は世界を言葉に適合

---

[11] サールは命題を参照するために，「p」という略記をここで使用している.

させる方向である．誠実性条件は（命題内容を）行う意図である．命題
内容は常に話し手が ... 将来の行為を行うことである ...」(Searle 1976:
11)．約束型の典型には，「約束」，「脅し」，「申し出」，「誓約」がある．
(20) に約束型の例を示す．

(20)　I will have written this paper by Friday next week.
　　　（来週の金曜日までにはこの論文を書きます）

4.　表出型：「表出型に関する発語内行為の目的は，命題内容における事態
　　の誠実性条件で規定される心理的状態を表すことである．表出型には適
　　合の方向はない」(Searle 1976: 12)．表出型の主旨は，歓喜，苦悩，悲
　　哀などのような話者の心理的態度または状態を表すことである．表出型
　　の典型には，「感謝」，「祝福」，「謝罪」，「哀悼」，「遺憾」，「歓迎」があ
　　る．(21) に表出型の例を示す．

(21)　What a wonderful paper, Mark!
　　　（なんてすばらしい論文なんだ，マーク！）

5.　宣言型：サールは宣言型を「非常に特別な言語行為の範疇である」とす
　　る．宣言型は，「宣言が首尾よく遂行されたという事実のみにより，（命
　　題内容で参照された）対象の状態を変化させる」．宣言が首尾よく遂行
　　されるためには，話し手と聞き手が特別な地位を占める言語外の制度を
　　必要とする．「適合性の方向は，両方向，言語を世界に適合させ，世界
　　を言語に適合させる ... 誠実性条件はない」(Searle 1976: 14f.)．宣言型
　　の典型には，「任命」，「指名」，「結婚」，「洗礼」，「破門」，「宣戦布告」，
　　「辞任」，「解雇」がある．(22) に宣言型の例を示す．

(22)　I now pronounce you Man and Wife.[12]
　　　（ここにあなたがたが夫婦であることを宣言する）

1.3.5　直接・間接言語行為
言語行為論においてサールが行ったもう1つの重要な貢献は直接言語行為と

---

[12] これらの種類についての批判的議論は Levinson (1983: 240ff.) を参照．

第1章 語用論と哲学 37

間接言語行為の区別である．ある特定の意味をもつ発話は別のことも意味することができる．

(23)　Can you pass me the salt?
　　　（塩をとってもらうことはできますか？）

例 (23) は一見質問である．しかし，聞き手への特定の能力に関するこの質問は，聞き手へ向けられた話し手に塩を渡す依頼でもある．例 (24) (25) ——前者は依頼，後者は文法的命令法—— では，文の型とその発語内の力が一致している．これらの文は直接言語行為の例である．

(24)　I request you to pass the salt.
　　　（私はあなたに塩をとってくれるよう依頼する）

(25)　*Pass the salt, please.*（塩をとってください，お願いします）

しかし，(23) には「文の意味に含まれる発語内の目的のほかに隠れた発語内の目的」があることがわかる (Searle 1975: 74)．この文が間接言語行為の例である．間接言語行為を定義するもう 1 つの方法は「ある発語内行為がほかの発語内行為を間接的に遂行する」発話とすることである (Searle 1975: 60)．間接言語行為において，話し手によって言われることと実際に意味することとの違いをみることができる．特に依頼について，その大部分は間接言語行為として実現される．例 (24) (25) のような明示的な依頼や命令は実際の会話ではめったに使われない．Steven Levinson (1983: 264f.) は，英語話者は「相手に塩をとってもらう，扉を閉めてもらうといった何かをしてもらうことに関して間接的に依頼する方法の無限に長いリストをつくることができる」と述べている．(26) に彼の挙げた例を示す（すべてではない）．

(26) a.　I want you to close the door.（私はあなたに扉を閉めてほしい）
　　　　 I'd be much obliged if you'd close the door.
　　　　 （扉を閉めていただけたら幸甚に存じます）
　　 b.　Can you close the door?（扉を閉めることができますか？）
　　　　 Are you able by any chance to close the door?
　　　　 （もしかして扉を閉めることができますか？）
　　 c.　Would you close the door?（扉を閉められますか？）

Won't you close the door? (扉を閉められませんか？)

d. Would you mind closing the door?

(扉を閉めていただけませんか？)

Would you be willing closing the door?

(扉を閉めていただけませんでしょうか？)

e. You ought to close the door. (扉を閉めるべきである)

It might help to close the door.

(扉を閉めてもらうのがよいかもしれません)

Hadn't you better close the door?

(扉を閉めるほうがよくありませんか？)

f. May I ask you to close the door?

(扉を閉めるのをお願いしていいですか？)

Would you mind awfully if I were to ask you to close the door?

(扉を閉めるのをお願いしてもよろしいでしょうか？)

I am sorry to have to tell you to please close the door.

(申し訳ないのですが，扉を閉めてください)

g. Did you forget the door? (扉を忘れましたか？)

Do us a favour with the door, love. (扉をお願いします，あなた)

How about a bit less breeze?

(風を少し弱くするのはどうですか？)

Now Johnny, what do big people do when they come in?

(さてジョニー，立派な人は部屋に入ってくるとき何をするかな？)

Okay, Johnny, what am I going to say next?

(よし，ジョニー，私は次に何を言うだろうか？)

サールはこれらの言語行為について次のように説明する．

間接言語行為において，話し手は聞き手に実際に言うことよりも多くのこと
を伝える．それは合理性の一般的な力と聞き手側の推論能力とともに相互に
共有する言語的・非言語的な背景知識による … 間接言語行為の間接性を説明
するのに必要な（理論的）道具は，言語行為論，協調的な会話の一般的原則，
話し手と聞き手が相互に共有する事実的背景情報と，聞き手側の推論能力で
ある．

(Searle 1975: 60f.)

聞き手は，会話における協調の原則（H. ポール・グライスによる会話の含み
と格率の理論とともに 1.5 節で議論する）を利用して，発話の意味に含まれる
発語内行為の目的とは異なる隠れた目的を認識する．話し手は発語内行為の隠
れた目的が何であるか――発話による実際の力――について，間接言語行為が
なされる状況やコンテクストに関する背景知識および言語行為の機能と適切性
条件の一般的な知識を基礎として推論する（Searle 1975: 74 を参照）．例えば，
(23) では，聞き手は，「質問の言語行為における適切性条件に違反しており，
依頼の言語行為における準備条件についての質問をしている」（Huang 2007:
112）と認識し，この発話が間接言語行為であると理解する[13]．聞き手は，話し
手と聞き手両方に機能する会話における協調の原則を利用し，話し手が聞き手
に塩をとってほしいと推論する．Searle (1975: 61) は，多くの間接言語行為
は慣習化され，慣用化されて使用されていることを指摘する（Searle 1975: 69）.
――間接言語行為を使用する主な理由は丁寧さである．「丁寧さは依頼におけ
る間接性の最も顕著な動機であり，特定の形式が間接的依頼をする慣習的な方
法になりやすい」(Searle 1975: 76)．

　丁寧さに関するさまざまな知見についてはここで議論することはできない
(Brown and Levinson 1978 を参照)．しかし，間接言語行為とオースティンの発
語媒介行為を明確に区別するのが難しいことは注意しておくべきである．ピー
ター・シューレンはこれについて次のように解説している．

　　発語媒介行為は，その伝達機能が実用的な社会的推論から導かれる言語行為
　　として定義される．言外の意図を理解し，場合によっては部屋を暖めたり，
　　窓を閉めたりしてもらえることを期待して，「ここは寒いね」と言うのはその
　　例である.
　　　発話媒介行為を含む間接言語行為は，多くの場合，社会に適切に参加する
　　ために学ばれるべき社会的慣習と言語的慣習のどちらかまたは両方に影響を
　　受ける.
　　　［上記 (23) のような（著者注)］間接言語行為の特徴は言語的能力ではなく，
　　社会的能力により説明することができる．このように考えると間接言語行為
　　と発語媒介行為は同じ種類のものであり，意図された実際的な結果が使用さ

---

[13] どのようにして聞き手が間接言語行為を理解し，それに対する応答を計画するかについ
ての卓越した研究については Clark (1979) を参照.

れる単語に反映されている度合いだけが異なる．間接言語行為は発語媒介行
為より意図された結果が直接的に表現されている．

(Seuren 2009: 143)

1.3.6　複数の文化の視点からの言語行為論

Austin（1962: 27）が示した行為遂行発話に関する適切性条件 A(i) の違反例
でみたように（1.2.1 節を参照），言語行為はきわめて文化相対的であり得る――
イスラム教徒のカップルには離婚とされる言語行為は，キリスト教のカップル
にその効力はない．多くの社会言語学者と人類言語学者はこの事実を確認して
いる．

　例えば，Keith Basso（1979）は北アメリカ先住民であるアサバスカン人に
よる冗談の言語行動に関する研究の中で，北アメリカの白人による賛辞をから
かう行動について明らかにしている．アサバスカン人は心の中で過剰な称賛の
表現に当惑しているのである（Chen1993; Daikuhara1986 も参照）．

　John Gumperz（1979）はイギリスにおけるイギリス英語話者とインド英語
話者の相互行為を分析し，質問がなされたのかどうか，議論が提起されたのか
どうか，話者は丁寧なのか失礼なのかなどの理解を難しくするコミュニケー
ションの誤解をもたらす，言語行動への期待に関する文化特有の違いを明らか
にした．

　Deborah Tannen（1981）は直接性と間接性に対する考え方がギリシャ系ア
メリカ人とアメリカ人では実質的に異なることを示した．ギリシャ生まれで
あってもギリシャ語は話せないギリシャ系アメリカ人は，より「直接的な」ア
メリカ人にたとえ誤解される恐れがあっても，言語的間接性に関してギリシャ
語の規範に従う．それは，ギリシャ系アメリカ人は多くの場合直接的に意味さ
れた発話を間接的に解釈する．次に示すギリシャ系アメリカ人の夫とアメリカ
人の妻との短いやりとりはその例である（Tannen1981: 227）．

> Husband: Let's go visit my boss tonight.（今夜上司のところへ行こう）
> Wife: Why?（なぜ？）
> Husband: All right, we don't have to go.
> 　　　　　（わかった．行く必要はないよ）

タネンはこのやりとりで何が起こっているかを次のように説明する．

夫も妻も，夫の最初の提案は彼が上司の家に行きたがっていることを示して
いることは理解している．しかし，妻の質問「なぜ？」の意味についての理解
は異なっている．妻は質問をしているだけである．そのため夫の発話に混乱
し不満をもつことになり，質問を受けて急に考えを変えるような一貫性のな
い男性となぜ結婚してしまったのだろうと考えざるを得ない．夫の側は，妻
の質問は明らかに彼女が行きたくないことを示していると理解し，それで提
案を取り下げたのである．しかし彼も不満であり，彼女が提案を拒否したこ
とに怒っている． (Tannen 1981: 227)

ショショナ・ブラム-カルカ (Shoshona Blum-Kulka) ら (1989) は，複数の
文化における言語行為の使用に関する大規模な研究プロジェクトで，7言語に
ついて依頼の直接性と間接性，謝罪に関して大きな違いがあることを示した．

　Harris (1984) は，北東アーネムランド (Arnhem Land) で話されているオー
ストラリア原住民の言語には感謝の言語行為に相当するものがないと指摘して
いる．他方，Hudson (1985) は，オーストラリア原住民の言語ウォーマジョ
リ (Walmajari) では「断わるのが非常に難しい，親族関係の権利と義務にも
とづく依頼の言語行為」があることを明らかにしている (Huang 2007: 120f.)．

　ミッシェル・ロザルド (Michelle Rosaldo) は，「言語によって行う行為
(The things we do with words)」(1982(=2011) 年) の論文で，フィリピン・
ルソン島に住むイロンゴト族（以前は首狩りの風習をもっていた）の言語にお
ける言語行為とサールによる言語行為の分類を比較した．まず，Rosaldo
(2011: 85) は，イロンゴト語では「ことばは客観的な真実を『表現する』よう
にはなっていない」ことを明らかにした．「すべての真実は『知識をもつ』と宣
言する人との関係や経験に相対的だからである．またイロンゴト語にとっては
意図ではなく関係が優先される」．次に彼女はサールによる言語行為の分類と
イロンゴト族の言語行為に対する名称を比較し，イロンゴト族の言語行動は社
会的地位，世界に関する素朴な理解，話し方との関係を考慮に入れなければ適
切に説明できないと主張する (Rosaldo 2011: 88)．

　サールの陳述型と比較するとイロンゴト族は（客観的な）真実を追求するこ
とにそれほど関心がない．

　イロンゴト語話者は（客観的な）真実を追求するのではなく，個人が「知って
いる」とされるものに対して特別な主張として互いに認める傾向にあるように

思われる．みんなが知っているうわさに関して，事実的な詳細ではなく，誰が明らかにするかしないかが問題なのである．――イロンゴト語話者は談話における主張や拒否を相互行為における役割を確立する道具として利用している．
(Rosald 2011: 89)

指図型に関して，ロザルドはイロンゴト語では，命令や他の「指図型の発話は言語の本質であるとする．どのように話すかを知っていることは，どのように，いつ行為をするかを知っていることと事実上同一である」(Rosald 2011: 84)．明示的行為遂行発話はどちらかといえばまれである．しかし，明示的に行為遂行発話が遂行されても，失礼である，もしくは，不快であるとされることもそのように認識されることもない．遂行される指図型の力は，「認められており，定型化されている常套句の使用」により示される (Rosaldo 2011: 90)．

　ロザルトはイロンゴト語で約束型を見つけるのは困難であったとしている．英語の「約束」に最も近いイロンゴト語の単語は，「塩を使った定型的な誓約」に言及するものである．話し手は彼（彼女）の言葉が偽であることが示されたなら，塩のように彼（彼女）の命はなくなると宣言する (Rosaldo 2011: 94)．

　サールの宣言型に関係するイロンゴト語の言語行為については，「その力は，人間の相手が聞いていることではなく，さまざまなところに絶えず存在している超自然の力が配慮してくれている」ことによる．

　Rosaldo (2011: 78) は「言語行為に関する，サールによる本質的に文化内の説明は，個人主義的，相対的に社会的でないものに偏っていること」を明らかにする．彼女は論文を次のようにしめくくる．

　　言語行為に関するイロンゴト族の観念を考えてみると，言語的行為の理解は必然的にいつも個人が言おうとすることの説明をはるかに超えるものを必要とすることに気づかされる．なぜならイロンゴト族の人々ははっきりと認識しているが，言語行為の力は会話に参加する人たちの期待によっているからであり，また本論文における比較が明らかにしているように，そのような期待そのものは特定の社会文化的存在の形式がうみだしたものであるからである．
(Rosaldo 2011: 78)

本節は，サールとオースティンによる言語行為論の普遍性の主張に対するこの印象的な反論をもって終える．

　次節では Pieter Seuren (2009) による言語行為の社会的なつながりをつく

る力についていくつかの論考を説明する．論考は言語行為は社会的現実を構築し，つくりだすという彼の確信に基づいている．オースティンとサールによる言語行為論には社会的現実という概念が欠如しており，このことから上で引用したロザルドによるような批判があることが理解できる．

1.4 社会的なつながりをつくる力に関するピーター・シューレンによる論考

ピーター・シューレンは，2巻から成る『内側からの言語（*Language from Within*）』第1巻の『認知における言語（*Language in Cognition*）』第4章において，オースティンとサールによる言語行為に関する議論には，彼が「社会的現実」と呼ぶ概念が欠如していると指摘する（Seuren 2011 私信）．言語行為に関する章で「言語行為の社会的なつながりをつくる力に注目し」，「社会的つながりの原則」を定式化することにより検討を始める．彼はこの原則を公理的であり，人間の言語だけでなく，人間と人間以外の意識的なコミュニケーションすべての体系に対して定義できると考える（Seuren 2009: 140）．原則は次のように述べられる．

> すべての誠実な言語的発話は社会的関係をつくる力をもつ．その関係は，話し手の義務（強さは可変），聞き手への要請（強さは可変），発話に表現される命題に関する行動の規則をささえる制度，呼びかけ（「ちょっと，そこのあなた！」）に存在する．
>
> 　言語行為が効力をもつ社会的に関係する相手は発話による力の場を形成する．

> (Seuren 2009: 140)

シューレンはこの原則が権利と義務をもつ人々や，責任と個人の尊厳をもつ人々の行動を規定すると考える．これらの人々は「...(自分の行為に対する) 責任があり，すべての誠実な言語行為はいかに取るにたらないものであっても話し手と聞き手の間に責任関係をつくる」(Seuren 2009: 140)．社会的つながりの原則を「公理的」であり，人間の言語だけでなく「記号によるいかなるコミュニケーションの形式」にも定義できると特徴づけることは（Seuren 2009: 158 も参照），シューレンにとって「言語は基本的に社会常識における責任関係をつ

くるための道具であり，情報転送の道具でないこと」を意味する（Seuren 2009: 140）．彼は言語行為に関してこれらの考えを発展させ，次のことを強調する．

> すべての言語行為は社会的につながる関係あるいは事態をつくるという点で行為遂行的である ... 言語の基本的な機能は世界に関する情報の転送という意味での「コミュニケーション」ではなく，社会的なつながりをつくること，つまり，発話もしくは言語行為で表現される命題に関して特定の個人間の，社会的つながりをつくることである．このような社会的つながりをつくることは，共同体の必要条件である社会組織における中心的な要素であることが明らかであろう． (Seuren 2009: 147)[14]

シューレンは，哲学および他の学問分野において社会的つながりをつくる言語の考え方が無視されたことは，「言語行為が遂行されるとき実際に何が達成されるかではなく，言語行為における意図の側面」が重視されることにつながったと主張する（Seurem 2009: 150）．シューレンによると，この「社会的なつながりをつくる側面に対する基本的な無理解により，不誠実な言語行為に関して多くの議論がなされることになった」とされる．彼はこの議論をサールによる約束の分析（1.3.2 節（1.3.3 節も参照））への批判をもとに行った．この批判についてここで詳細に説明することはできないが，次の引用はシューレンによる議論の要約となっている．

> サールによる「ある行為をすることを約束するが，その行為をすることを意図しない」といった文の使用は，言語行為が基礎とする暗黙の社会的な契約，したがって当該の言語行為の効力をそこねてしまう．一般的に言語行為は適切な条件のもとで発話されることにより効力をもつ．この効力は問題となる言語に関する意味論の一部である．それは抽象的な水準における言語の体系と関係しているからである．（また）言語行為は，話者が適切な働きをする社会的存在であることを仮定することより効力をもつ．言語行為の効力は文が発話される環境に関係するので，「語用論」の問題であるように思われる．言語

---

[14] シューレンは「世界についての情報の転送」を多くの言語の機能（階層的に順序づけることはできない）の中で主要ではない 1 つであるとしている．言語のほかの機能には，話者の階層または地位を示す，特定の社会集団に所属をしたいという欲求を表現するといったものがある（Seuren 2009: 148）．

行為が効力をもつためには，(a) 正当な仕方で遂行されること（適切な条件の
もとで発話されること），(b) 社会的能力が仮定できることが必要である．条
件 (b) が満足されないと，言語行為は意味的に問題がなくとも語用論的に無
効となり，効力をもたないことになる．　　　　　　　　　(Seuren 2009: 153)

この知的に刺激的な引用により，言語行為に関するピーター・シューレンによ
る論考のいくつかについての紹介を終える．しかし，言語における「社会契約」
(Rousseau 1762) の機能についての考えは他の章でも繰り返し現れる．

　本章における最後の節ではサールが間接言語行為の理論で参照した会話にお
ける協調の原則を取り上げる．この協調の原則と 4 つの下位格率はオースティ
ン，サールの仲間であった H. ポール・グライスにより，会話の含みに関する
理論において形式化されたものである．

1.5　会話の指針となる格率：グライスによる会話の含みに関する理論

H. ポール・グライスの理論に関する概説のあと，本節ではグライスによる協
調の原則とそれを構成する会話の格率について説明する．次にいかにこれらの
格率が破られるか，あるいは「故意に守られないか」を示し，会話の含みがも
つ特徴的な性質について述べる．本節の終わりではグライスの理論を人類言語
学の観点から検討する．

1.5.1　はじめに

オースティン，サールと同様，グライスもいかに話者がある特定のコンテクス
トで発話に意味を与えるかに非常に関心があった．1967 年のハーバード大学
でのウィリアム・ジェームズ講義において——1975 年と 1978 年に講義の抄録
が 2 本の論文として出版された——，グライスは「会話の含み」に関する理論
を定式化した．日常言語学派を創設した他の哲学者と同様，まさに講義の題目
「論理と会話 (Logic and Conversation)」が示しているように，彼は論理と日
常言語の緊張関係を認識しており，論理は文が意味をもつかどうかを判断する
唯一の手段ではないことを確信していた．1.3.5 節における間接言語行為の議
論では，話者により言われたことと，実際に意味されたこと——含みとされる
ことを言うこともできる——に違いがあることを指摘した．聞き手は，話し手

が発話で含みとしたこの実際の意味を認識・理解するために推論をする必要がある. Levinson (2000: 11) は「一般化された会話の含み」の概念をデフォルト推論として定義している. デフォルト推論とは, 文, 発話, 会話, 文章に対して選好される（通常の）解釈についての直観をとらえることができる推論のことである.

例えば (27) の発話から, 聞き手は (27) からジョンは 3 頭の牛を飼っており, それ以上の牛は飼っていないと推論する.

(27)　John has three cows. (ジョンは 3 頭の牛を飼っている)

(28) の会話において, 話者 A は話者 B が彼（彼女）の答え（サールの用語では間接言語行為）からパーティには行かない（行けない）含みがあることを理解する.

(28) A: Will you go to Mark's PhD party?
　　　　（マークの博士号取得記念パーティに行きますか）
　　 B: I have to prepare my inaugural lecture.
　　　　（最初の講義の準備をしなくてはいけないんだ）

1.5.2　グライスによる協調の原則とそれを構成する会話の格率

Grice (1975: 45) は, 会話の含みが「談話の一般的な特徴に本質的に関係していること」を理解していた. これらの特徴は, 相互行為を行う人たちによって互いに共有される期待を含み, 話し手と聞き手は期待についての知識により互いのコミュニケーション行動（グライスは常に目的をもち合理的なものであると考えていた）についての推論が可能になる. Levinson (2000: 14) が指摘するように,「会話において含みとされるものは表現と含みが 1 対 1 に対応するのではなく, 会話の合理的な性質についての基本的な仮定をもとにして推論されるものである」. これらの仮定をもとに会話を行う人たちはほとんどの場合自発的に協力し, 会話の話題に関連する情報を提供することを当てにすることができる. しかしこれらの仮定をもとにすると「会話において行い得る行為を会話の観点から不適切である」と除外することもできる (Grice 1975: 45; Seuren 1998: 406 も参照). グライスは彼が提案した協調の原則において「会話の活動における合理的な性質についての基本的な仮定」を定式化した:「参加してい

第 1 章　語用論と哲学　　　47

る会話において行為を遂行する場合，そのときの状態において，受け入れられている目的（方向性）に合わせること」(Grice 1975: 45)．

　この原則はグライスが明示的に特徴づけた 4 つの格率により構成される（格率という用語はドイツの哲学者イマヌエル・カント (Immanuel Kant) (1724-1804) から踏襲したものである）．会話の格率は，通常妥当であると主張されており，「量 (Quantity)，質 (Quality)，関係 (Relation)，様態 (Manner)」から成る．これらの格率は以下のように定義される．

　量の格率は提供される情報の量に関係し，次の下位格率から成る．
　1.　現在のやりとりにおいてその目的を達成するために必要な情報を含む発話を行うこと
　2.　必要以上の情報を含む発話をしないこと

　質の格率は真の内容をもつ発話をすることを上位格率とし，2 つのより具体的な格率から成る．
　1.　偽だと考えることは言わないこと
　2.　十分な根拠のないことは言わないこと

　関係の格率は「関連性があることを言うこと」という単一の格率から成る．

　様態の格率は（いままでの格率とは違い）何を言うかでなく，どのように言うべきかに関係する．この格率は，「明快に話すこと」を上位格率とし，次の下位格率から成る．
　1.　わかりにくい表現を避けること
　2.　曖昧さを避けること
　3.　簡潔に話すこと（不必要な冗長さを避けること）
　4.　順序立てて話すこと

(Grice 1975: 45f.)

グライスは，これらの 4 つの格率が (28) における話者 B の発話のような，文字通りではない発話の意味を理解するときの基盤になるとしている．

1.5.3 どのようにして会話の格率は破られるか，あるいは，「故意に守られないか」

会話の格率は破られる事もあれば，「故意に守られない」こともある．Grice (1975: 51-56) は格率が破られない例，故意に守られない例を挙げている．以下ではいくつかの例をみていく．

(29) はどの格率も破られない想像上の会話からの抜粋である．

(29) A: Smith doesn't seem to have a girlfriend these days.
(スミスさんはこの頃恋人がいないようだ)

　　 B: He has been paying a lot of visits to New York lately.
(彼は最近頻繁にニューヨークに行っています)

グライスは (29) について次のように解説している．話者 A の発話への応答において，話者 B はスミスさんが最近繰り返しニューヨークを訪れていることを述べることにより，スミスさんにはニューヨークに恋人がいる，もしくは，いるかもしれないことを含みとしている．話者 B はこの応答の内容とは別のことを含みとしている．

(30) にはグライスは格率が破られている想像上の会話からの抜粋を示す．しかし，破られていると考えられるのは格率間の対立を仮定することによる．

(30) A: Where does C live? (C さんはどこに住んでいるのですか)
　　 B: Somewhere in the South of France. (南フランスのどこかです)

グライスはこの例について次のように解説している．話者 A はフランスで休日を過ごそうと計画している．話者 A と B は，A がフランスに住んでいる友人 C に会いたい——もしそれが大変な遠回りにならないのであれば——と考えていることを知っている．A の質問への B の応答は間違いなく必要とされるより情報量が少ない．しかし，「量の格率が破られているのは，より多くの情報を提供することが質の格率『十分な根拠のないことは言わないこと』(Grice 1975: 51f.) を破ることになると B が認識していたと仮定することによって説明できる」．B は彼の応答により C さんが正確にどこに住んでいるかを知らないことを含みとしているのである．

以下では，格率が故意に守られない，破られている例を示す．グライスは量の格率が故意に守られない例として，大学の職に応募する学生に関する，教授

第1章　語用論と哲学　　49

による想像上の推薦状を挙げる.

(31)　Dear Sir,

Mr. X's command of English is excellent, and his attendance at tu-
torials has been regular.

Yours, etc.

（前略，X さんの英語力は素晴らしく，個別指導にはいつも出席しています.
草々）

　グライスはこの例について次のように解説している. 教授はこの状況において
協調的であり，さらなる情報が望まれていることを知っている. 彼は推薦状を
受け取る相手が推薦状の人物が自分の学生であることを知っているけれども，
これ以上学生については書きたくない. そのため，不承不承に学生の情報を提
供する代わりに彼の学生は募集の職にはふさわしくないことを含みとする量の
格率を故意に守らないほうを選んだのである.

　質の格率 (Grice 1975: 52) が故意に守られない例として，話者 A がある命題
が真であるかどうかを知りたいと思っている状況を考える. 話者 B はその命
題が真であることを知っており，命題の真偽を確認するだけでなく，命題が真
であることがなぜ確実かについてさらなる求められていない情報まで提供した
とする. 話者 B に何らかの意図が感じられるとすると，話者 B が議論の余地
のない真実と主張するものは実際議論のあることが含みとされ得る.

　グライスは質の格率が破られる例として，皮肉（競争相手を「すばらしい友
達」として話す），隠喩（「あなたは私のコーヒーの中のクリームだ」），緩叙法
（家具をすべてこわした酔っ払いを，「彼は少し酔っていたんだ」と言う）も挙
げている. 皮肉，隠喩，緩叙法のような修辞的表現は含みの典型的な例であ
る.

　グライスは，「まぎれもなく関係の格率が破られることによって含みをもつ」
例として，「上流社会のティーパーティ」で起こり得る，(32) に示される想像
上の状況を挙げる.

(32)　A:　Mrs. X is an old bag. (X 夫人はみすぼらしいばあさんだ)

　　　（silence（沈黙））

　　　B:　The weather has been quite delightful this summer, hasn't it?

（この夏の気候はとても快適だね？）

(32) では話者 A の発話のあとに気まずい沈黙がある．話者 B は A の発話に関連することを言うのをあからさまに拒否して，気候について話をする．この発話により話者 B は，A の発話は無視すべきであるだけでなく，A は社会的に失礼なことをしていることを含みとする．

　いかに格率が破られ得るかのこれらの例は，本節が目的とする内容を十分に説明するものとなっている．

1.5.4　会話の含みに関する 5 つの性質

グライスは会話の含みに関する性質は容易に予測できると仮定する．会話の含みを理解する過程は，前提を理解するときの演繹的な過程とは 5 つの特徴的な性質により区別される (Grice 1975: 50; 特に 57f.; 1978: 116 も参照)．

　第一にすべての会話の含みは取り消し可能である．Levinson (2000: 42) はこの性質を次の例で説明している．

    a.　主張：「ジョンは何枚かのクッキーを食べた.」
    b.　通常の含み：「ジョンはすべてのクッキーを食べなかった.」
    c.　b の破棄：「ジョンは何枚かのクッキーを食べた. 実際彼はすべてのクッキーを食べた.」

第二に会話の含みは分離不可能である．このことは，会話の含みは発話の意味に結びつけられているのであり，意味を表現する特定の語彙項目や文形式に結びつけられているわけではないことを意味する．

    したがって
    ジョンはロケット科学者ではない.
        アインシュタインではない.
        ノーベル物理学賞候補ではない等など.
    はすべて，「ジョンはあまり優秀ではない」ことを含みとする

(Lakoff 1995: 193f.)

第三に会話の含みは計算可能である．つまり，「含みを推論させる発話とそれと同等な会話の格率を守る発話との関係は，『少年は少年だ』の例で考えられ

第1章　語用論と哲学　　51

るように厳密かつ具体的に表現され得る」．この発話における「表面的な同語反復は，『少年はある顕著な行動的特徴を共有する』といったように，同語反復でなく理解されるために計算（推論）を必要とする」(Lakoff 1995: 193f.)．

　　第四に会話の含みは非慣習的である．このことは会話の含みが関係する単語の辞書的意味の一部ではないことを意味する (Lakoff 1995: 194)．レイコフが会話の含みがもつ分離不可能性（ジョンはロケット科学者であるなど）を示すために利用した文の意味を理解するためには，辞書で「ロケット科学者」は「優秀な人間である」と定義する必要はない．

　　第五に会話の含みは完全に決定されるわけではない．すなわち，会話の含みの形式とその意図された意味には1対1の対応はない．

　　　John is a machine.（ジョンは機械である）

は，「ジョンが感情をもたないこと」，「ジョンがよく働くこと」，「ジョンが効率的であること」などを意味し得る (Lakoff 1995: 194)．

1.5.5　人類言語学の観点からのグライスの理論

Elinor (Ochs) Keenan (1976: 67) が正しく指摘するように，グライスは会話の含みに関する理論を「普遍的に適用できるものとして」提示した．キーナンは非インド・ヨーロッパ言語であるマラガシ語（Malagasy），に対してグライスによる会話の格率と含みの分析を初めて検討した研究者である．彼女はマラガシ語話者が会話の相手から求められるよりも少ない情報を提供することにより，しばしばグライスによる量の格率を破ることを示した．マラガシ語話者は過去，未来両方に関して明示的な参照をするのに消極的であり，会話の相手が自分たちに必要な情報を提供してくれることは通常期待しない．キーナンは，マラガシ語話者は重要でない情報よりも重要である情報を提供しない可能性が高いと指摘する．（他人の犯罪に関する情報のように）情報が話者にとって不快な結果をもつかもしれない情報を提供する場合は特にそうである．しかし，会話の相手が親族や隣人である場合，彼らは互いに情報をより提供する傾向にあり，女性は男性よりも会話の相手に必要な情報を提供する可能性が高い (Keenan 1976: 70ff.)．彼女は論文の最後で「グライスが会話に対して外部から観察できる軸（etic grid）の可能性，会話の格率を作業仮説ではなく社会的事実として提示したことが，民族誌学者を悩ませた」と指摘する (Keenan 1976: 79)．人

類言語学者，言語人類学者は，すべての外部からの観察（etic grid），つまり，民族言語学の問題に対する西洋の文化的規範と考えに基づく研究方法（4.4.2節を参照）は，研究対象としている非西洋の言語と文化における本質的な事実をいずれとらえそこねるという意見で一致している．言語人類学者にとってグライスによる会話の格率で提供されるような外部からの視点は二次的な重要性しか持たない．それにもかかわらず，キーナンはグライスの枠組みを人類言語学の研究に使えるようにする方法について概略を示した．彼女は次のように述べる．

> 1つの格率を取り上げ，それがいつ成り立ち，いつ成り立たないかを記録することができる．その格率を守ること，破ることへの動機が1つの社会と他の社会，単一社会の中の社会集団を分ける価値や指向性を明らかにする可能性がある．

キーナンはグライスの提案を「自分たちの観察を統合し，会話の一般的な原則に関係するより強い仮説を提案したいと考える民族誌学者にとっての出発点」として評価する（Keenan 1976: 79）．

Senft（2008）は，グライスによる質と様態の格率はキリヴィラ語（Kilivila），特に高度に儀礼化された言語に関してだけでなく，いわゆるキリヴィラ語における「ビガ・ソパ（biga sopa）」言語使用域（トロブリアンド諸島の人たちの基本的な言語使用域における，冗談，嘘，間接言語）に関しても成り立たないことを示した．Senft（2008: 144f.）ではハイマンによる著書『言うだけなら簡単（*Talk is Cheap*）』も参照している．ハイマンは，グライスに影響を受けた多くの言語学者，言語哲学者にとって（研究対象の）会話の基本となっているのは単純な参照表現を含む言語であると指摘する（Haiman 1998: 99）．その追記では単純でない言語を扱ったことを正当化し，彼が行った議論を次のようにまとめている．

> 誠実で自発的な行為や発話が自律的で意味のない形式的な符号に変換される儀礼化もしくは解放化の過程は，皮肉，形式的な丁寧さ，社交的な言語使用，儀礼における言語，ふりをすることといった，合理的な言語にとって明らかに無用なものをつくりだすだけでなく，人間性にとって重要なもの，それゆえ文化そのもののまさに本質であり，人間言語の起源において必ずしも記録されることない重要な役割を果たした可能性がある． （Haiman 1998: 190）

このことはグライスの格率が言語と会話の一次元的な理解にもとづいているこ

と意味する．もちろん単純な会話があることは間違いない――しかし，グライスの格率がすべての「単純ではない言語」をどのようにして扱うのか．そのような言語は，ハイマンが主張するように，言語学者，言語哲学者両方にとって言語の本質について探求するためにははるかに重要である可能性がある(Haiman 1998: 191)．グライスの格率が儀礼におけるコミュニケーション，「単純でない」言語・コミュニケーションの形式を扱うことができないとすれば，言語使用について信じられないくらい広い範囲を無視していることになる．グライスの格率が「単純な参照を含む言語」のみを対象とするのであれば，「言語学者や言語哲学者は非常に漠然としており，ほとんどすべてのことがいかなる意味をもとにしても説明できてしまう」(Sadock 1978: 285)」といったKiefer (1979: 57) による批判に答えなければならない．このことは，理論は不可謬，無効で，それゆえなんの説明的価値もないことを意味する．

1.6　まとめ

本章はオースティンによる言語行為論，サールによる言語行為論，グライスによる会話の含みに関する理論を説明した．3 人の哲学者と彼らの言語に関する考えは，言語学全般，特に語用論へ確固とした重要な影響を与えた．彼らの洞察――言語的語用論における中心的な論点――は以下のように整理できる．

- 言語行為は行為としての言語の現れである．その行為は話し手の意図によるものであり，話し手-聞き手の相互行為において効果を引き起こし，結果として心理・行動における変化をもたらす．
- ある特定のコンテクストにおいて，発話がどのように使用されるかと，発話により表現される意味には違いがある．
- 話し手はある特定の意味をもつことを言うことができるが，ある特定の状況では別のことも意味することができる．それは言語共同体において妥当とされる社会的慣習があるからである．

オースティン，サール，グライスがこの研究分野を創り，その中で重要で革新的な研究を主導したのは確かである．そのことは社会的なつながりをつくる力についてのピーター・シューレンによる論考により示されている．シューレンは言語行為が遂行される社会的現実に焦点をあて，社会的なつながりをつくる

力があることを指摘した．彼にとって言語行為は社会常識における責任関係を
つくるものであり，それは慣習を基礎とし，話し手と聞き手の社会的能力を必
要とする両者の間の社会的な契約として考えることができる．

本章では，オースティン，サール，グライスの根本にある言語哲学は，西
欧，英米の伝統と思考様式に基礎をもっていることも示した．このことは最も
重要な理由ではないにしても，彼らの主張のいくつかが標準的な平均的西欧言
語・文化以外で成りたたない1つの理由となっている．それにもかかわらず，
Keenan (1976: 79) は，言語行為論，会話の含みに関する理論が「観察を統合
し，会話の一般的な原則に関するより強力な仮説を提案したいと考える民族誌
学者にとって」きわめて有用な「出発点」になると指摘している．

本書の内容を例示すると説明した序章でのトロブリアンド諸島の人たちの質
問に対する誤解の逸話に関して，本章の知見は何が言えるだろうか．トロブリ
アンド諸島の人たちの質問を誤解したのは複雑な言語行為を単純な情報要求で
あると考えてしまったからである．特定のコンテクストにおけるトロブリアン
ド諸島の人たちのこの質問は村の慣習と密接に関係していた．その慣習は質問
を重要な社会的つながりをつくる挨拶の形式とするだけはなく，村の共同体に
対する社会的統制の効果的な手段としていることを理解すべきであった．私
は，このような言語行為に対して語用論的な有効性をもって適切に応答するた
めにこの慣習を学び，社会的能力を身につけなければならなかった．また，こ
の応答は，グライスによる量に関する会話の格率（「現在のやりとりにおいて
その目的を達成するために必要な情報を含む発話を行うこと」）を守る必要が
あることを学ぶべきであった．そうでないと応答はこの文化特有の言語行為に
よる社会的つながりをつくる社会的な契約を破ることになるのである．

1.7　課題

● 事実確認発話と行為遂行発話の例を挙げてください．

● 行為遂行的発話が不適切になるのはどのようなときか？例を挙げて，ど
の適切性条件が満足されていないかを説明してください．適切でない行
為遂行発話の中で，どの発話が「不発」で，どの発話が「濫用」である
か？そのように分類される理由を説明してください．

第1章 語用論と哲学　　55

- 適切性条件にもとづいて，依頼，質問，感謝，助言，警告，祝福の発語内行為を分析してください．

- 陳述型，指図型，約束型，表出型，宣言型の例を挙げてください．

- 友達や家族が一緒に夕食をとっているところをビデオカメラで記録してください．間接言語行為を探し，その部分を書き起こして，その間接言語行為が遂行された行為とコンテクストについて説明してください．

- 教員が教室に入ってきたところを想像してください．生徒が換気するために窓を開けましたが，教員は寒く感じました．教員はどのような発話をすると生徒に窓を閉めさせることができるでしょうか？

- あなたの母語とは異なる母語をもつ話者が，あるコンテクストにおける言語行為に対して適切に応答できるために，あなたの言語社会において正当な文化特有の慣習に慣れ親しまないといけない例を少なくとも3つを挙げ，議論してください．

- 言語行為論とグライスによる会話の含みに関する理論に関して，（無視された，暗示された，構成された）社会的な側面について議論してください．

- グライスによる会話の格率が故意に守られない想像上または実際上の会話の例を少なくとも3つ挙げ，簡潔に議論してください．

1.8 さらに学びを深めるための文献

Blanco Salgueiro (2010); Castelfranchi and Guerini (2007); Charnock (2009); Clark and Carlson (1982); Davis (1998); Egner (2006); Grice (1981, 1989); Habermas (1984, 1987); Harnish (1994, 2009); Haugh (2002); Holzinger (2004); Horn (2004); Jucker (2009); Kasher (1998); Martínez-Flor and Usó-Juan (2010); Mulamba (2009); Reiss (1985); Sadock (2004); Sbisá(2001); Searle (1968, 1979, 1999); Searle et al. (1980, 1992); Smith (2003); Sperber and Wilson (1995); Tsohatzidis (1999, 2007); Warnock (1989).

第2章 語用論と心理学

—直示参照とジェスチャー—

2.1 はじめに

異なる言語を話す話者は，物や人や動物，場所，期間，さらには文章や文章の一部を，どのように参照しているのであろうか．こういったいわゆる「直示的 (deictic)」参照は，言語的であれ非言語的であれ，あるコンテクスト (context) の中で行われる．そしてこれらのコンテクストが，発話の形成に影響を与える．自然言語はコンテクストに依存する (context bound)．「言語がどのようにして発話のコンテクストや言語事象 (speech event) の特徴を符号化したり文法化したりするのか，また発話の解釈がどのようにそのコンテクストの分析に依存しているのかに関与する」のが，直示 (deixis) である (Levinson 1983: 54, Senft 2004a: 1 も参照)．この言語による参照のコンテクスト依存性は，「指標性 (indexicality)」として知られている．指標性は，ヒラリー・パトナム (Hilary Putnam 1975: 187, 193 も参照) ほかの哲学者たちから，「人間の言語を構成する特徴」であり，言語や相互行為が持つ一般的特性とみなされている．広義の指標性は，「談話項目の選択に役立つ，コンテクストに依存する表現の研究」と定義されている (Corazza 2010: 1)．

　2.2 節では，直示という言語現象について論じる．歴史的に見ると，直示というトピックについて最も大きな貢献を果たしたのは，ドイツの心理学者カール・ビューラー (Karl Bühler) (1879-1963) の，今や古典となった *Sprachtheorie: Die Darstellungsfunktion der Sprache* (『言語理論：言語の叙述機能』) (Bühler 1934; 1990) である．のちに大きな影響を与えたその本の翻訳書

57

が 1990 年に刊行されたにもかかわらず，ビューラーの業績はいまだに米国で
よく知られているとは言えない．しかしこれまでの直示に関する研究が，
ビューラーの洞察から多大な恩恵を受けているのは事実である（Kendon 2004:
57ff. を参照）．

　直示について概説した後，2.3 節ではその言語特有の空間直示形式を複数の
言語の中で比較する．それにより，言語には多種多様な直示参照の手段が存在
することを示す．本節の最後では，キリヴィラ語（Kilivila）の複雑な直示体
系について説明する．

　「直示」という語は，「指し示す（pointing／indicating）」を意味するギリシャ
語から借用した言葉である（Bühler 1934: 36f.; 1990: 44f.）．何かを「指し示す」
ことは，言葉だけでなくジェスチャーによっても行われる．2.4 節では，この
ような直示的ジェスチャー（deictic gestures）や，ジェスチャーを伴うこと
が一般的である発話について述べる．ジェスチャーや手話に関する研究の基
盤を作ったのは，やはりドイツの心理学者ヴィルヘルム・ヴント（Wilhelm
Wundt）（1832-1920）の優れた著書 *Volkerpsychologie*[1]（Wundt 1900-1920）
第一巻であった．ヴントの卓越した洞察は，現代のジェスチャー研究の先
駆者となったアダム・ケンドン（Adam Kendon），デイビッド・マクニール
（David McNeill），スーザン・ゴールディン-メドゥ（Susan Goldin-Meadow）
といった心理学者たちに受け継がれている．本節の後半では，これらの先駆者
やジェスチャー研究者による研究に基づき，ジェスチャーの種類とそのコミュ
ニケーション上の機能について論じる．

2.2　直示参照[2]

チャールズ・フィルモア（Charles Fillmore）は，「直示」を次のように定義し
ている．

　　直示とは，発話が産出された相互行為状況によって決まる語彙・文法の項目
　　やカテゴリーの使用に与えられた名称である．状況には，コミュニケーショ

---

　[1] ここでは，専門用語 "Volkerpsychologie" を翻訳しない．この用語の翻訳への批判的コメ
ントは，Greenwood（2003）を参照のこと．
　[2] この項は Senft（2004a: 1-6）による．

ン状況に参加している人のアイデンティティ，空間における位置や方向，何であれ参加者が今行っている指示行為（indexing acts），発話が産出される時間が含まれる．　　　　　　　　　　　　　　　　　　　（Fillmore 1982: 35）

直示研究は（心理）言語学の1つの重要な下位分野であった．なぜならばLevinson（1997: 219）が指摘したように，「ほぼすべての自然言語のほぼすべての文は直示的に規定される（deictically anchored）．つまり，ほとんどの文は，もとから備わっている状況的変数（その解釈は発話のコンテクストに関連する）を伴う言語表現を含んでいる」ためである．このため，「『昨日彼女がこの花を私に持ってきてくれた』という文の意味を正確に理解し，その文が真であるか否かを理解するためには，まず誰が何日にどこでこう言ったのかを知る必要がある」（Bohnemeyer 2001: 3371）．さらにこの文の場合，参照された女性や花を特定する指さしジェスチャーも必要かもしれない．直示語（deictic terms）や指標表現は，その参照が高度にコンテクストに依存しており，コンテクストによって変わる表現である．次のように定義される．

> 「ここ」，「そこ」，「私」，「あなた」，「これ」，「あれ」といった直示語の一部は，発話が行われたときの話し手／聞き手の状況により解釈される．これらのうち「ここ」，「私」，そして場合によっては「あなた」は，直接参照である．状況が与えられれば，それらが参照するものは曖昧ではない．しかし他の直示語の場合は，うなずく，視線を送る，身体の向きを変える，その方向に腕や手を動かすなどのジェスチャーを行う必要がある．そのような周辺言語的ジェスチャーがなければ，この発話は本質的な面では不完全なのである．
> 　　　　　　　　　　　　　　　　　　　　　　　　（Levelt et al. 1985: 134）[3]

Veronika Ehrich（1992）は「直示」を，ビューラーの種々の「*Zeigarten*（指示の種類）」（Bühler 1934: 83; 1990: 97）や「*Zeigmodi*（指示の形態）」（Bühler 1934: 80; 1990: 94）を総称した用語としている．指示の種類（ビューラーの「*Zeigarten*」）は次のように分類される．

---

[3] 「規定されない（unanchored）」文については，Fillmore（1975: 39）を参照のこと．
　「完全に規定されていない場面文（occasion-sentence）で想像しうる最悪のものは，『この大きさの棒を持って，明日のお昼にここで会おう』と書かれたメモが入ったボトルが，海に浮いているのを見つけることだ．」

- 人称直示 (Personal deixis)：話し手（「私」＝第一人称），相手（「あなた」＝第二人称），ほかの誰か（「彼／彼女」，「彼ら」，「見ている人」，「その他の人」など＝第三人称）の区別を可能にする．

- 社会的直示 (Social deixis)（「仲間 (mate)」，「Sir」，「旦那様 (your honour)」など）：「他者（常にではないが多くの場合は相手）に対する話し手の社会的な関係性を社会階層という面から」符号化する (Levinson 1997: 218).

- 時間直示 (Temporal deixis)（「今」，「今日」，「来週」，「1952 年に」など）：「話し手が時間軸の中のある点を指すことを可能にする」(Trask 1999: 68).

- 空間直示 (Spacial deixis)（「ここ」，「そこ」，「東」，「西」，「〜の前」，「後」，「左」，「右」など）：空間の位置を指すことを可能にする．

加えてビューラーは，次のような指示の形態も分類している．

- 状況的方法では，話し手と聞き手が認識している空間（例えば，ビューラーの用語で言う「*ad oculos*（眼前の指示対象）」）の中で，状況の直示参照が対象を指示する．次の文がこれを表している．

(1) This is a steam engine.（これは蒸気エンジンだ）

- 照応 (anaphora)：照応では，発話，談話，文章 (Dixon 2003: lllf. を参照) の中ですでに語られた対象や一部分（についての心的イメージ）を参照する表現[4]の，非直示的用法が見られる．次の短いオランダ語の文章は，三人称単数代名詞「hij (he)」による照応的用法を表している．

(2) F. C. Danders studeerde geneeskunde en fysiologie. In 1852 werd hij te Utrecht benoemd tot hoogleraar.

---

[4] 直示語の非直示的用法に関して，Levinson (1983: 67, 注釈 6) は次のように指摘している．「これらの非直示的用法について考える 1 つの方法は，直示語を発話状況ではなくコンテクストに関連するものと考えることだ」．Levinson (1983: 67 注釈 6) と Ehrich (1992: 17ff.) が「談話直示」と呼ぶものの中に，照応や後方照応を含めるべきか否かについては議論がある．彼らの「直示」という用語の使い方はやや誤解を招きやすい．2.3 節の例 (12)–(15) を参照されたい．「（共）参照」という用語は，直示的要素の談話内部の使用を表す，広く使われている用語であることに注意されたい．

（F. C. ダンダースは医学と生理学を学んだ. 1852 年に，彼はユトレヒトの教授に指名された）

● 後方照応（cataphora）：後方照応でも，これから話される発話や談話，文章に現れる参照対象やその一部（についての心的イメージ）について述べる表現の，非直示的用法が見られる. 次の短い文章は後方照応を表している.

(3) And here he comes, the man who first set foot on the Moon: Neil Armstrong!（そして彼が来た. 初めて月を踏んだ男，ニール・アームストロングが！）

● 想像直示（imaginative deixis）／転置直示（transposed deixis）（ビューラーの言う「*Deixis am Phantasma*」）：想像上の状況を指す. この指示様式は，フランツ・カフカ（Franz Kafka）の有名な小説 *Die Verwandlung*（『変身』）の最初の文に描写されている. そこで，著者（ドイツ語で書いている）は，主人公が次のような状況になっている自分に気づいた場面を描写している.

(4) Als Gregor Samsa eines Morgens aus unruhigen Tri:iumen erwachte, fand er sich in seinem Bett zu einem ungeheueren Ungeziefer verwandelt.
（ある朝グレゴール・ザムザが夢から覚めてみると，ベッドのなかで自分が一匹のとてつもなく大きな虫に変わってしまっているのに気がついた）

(4) の空間直示の用法は想像直示の一例であり，このフィクションの主人公が置かれている場所を指している. 想像または転置直示は，架空の（想像上の）コンテクストにあるすべての参照対象のあり方を特徴づける.

Ehrich (1992: 17ff.) は，照応，後方照応，想像直示を，「談話直示（discourse deixis）」と呼んでいる. さらに状況直示によって，位置を参照する体系（positional system）と次元を参照する体系（dimensional system）を区別している. 位置直示は，英語の here, there（ドイツ語の hier, da, dart）といった，話し手または聞き手の位置に関係し依存する空間に範囲を定める. 次元直示は，英語の before (in front of), behind, left, right, above / below のよ

うに，話し手または聞き手の位置や方向に依存する空間における関係を規定する．この2つは，間接話法の中で用いられる場合に重要な違いが生じる．間接話法において，位置直示は話し手の視点から翻訳される必要があり，その話し手は引用する人の視点の中で引用される．このことは例（5a）を見るとわかる．引用する人とされる人が同じ場所にいないと考えてほしい．

(5a) It is beautiful here. (ここはきれいだ)

という文は，間接話法では次のようになる．

(5b) He said it was beautiful there. (そこはきれいだと彼は言った)

次元直示ではこのような翻訳はできない．アンダーソンとキーナン（Anderson and Keenan）はこのような現象を，「相対化された直示（relativized deixis）」という専門用語で呼び，「このような相対化の過程やそれを状況化する構文や談話のコンテクストは，非常に複雑でほとんど理解されていない」と強調した（Anderson and Keenan 1985: 301）．次の項では空間直示[5]に焦点を当てる．

2.3 空間直示

空間をどのように表現するかは，本質的に言語によって異なる．マックス・プランク心理言語学研究所の空間プロジェクトは，このような違いを，空間体系や空間参照の枠組（空間参照枠（frames of spacial reference））を類型化することによって示した（Haviland 1998; Levinson 2003; Pederson et al. 1998; Senft 1997a; 2001; 4.3節も参照）．その類型とは，「相対的参照枠（relative frames of reference）」，「絶対的参照枠（absolute frames of reference）」，「固有的参照枠（intrinsic frames of reference）」と呼ばれる3つである．その3つは，参照する「図（figure）」（または「主題（theme）」の位置を定める際，「地（ground）

---

[5] 空間直示，時間直示，人称直示／社会的直示の問題に関しては，Anderson and Keenan (1985)，Boroditsky and Gaby (2010)，Clark (1973: 48-50)，Ehrich (1992)，Enfield and Stivers (2007)，Fillmore (1975: 28)，Lyons (1982: 114f., 121)，Weissenborn and Klein (1982) などを参照のこと．

第 2 章　語用論と心理学　　63

（または指示基点（relatum））」との位置関係が異なっている[6].

　相対的参照枠は視点依存的である．つまり，話し手の位置や方向から空間の位置が表現される．相対的参照枠では，英語の（6），エウェ語（Ewe）（ガーナで話される言語でニジェール・コンゴ語族（Niger-Congo）のクワ語群（Kwa）に属する）（Ameka and Essegbey 2006）の（7）のように，文は話し手の視点のみから理解される．男の向いている方向は完全に無視されるのである．

(6)　The ball is to the right of the man.
　　（ボールはその男の右にある）

(7)　*E-ke,*　　　　*séfofo-tí-ɛ*　　　*vá*　　*le*　　　*emia*
　　3.SG-this　　flower-tree-DEF　come　be.at:PRS　left

　　me　　　　　　*ye*　　*ŋutsu-ɔ*　　*le*　　　*ḍusí*
　　containing_region　and　　man-DEF　be.at:PRS　right

　　me.
　　containing_region

　　'This one, the flower is on the left and the man is on the right.'
　　（これ，花は左にあり，男は右にいる）

絶対的参照枠は，絶対的な方向概念に基づく．この参照枠は，伝統的な方向概念や，気象学，天文学，あるいは風景の特徴にちなんで定まった方角に基づいている．絶対的参照枠の体系は，ユカテコ語マヤ語族（Yukatec Maya）（Bohnemeyer and Stolz 2006: 304）の（8），（9）などに見られる．

(8)　The ball is to the west of the man / up hill from the man / seawards
　　to the man.（ボールは男の西側に／男から坂を上ったところに／男に対して
　　海のほうにある）

(9)　*...hun-túul*　　*pàal*　*túun*　　　*pàakat toh*
　　one-CLF.AN child PROG:CRA.3　look　　straight

---

[6]「靴下は引き出しの中にある」という文の中で，人は位置づけられる実体（「主題」または「図」（この場合は靴下））と，主題が位置づけられることに関連した参照対象または実体（「命題の項」または「地」と呼ばれるもの．この場合は引き出し）を区別する．この例では「図」と「地」，もしくは「主題」と「命題の項」の空間関係が「中にある」である．

> *xaman nohol k-u   p'áat-al   le   k'àax*
> north   south IMPF:A.3 leave\ACAUS-INC DEF bush
> *ti'-o'*
> LOC (CRB:3.SG)-DIST2
> '... a child, it is looking straight north, the bush remains south of him.'
>
> （1 人の子どもがまっすぐ北を見ている．南には茂みが残っている）

固有的参照枠は，対象にもともと備わっている固有の特徴を使って空間の範囲を示したり，これらの特徴を持つ対象を空間的に参照する．固有的参照枠は，インドで話されるドラヴィダ語族 (Dravidian) タミル語 (Tamil) の (10)，(11)などに見られる (Pederson 2006: 432)．

(10) The ball is to the man's right.（ボールは男の右にある）

(11) *en   viiTTukkupinpakkattil   kuTiyirukkiRaan*
      1SG.OBL   house-Dat+back+side-LOC   reside-PRS-3SG.M
      'He is living on my house's backside.'
      （彼は私の家の裏に住んでいる）

(10) は次のように解釈される．男は，前／後，左／右という特徴を持つ対象である．固有的参照枠では (10) のように，ボールの位置を「男の右」，つまり男から見た方向に基づき指している．話し手から見た方向は，固有的参照枠では何の役割も果たさない．文の理解に全く関係しないのである．同じことが (11) にもいえる．ここで対象となっている「家」は，インドのタミル語が話される地域にある家である．家は表／裏という固有の特徴を持っているため，彼が住む場所の位置も曖昧ではない．

　しかし，固有的参照枠で空間を参照する話し手の多くが，この状況で同じ対象を参照する場合，(10) ではなく (6) のような文も産出する．これは，英語のような言語（およびドイツ語や他の多くの言語）が，空間参照において固有的参照枠を使うのか相対的参照枠を使うのかが曖昧であることを表している (Clark 1973: 46 も参照)．このような状況でも，実際の状況やコンテクストがあるため，文の意味は曖昧にはならない．

　これら 3 つの空間参照の体系を持つ言語もあるが，これまでに研究されて

いる言語の多くは，ある特定のコンテクストでは1つの参照枠を用いることが多いようである（2.3.1.4節を参照）．

各言語において，話し手が空間直示を参照する方法には，どのようなものがあるのであろうか[7]．多くの言語に見られる基本的な言語的方法としては，次のような種類がある．

- 前置詞／後置詞（at, on, in［位相的前置詞］, in front of, behind, to the right［投射前置詞］）
- 場所格（locatives），場所の副詞（here, there など）や土地の名詞（地方，地域を指す）
- 方向詞（directional）（towards, into, upwards, downwards, upstream など）
- 位置動詞（positional verb），動作動詞，動詞の語幹（to stand, to come, to go, to bring, to take など）
- 直接提示（presentatives）（voici, voilà, ecce, ecco, here is など）
- 指示詞（demonstratives）（this, that など）

さらに直示的ジェスチャーは，あらゆる言語共同体に見られる（2.4.3節を参照）．これらすべての「指標表現」の機能は，対象を空間の中で位置づけ，その情報を伝え，特定することである．しかし直示的表現については，直示的用法（deictic usage）と非直示的用法（non-deictic usage）を区別することを忘れてはならない（2.2節を参照）．Levinson（1983: 65-68）が述べたように，ジェスチャー的用法と象徴的用法と呼ばれる2種類の直示用法を区別すべきである．非直示的用法ではさらに，照応的用法（anaphoric usage）と非照応的用法（non-anaphoric usage）を区別する必要がある．レビンソンは次のような例を挙げている．

(12) 'You, you but not you are dismissed.'［直示的，ジェスチャー的用法］
（「君，君じゃなくて君は帰っていいよ」）

(13) 'This city stinks!'［直示的，象徴的用法］
（「この町は嫌な臭いがする！」）

---

[7] Anderson and Keenan（1985: 277）が，「『直示的』と呼ばれる要素は言語事象に関連する空間的位置を指していることが多い」と強調していることに注意．

(14) 'I drove the car to the parking lot and left it *there*.'〔照応的用法〕
（「駐車場まで運転して，そこに車を置いてきた」）

(15) '*There* we go.'〔非直示的かつ非照応的用法〕
（「行こう」）

世界の言語を見ると，指示の要素にはさまざまな体系がある．Anderson and Keenan (1985)（それに対する批判は Hanks 1987 を参照）は，種々の言語における直示について調査し，次のような空間直示の体系を示している．2語で構成される体系（英語の this / these, that / those, here / there など），3語で構成される体系（ラテン語の hie / iste / ille など），3語以上で構成される体系（例えば，ベトナムで話されるスレ語（Sre）は4語，パプアニューギニアで話されるダガ語（Daga）は14語，アラスカのユピック語（Yup'ik）は30語以上で構成される）である．Denny (1985: 113, 117-120) は，西ハドソン湾やバフィン島で話される東エスキモーのイヌイット語（Inuit）のように，88語で構成される言語さえ存在すると述べている．ここから Anderson and Keenan (1985: 308) は，「最少の人／数の体系と，少なくとも2語で構成される空間指示の体系が普遍的であると考えられる」との結論を得ている．

このような空間直示の体系の発達について，ヒーシェン（Heeschen）は，自らの西パプアでのメック語（Mek）の調査と関連付けながら，次のような興味深い仮説を述べている．

> 初めの直示体系は単純なもので，指さしジェスチャーが代わりをしたり，それを伴うことがありえた．しかし，直示が談話機能を持つにつれ（例えば，具体的な空間の中のある点を指すことより，言語的コンテクストの中ですでに述べられたことを指すことが多くなるといったように），実際に「上のほう」や「下のほう」にある対象を指す能力を失っていった．　（Heeschen 1982: 92）

空間参照の直示体系の違いについて，デニーは次のような説明を試みている．

> 非人工的な空間内の自然な環境の場合，人間の行為に空間を結びつける1つの方法が，直示空間の概念を用いること，空間を話し手（またはほかの会話参加者）の中心に置くことである．しかし，人工的な環境の場合はその必要性が薄れる．down the road（道を降りたところに），through the door（ドアを通って），around the corner（角あたりに）などの非直示場所格は，きわめて直接

的に人間の行為に空間を結びつける．なぜなら示された場所は，すべてそれがしやすいようにデザインされた人工物だからである．... 空間的環境が人工的であればあるほど，空間直示の体系の規模は小さくなる．

(Denny 1978: 80; 1985: 123-125 も参照)

しかし，この仮説に異論がないわけではないことは記しておく[8]．

話し手が空間を直示的に参照する方法は多様であるが，それらの中で最も言語学者の関心を引き付けたものが指示詞である．例えば Green (1995: 15) は，「多くの哲学者や言語学者にとって，指示詞は直示に関する問題の根幹に位置している」と述べている．また Hyslop (1993: 1) も，「言語における空間直示の表現を研究する最もよい方法は，指示詞体系を通して研究することである」と主張している．このような指示詞に対する関心の大きさにより，指示詞は研究論文において非常に多く取り上げられている．

ここで，相互行為における指示詞の用法を取り上げた2つの研究についても述べたい．Enfield (2003: 108f.) は，ラオ語 (Lao) の指示詞について分析し，「話し手は相手の行動原理を推測しながら，自分の言語的選択を行う」と指摘している (Sacks and Schegloff 1979)．彼は確信をもって次のように述べている．

> 話し手は，自分が知っている情報や聞き手が知らないと思われる情報を，聞き手が参照する必要がないような形で発話する．聞き手の側も，話し手が，自分とまだ共有していないと思われる情報にもとづかずに発話することを**予測する** ... 聞き手の位置は，指示詞の選択にきわめて重要な役割を果たす．それは，共有された空間の位置に聞き手の存在が影響を与えるためばかりでなく，話し手がどのようなメッセージを作るかが，聞き手の存在によって決まるためである．
> (Enfield 2003: 108f.)

また，いくつかの直示体系には，聞き手が対象に注意を向けていないことを符号化する形態がある．例えば，Özyürek (1998) や Özyürek and Kita (2001) は，トルコ語の指示詞 su を再定義している．従来の説明では，bu が近距離 (proximal)，o が遠距離 (distal) を指すのに対し，su は中距離 (medial) を指

---

[8] この仮説についての修正版は，Dixon (2003: 106f., 注釈 10) などを参照のこと．デニーの仮説への反論の否定や全く異なる立場については，Fillmore (1982: 48f.) を参照されたい．

す指示詞とされてきた．しかし，オジュレックらは，*su* は明らかに「あなた（聞き手）が今注意を向けていない何か」を指すと分析している．これらの研究は，「参照が協働的プロセスである」(de León 1990: 3) ことを示している．これは，言語による参照についての研究が総じて持たなかった視点である．次節ではキリヴィラ語における空間直示の体系について論じる．

2.3.1 キリヴィラ語における空間直示 [9]

本項では，まず Kilivila（キリヴィラ）語の（指示代名詞や限定的に使われる指示詞としての機能における）指示詞の体系について述べる．その後，空間直示による参照で用いられる場所格と方向詞（directionals）について紹介する．最後に，空間参照枠の用法について論じる．

2.3.1.1 指示詞

キリヴィラ語は，ある種「一般的」，「基本的」，あるいは「単純な」指示代名詞（位置や場所を表す副詞の機能も有する）の体系を持っており，それは常に直示的ジェスチャーを伴う．トロブリアンド諸島の人々は，物や人を，人差し指，目，顎をあげること，唇をすぼめることで指し示す．この基本的体系は話し手中心であり，近距離（近称（proximal）），中間（中称（medial）），遠距離（遠称（distal））を表す3系列から成る[10]．これらの系列の中で，「これ」と「ここ」の意味は混在している．

besa または *beya* という言葉は，話し手に近い対象を指すときに用いられ，英語の this/these や here にあたる[11]．*besa* は質問文の中で最も多く使われる．

(16) *Avaka besa?*
     What this
     （これは何ですか？）

---

[9] この節は Senft (2004b) の詳細な記述に基づいている．

[10] ほかに，オセアニア語族に属する Saliba 語のように，話し手中心ではなく人中心の空間の直示体系がある．Saliba 語では，話し手の近くにある近距離のカテゴリーと，聞き手の近くにある近距離のカテゴリーを区別する一方で，一般的な遠距離のカテゴリーも区別する (Margetts 2004 を参照)．

[11] *Besa* や *beya* は，「ここだよ」，「はいどうぞ」を表す表現としても用いられる．

第 2 章 語用論と心理学　　69

この文では，話し手（例えば言語を習得中の子どもなど）は正確に対象を特定
することができないため，語形成に類別詞（注釈 12 を参照）を必要とするよう
なより正確な指示代名詞を用いることができない．このような質問（もちろん
与えられたコンテクストにおいてであるが）への答えは，次のようになる．

(17)　*Besa budubadu gwadina.*
　　　this　　many　　　nut
　　　（これはたくさんの木の実です）

指示詞 *beyo* は，話し手から遠い対象を指すため，直示的ジェスチャーを
伴って用いられる．例にあるように，*beyo* は英語の that/those や there にあ
たる．

(18)　*Beyo Dukuboi budubadu kwau.*
　　　there Dukuboi many　　　shark
　　　（あちらのダクボイにはたくさんのサメがいる）

指示詞 *beyuuu* は，最後の母音を長く伸ばして発音される．*beyuuu* は直示的
ジェスチャーを伴い，話し手からはるか遠い，時には実際に話している場所か
ら見えないほど遠い対象を指す（(20) を参照）．これは，英語の that/those over
there や，古語の yonder にあたる．これについては，例 (19)，(20) が説明し
ている．ミルン湾州（Milne Bay Province）の州都アロタウ（Alotau）とトロ
ブリアンド諸島の距離は 200 km 以上ある．

(19)　*Kumwedona tommota e-kamkwam-si o*　　*baku*
　　　All　　　　people　　3-eat-PL　　LOC　　village ground
　　　Beya mina　　*Tauwema beyo mina*　　*Koma*
　　　this people.from Tauwema that　people.from Koma
　　　beyuuu mina　　　*Simsim.*
　　　yonder　people. from Simsim
　　　（人々はみな（一緒に），村の地べたで食事をする．その人々は，タウウェマ
　　　（Tauwema），コマ（Koma），そして遠いシムシム（Simsim）から来た人たち
　　　である）

(20) *Tetu e-mwa   la-paisewa beyuuu Alotau.*
     year 3-come.to lPAST-work yonder Alotau
     （去年私はあちらのアロタウで働いた）

他のすべての指示代名詞は決まった形態素の枠組みから成り，語頭の形態素
ma-（音韻規則では *m* や *mi-* も），語末の形態素 *-na*，および類別詞である語
中形態素がある[12]．また，単数，複数を区別するために，複数を示す形態素 *-si-*
があり，類別詞と語末の形態素 *-na* の間に挿入される．このように形成され
た指示代名詞は，「これ／これら，ここ」という概念を表す．「あれ／あれら，
あそこ」の直示的概念を表すためには，形態素 *-we-* が，単数の場合は類別詞
と語末の形態素 *-na* の間に，複数の場合は複数形を表す *-si-* と語末の形態素
-na の間に挿入される．キリヴィラ語で英語の指示詞 yonder に近い直示的概
念を表すには，「あれ／あれら，あそこ」の概念を表す指示代名詞の形を取り，
語末の形態素 *-na* の最後の母音 /a/ を /e/ に変え，音を長く伸ばし，通常とは
異なるアクセントで発音する．キリヴィラ語のこれらの指示代名詞は，第二
の，より複雑な話し手中心の指示詞体系を構成する．以下の例は，これらの指
示詞の幾分複雑な語形成のプロセスを説明している．

(21) *m-to-na*   *tau*
     DEM-CLP. male-DEM   man
     'this man'（この男）

     m-to-si-na   *tauwau*
     DEM-CLP. male-PL-DEM   men
     'these men'（これらの男たち）

(22) *mi-na-we-na*   *vivila*
     DEM-CLP.female-MED-DEM   girl
     'that girl'（あの少女）

---

[12] キリヴィラ語には数の類別詞体系があるが，その類別詞は（1つを除いたすべての）指示
詞やいくつかの形容詞の語構成にも用いられる．数の類別詞を持つ言語には次のような特徴が
ある．無生物や生物の対象を数えるときは，数は（必然的に）ある形態素（いわゆる分類詞）
と連結する．この形態素が意味的基準に従って，それぞれの名詞で指示される対象を分類し，
量化する（Senft 1991, 1996a を参照）．

第 2 章　語用論と心理学　　　　　　　　　　　　　　71

mi-na-si-we-na	*vivila*
DEM-CLP.female-PL-MED-DEM	girl
'those girls'（あれらの少女たち）	

(23)　*ma-ke-we-neee*　　　　　　　　　　　*waga*
　　　DEM-CLP.wooden-MED-DEM.DIST　　canoe
　　　'the canoe yonder'（あの遠くのカヌー）

　　　ma-ke-si-we-neee　　　　　　　　　　*waga*
　　　DEM-CLP.wooden-PL-MED-DEM.DIST　canoe
　　　'those canoes yonder'（あれらの遠くのカヌー）

　このように，指示詞には基本的な2種類のグループがある．1つは直示的ジェスチャーを必要とするグループであり，その近称，中称，遠称の体系は話し手中心である．もう1つのグループの特徴は，語形成にあたり類別詞の結合を要することである．これらの類別詞は，指示詞の直示的機能に重要な役割を果たす．直示的形式が指す対象の領域を検索する際，それらが対象を絞り込み，さらにそれを特定するための情報を提供するためである．この後，キリヴィラ語の特徴的な性質の詳細について概観する．

　キリヴィラ語の類別詞は，20の意味論的領域に分けられる．それは，人間，身体部位，動物，量（生物，物），一般類別詞（無生物についての無標形式），大きさ，時間，場所，質，形状，木，木材，木製の物，用具，芋，食糧小屋部分，カヌー，魚を入れるかご，ドア，入口，窓，火，オーブン，道，旅，テキスト，儀式用具，服，装飾品，名前である．

　このように，類別詞によって体系化された現実世界にある対象を分類することで，語形成においてこれらの形式素（formatives）を組み入れる必要がある指示詞は，明らかに直示的な機能を果たしやすくなる．(21)–(23) の例に示されているように，類別詞は指示詞の形態的枠に接辞として付加され，話し手が直示的発話の中で言及する対象が持つ性質についての情報を聞き手に提供する．その性質には，高さや状態など[13] 多くの要素が含まれる．この点を簡潔に示しているのが，次の2つの例である．

---

[13] 詳細については Senft (1996a) を参照のこと．

(24) *Ku-lilei*   *ma-pwa-si-na*   *tetu olopola bwalita.*
2-throw.away DEM-CLF.rotten-PL-DEM yams into   sea
'Throw these rotten yams into the sea.'
（これらの腐った芋を海に投げろ）

この直示参照は，目の前にあるのがいかに大きな芋の山であっても，聞き手にとって明白である．

(25) *Wei*   *ma-nunu-na*   *bagula va keda*
look.out DEM-CLF.garden.corner-DEM garden DIR. path
bi-la   *Kaduwaga mwata na-veaka*   *e-sisu*
3-FUT Kaduwaga snake   CLF.animal-big 3-be
'Look out, at this corner of the garden at the path to Kduwaga there is a big snake!'
（気を付けろ，Kduwaga に続く道にある庭の隅に大きな蛇がいる！）

この文で，指示詞の中の類別詞 *-nunu-* は，話し手が蛇を見た範囲をはっきり示している．この直示参照も聞き手にとって明白なのである．

キリヴィラ語の「テーブル上」（話し手と聞き手のすぐ前の腕が届く距離にある空間）や，その向こうの空間を示す指示詞の実際の使い方に関して，次のような観察が見られた．

- 一般的に，どちらのグループの指示詞も，「テーブル上」の空間およびその向こうの空間における空間直示参照のために用いることができる．
- 指示詞の近称は意味的には無標である．最も多く用いられ，最も広い空間分布を指す．

次のような文や状況がこの特徴を示している．私の家で一緒に座っている状況で，情報提供者の１人が次のように言いながら私に蚊について警告する．

(26) *Ku -gisi mi-na-na*   *nim*   *i-gade-m beya.*
2-look   DEM-CLF.animal-DEM mosquito 3-bite-you here
'Look this mosquito is biting you here.'
（ほら，ここで蚊があなたを刺している）

第 2 章　語用論と心理学　　73

数分後，彼は家から 10 分歩いた藪の中にある，ブゲイ（Bugei）と呼ばれる新鮮な水の洞穴の方向を指して言う．

(27)　*Beya*　　　　　　　　*Bugei sena budubadu nim.*
　　　here（近称＋身振り）Bugei very　many　　mosquitoes
　　　'Here at the Bugei (fresh water cave) are many mosquitoes.'
　　　（ここのブゲイ（新鮮な水の洞窟）には沢山の蚊がいる）
　　　［英語話者にとって，この状況で洞穴を指す適切な指示詞は there（そこ）であることに注意されたい］

もう 1 人の情報提供者が，タウェマにある私の家で一緒に座っていて，訪ねてきた人に次のように説明する．

(28)　*E-sisu beya*　　　　　　　　　*Germany*
　　　3-be　here（近称＋身振り）Germany
　　　'He lives here in Germany.'（彼はこちらのドイツに住んでいる）
　　　［英語話者にとって，この状況でドイツを指す適切な指示詞は，"over there（そちらのほう）"か"yonder（向こう）"であることに注意されたい］

話し手は，近距離にある対象と中距離にある対象を区別するために，近称，中称を使用する．しかし，現在の位置から非常に遠く離れているか見えない何かについて述べ，それを有標化したい場合には，遠称を用いる．対照的に，彼ら自身の身体の部位について述べる場合は，近称あるいは中称（ただし遠称でなく）を使うことができる．
　　このことは，以下の文に例示されている．

(29)　*Waga bi-la　　beya Bwemwaga　igau bi-la　　beyo Tuma,*
　　　canoe 3FUT-go here Bwemwaga　　then 3FUT-go there Tuma
　　　e　ma-ke-na　　　　　　waga bi-la　　beyuuu Simsimla.
　　　and DEM-CLF.wooden-DEM canoe 3FUT-go yonder Simsim
　　　'The canoe will go here to Bwemwaga and then there to Tuma and this canoe will go over there to Simsim.'
　　　（このカヌーは，ここブウェムワガ（Bwemwaga）に行き，それからあそこのトゥマ（Tuma）に行く．このカヌーは，向こうのシムシム（Simsim）に行く）

(30)　*Ma-kwaya-na*　　　　*tega-la i-korosim*
　　　DEM-CLF.limb-DEM　ear-his　3-itch
　　　ma-kwaya-we-na　　　　*bwena*
　　　DEM-CLF.limb-MED-DEM　good
　　　'This ear is itching, that (one) is fine.'
　　　（こっちの耳が痛い. あっちの耳は大丈夫だ）

キリヴィラ語で直示参照をする場合, 話し手は会話に参加している他の人の位置を考慮する. すなわち話し手は, その基本的な参照点である「中心 (origo)」を変えることができるのである (Bühler 1934: 102 [= 1990: 117]).

　次の発話がこのことを示している. これは, Pederson and Wilkins (1996) が開発した質問調査の中で見られた発話である[14]. 図 2.1 のように, 机の上に 3 つの物が, 話し手の前に矢状軸上に置かれている. 話し手から見て机の右側に聞き手がいる. 聞き手は机に面している. 話し手から見て机の反対側には他の人がいて, 机と話し手に面している.

図 2.1

話し手	対象 1	対象 2	対象 3	他の人
		聞き手		

3 つの対象について述べる場合, 話し手は次のような発話を産出する.

対象 1
(31a)　*ma-kwe-na*　　　　*omata-gu*
　　　DEM-CLF.thing-DEM　in.front.of-me
　　　'this (one) in front of me'（私の前のこれ）
(31b)　*ma-kwe-na*　　　　*o*　*m*　*kivivama*
　　　DEM-CLF.thing-DEM　LOC　your left
　　　'this (one) at your left'（あなたの左側のこれ）

---

[14] http://fieldrnanuals.mpi.nl/volumes/1999/1999-demonstrative-questionnaire-this-that/ を参照.

第 2 章　語用論と心理学　　　　　　　　　　　75

対象 2

(31c)　*ma-kwe-na*　　　　　　　*oluvala*
　　　　DEM-CLF.thing-DEM　in the middle
　　　　'this (one) in the middle'（真ん中のこれ）

対象 3

(31d)　*ma-kwe-na*　　　　　　　*o*　　*m*　　*kakata*
　　　　DEM-CLF.thing-DEM　LOC　your　right
　　　　'this (one) at your right'（あなたの右側のこれ）

(31e)　*ma-kwe-na*　　　　　　　*o*　　*mata-la*
　　　　DEM-CLF.thing-DEM　LOC　eye-his/her
　　　　'this (one) in front of him/her'（彼／彼女の前のこれ）

別の状況では，図 2.2 のように，机の上に 3 つの物が話し手から見て横軸上
に置かれている．話し手から見て机の右側に聞き手がいる．聞き手は机に面し
ている．話し手から見て机の反対側には他の人がいて，机と話し手に面してい
る．

図 2.2　　　　　　　　　　対象 1
　　　　　話し手　　　対象 2　　　　**他の人**
　　　　　　　　　　　　　対象 3
　　　　　　　　　　　　　聞き手

この 3 つの対象については，話し手は次のような発話を産出する．

対象 1

(32a)　*ma-kwe-na*　　　　　　　*o*　　*gu kikivama*
　　　　DEM-CLF.thing-DEM　LOC　my left
　　　　'this (one) at my left'（私の左側のこれ）

(32b)　*ma-kwe-we-na*　　　　　　　*o*　　*la kakata*
　　　　DEM-CLF.thing-MED-DEM　LOC　his right
　　　　'that (one) at his right'（彼の右側のこれ）

対象 2

(32c)　*ma-kwe-na*　　　　　　　*oluvala*
　　　　DEM-CLF.thing-DEM　in the middle

'this (one) in the middle'（真ん中のこれ）

(32d) *ma-kwe-na*   *omata-ma*   *yegu mtona*
DEM-CLF.thing-DEM in.front.of-us (DU.EXCL) I   him
'this (one) in front of us, (in front of) me (and) him'
（私たちの前のこれ，私と彼の前のこれ）

対象3

(32e) *ma-kwe-na*   *omata-m*
DEM-CLF.thing-DEM in.front.of-you
'this (one) in front of you'（あなたの前のこれ）

話し手は，前後（矢状）軸だけでなく，横（左右）軸を使った距離に基づく体系を用いているのである．

　垂直の概念を表すキリヴィラ語の体系は，話し手の胴を中心に構成されている．近称は「胸-腹-頭」の位置にある対象を，中称は話し手の足か頭より上の対象を指すために用いられる．垂直の概念を表すために遠称が使われることはまれであるが，使われるときは話し手のはるか下か上にある対象を指す．

(33a) *ma-kwe-na*   *o*   *kuku-gu*
DEM-CLF.thing-DEM LOC chest-my
'this (one) at my chest'（私の胸あたりのこれ）

(33b) *ma-kwe-na*   *o*   *lopo-gu*
DEM-CLF.thing-DEM LOC belly-my
'this (one) at my belly'（私のお腹あたりのこれ）

(33c) *ma-kwe-we-na*   *alavigimkoila o*   *kaike-gu*
DEM-CLF.thing-MED-DEM at the end   LOC foot-my
'that (one) at the end at my foot'（私の足の先にあるあれ）

(33d) *ma-kwe-we-na*   *o*   *kunu-gu alavigimkoila*
DEM-CLF.thing-MED-DEM LOC hair-my at the end
'that (one) at (above) my hair at the end'（私の髪の先にあるあれ）

　机上の向こうの空間を表す場合，話し手は2種類の指示詞グループの両方を使うことが多い．1つ目の形式は，語形成にあたり類別詞を必要とすることが多い指示詞グループに属するものである．この形式は「近称」，「中称」，「遠

第 2 章　語用論と心理学　　　77

称」の区別を表す．2 つ目の形式は，ジェスチャーを伴う必要がある指示詞グループにおける近称の形式である．この 2 つ目の指示詞の形式は，1 つ目の形式によって標識をつけられた空間の範囲に，聞き手の注意を引き付ける機能があると考えられる．相互行為課題において見られた以下の発言が，空間直示による参照のこの形式を示している．

(34a)　*Menumla*（男性情報提供者）:

　　　Wetana,　　　ku-ne'i yata-la　　　kaliekwa e-sagisi
　　　Wetana (name), 2-find　CLF.flexible-one cloth　　3-hang
　　　kwe-ta　　　kaukweda.
　　　CLF.thing-one veranda
　　　'Wetana, find a piece of cloth that is hanging at a veranda.'
　　　（Wetana, ベランダに服が掛かっていますよ）

(34b)　*Wetana*（男性情報提供者）:

　　　Bogwa la-bani　　mi-ya-we-neee　　　　　　　　beya
　　　already lPAST-find DEM-CLF.flexible-MED-DEM.DIST here
　　　Topiesi　　　o　　kaukweda ya-bweyani.
　　　Topiesi (name) LOC veranda　CLF.flexible-red
　　　'I already found it, the (one) yonder, here at Topiesi's veranda, the red (one).'
　　　（向こうにあるその服をもう見つけました．ここの Topiesi のベランダで．赤い服を）

2.3.1.2　キリヴィラ語における指示詞の非空間的用法

類別詞を伴って形成されるキリヴィラ語の指示代名詞は，照応参照のための談話直示において用いられる．語形成において組み入れられる類別詞とともに，指示詞は談話の一貫性を確保する上で重要な機能を果たす．なぜなら，指示詞は文の境界を越えた意味的な一貫性も確保しているからである．次の例がこのことを示している．

(35)　*A-tatai　tataba.　　Tauwau tabalu*
　　　1-carve　tataba-board　men　　Tabalu-subclan

m-to-si-na   *ma-ke-na*   *si*
DEM-CLF.male-PL-DEM   DEM-CLF.wooden-DEM   their
koni.
sign.of.honour
'I carve a tataba-board. These men belong to the Tabalu-subdan —
this is their sign of honour.'

（私はタバタ板を刻む．これらの男性たちはタバル族（Tabalu）の下位に属している．これは彼らの名誉の印だ）

この文で話し手は板について述べている．その板には，家や食糧小屋，カヌーが，タバル族の下位に属する男たちの私物であることを示す模様が刻まれている．2つ目の文では，指示詞が参照する名詞が省略されているにもかかわらず，産出された2つの指示代名詞の照応は明確である．なぜなら，このコンテクストにおいては，類別詞 *-to-* は tauwau（の男たち）以外を指すことはありえず，また類別詞 *-ke-* は名詞タバタ（タバタ板）以外を指すことはないためである．つまり類別詞は，表面的には名詞がなくとも，省略された名詞を表すのである．一般的規則として，一旦ある名詞が使われたら（例えば文体上の理由などにより分類しなおされない限り），それ以降の名詞の対象の参照は，指示代名詞のみで構成することができる．つまり名詞自体は現れず，名詞句の中で省略されるのである．しかし，もしその名詞が再分類されるなら，それは確実に明確な指示を行う名詞句を構成する要素として再認識される必要がある．例(36) を参照されたい．

(36)   *O*   *da-valu-si*   *e-sisu-si*   *tommota*   *to-paisewa.*
       LOC   1.INCL-village-PL   3-live-PL   people   CLF.human-work
       Vivila   *na-salau,*   *tauwau*   *to-bugubagula.*
       woman   CLF.female-busy   men   CLF.male-work in the garden
       Tommota   *gala*   *to-dubakasala,*   *kena*   *kumwedona*
       People   not   CLF.human-rude   but   all
       e-nukwali-si   *bubune-si*   *bwena*
       3-know-PL   manners-their   good
       'In our village live people taking pleasure in their work. The women are busy, the men are good gardeners. The people are not rude,

第 2 章　語用論と心理学　　　　　　　　　79

but all have good manners.'

（我々の村では，住人たちは仕事を楽しんでいる．女たちは忙しく，男たちは
上手に庭仕事をする．人々は不作法でなはなく，みな行儀が良い）

この例は，一般的に名詞を再分類すると省略できなくなることを示している．
男たち，女たち，全村人の特徴を強調するために，名詞は省略できない．類別
詞 -to- は，人間あるいは男性を指すために使われる．類別詞 -na- は女性を指
すために使われる．もし話し手が，最後の文で再び再度名詞 tommota を用い
なかったら，この文は男性のみを指したであろう．キリヴィラ語の後方照応に
ついては，これまでのところ記録されていない．

2.3.1.3　場所格と方向詞

キリヴィラ語は身体の部位を表す用語を，空間直示による参照に用いられる場
所格に文法化する (Senft 1998 を参照)．このため以下のような表現が見られる．

o-daba-la   on, on top (of)
(LOC-daba-3.PP.IV[15] ― 頭，額，脳)   (上，〜の上)

o-kopo'u-la   behind, back, behind him/her
(LOC-kopo'u-3.PP.IV ― 背中)   (後方，後ろ側，彼／彼女の後ろ)

o-lopo-la   in, inside (of), in the middle (of)
(LOC-lopo-3.PP.IV ― 腹，気管，内臓)   (中，〜の中側，〜の中間)

o-mata-la   in front (of), before, before him/her
(LOC-mata-3.PP.IV ― 目)   (〜の前で，前，彼／彼女の前)

o-vado-la   on, on top (of), on the surface (of),
(LOC-vado-3.PP:IV ― 口)   at the mouth/opening (of)
                                      (上，〜の上，〜の表面，〜の入り口)

---

[15] キリヴィラ語には 4 種類の所有代名詞グループがある．譲渡できない所有物を有標化し，
ほとんどすべての身体の部位の用語につく代名詞のグループは「所有代名詞 IV」と呼ばれ，
「PP.IV」と略される．

80

また,「左」「右」という概念を表すために,以下のような文法化された形式が見られる.

o-kakata
(LOC-*kakata* ― 左,左側)

on the left hand side, on the left
(左側,左に)

o-kikivama
(LOC-*kikivama* ― 右,右側)

on the right hand side, on the right
(右側,右に)

'mata-PP.IV' のような身体の部位を表す用語は,次の質問のように比喩的にも使われる.

(37) *Mata-la   ma-ke-na   kai   ambeya,*
eye-his/her DEM-CLF.wood/rigid-DEM stick where
e-mwa   yokwa?
3-come.to you?
'The tip of this stick where (is it), does it come to you?'
(この棒の先はどこを向いていますか. あなたの方向ですか)

この文では,誰かがある方向についての情報を求めている. トロブリアンド諸島民は,方向や場所を指すときに,人や場所の名前を持つ目的地／場所,特定の場所ではあるが名前を持たない目的地／場所,一般的な言葉で呼ばれる目的地／場所(またはこの目的地／場所の全体的な方向)のどれについて述べるのかを,決めなくてはならない.

名前のある目的地や場所を指すときには,いかなる場所格も用いない.

(38) *Ba-la   Kaduwaga.*
1.FUT-go Kaduwaga (村の名前)
'I will go to Kaduwaga.' (私は Kaduwaga に行く)

特別の名前で呼ばれる目的地や場所について述べる場合,あるいは動作の目的地にある特定の場所について述べる場合は,場所格の *o* を用いる. 場所格は名詞句を限定する.

(39) *Ba-la   o buyagu.*
1.FUT-go to garden

第2章　語用論と心理学　　　81

'I will go to the garden (i.e. my personal, specific garden plot).'
（私は庭園（例えば私有の，特定の庭園となっている庭地）に行く）

目的地やその場所について最も一般的な用語で述べる場合や，その目的地や場所の一般的な方向について述べる場合，あるいは動作の目的地にある非特定の場所について述べる場合には，方向詞の *va* を用いる.

(40)　*Ba-la　　va bagula.*
　　　1.FUT-go to　garden
　　　'I will go to the garden (general, unspecified expression for 'garden').'
　　　（私は庭園（一般的で非特定の「庭園」の表現）に行く）

キリヴィラ語の話者は，指示詞，場所格，方向詞の体系により，特定の空間的関係，位置，特定の方向にある対象を，慣用的に，また可能な限り曖昧さのない形で，明確に区別し参照することができる．さらにこのために，位置動詞や時には動作動詞も，各指示詞や場所格，方向詞とともに用いられることがある．次の例がこのような空間参照の形式を示している．(41) のような質問への答えは，(42a) のように外部照応的指示詞により簡単に答えることも，(42b) のようにより複雑な構造で答えることもできる.

(41)　*Ambe　peni?*
　　　where　pencil
　　　'Where's the pencil?'（鉛筆はどこですか）

(42a)　*Beya!*
　　　Here! (+ accompanying gesture to the place where the pencil is)
　　　（ここ！）[＋鉛筆の場所を指すジェスチャーを伴う]

(42b)　*Ma-ke-na　　　　　　　　peni odabala　tebeli*
　　　DEM-CLF.wooden.thing-DEM pencil on.top.(of) table
　　　e-kanukwenu mata-la e-mikeya-gu.
　　　3-rest　　　　eye-its　3-come.towards-me
　　　'This pencil is lying on top of the table, its tip is pointing towards me.'
　　　（鉛筆はテーブルの上に置いてある．その先が私のほうを向いている）

さらに，空間直示による参照では，話し手が指す対象を聞き手が見つけて特定
しやすいように，その場所の目印やほかの環境的特徴について述べることが非
常に多い（(43a, b) の文を参照）[16].

(43a) *Ku-gisi ma-ke-we-na*   *mwasawa b-ima*
      2-see DEM-CLF.wooden-MED.-DEM big.canoe 3.FUT-come
      beya va   numia
      here DIR stony.reef
      'Look at that big canoe sailing towards us there in the direction of
      the stony reef.'
      （岩の多い礁の方向に向かって，こちらに進んでくる大きなカヌーを見ろよ）

(43b) *Mi-na-we-si-na*   *taninua galayomala va*
      DEM-CLF.animal-MED-PL-DEM sardines many   DIR
      dom   e   m-to-si-na   *bi-lo-si*
      muddy.reef and DEM-CLF.man-PL-DEM 3.FUT-go-PL
      bi-pola-si.
      3.FUT-fish-PL
      'Those many sardines in the direction of the muddy reef—and these
      men will go and fish them.'
      （泥の多い礁の方向に沢山のイワシがいる．そして，男たちがそのイワシを釣
      りに行く）

2.3.1.4　空間参照枠

多くの他の言語と同様，キリヴィラ語では，2.3 節で述べた 3 種類の参照枠の
どれも使うことができる．しかし，Senft (2001: 550) が指摘しているように，
トロブリアンド諸島民たちは，与えられた空間的形状にある対象の位置を指す
場合に，明らかに固有的参照枠を使う傾向がある．対象自体が固有の特徴を持
つ場合は特にである．ある対象の空間的方向を示す場合，絶対的で特別な目印
を使う参照の仕方（以下を参照）がよく使われる．次の写真を題材とした 2 種類
の言語データが，このことを示している．これは，MPI 心理言語学の認知人

---

[16] (27)，(29)，(34b)，(38) の例も参照のこと．

第 2 章　語用論と心理学　　　83

類学研究グループが比較言語・比較文化研究プロジェクトにおいて，相互行為
課題を使って空間に対する言語表現を収集したデータである（4.3 節も参照）．

(44) *Ma-na-na*　　　　　　　*bulumakau o*　*pilakeva e-tota mata-la*
　　　DEM-CLF.animal-DEM cow　　　　LOC topside　3-stand eye-its
　　　'This cow is standing at the topside, its eye'
　　　（この牛が上の方に立っている．牛の目は）

　　　e-la　o　　valu　poa-la　e-seki Tuyabwau　　　e
　　　3-go LOC　village back-its 3-be　Tuyabwau.well and
　　　'goes towards the village, its back is towards the Tuyabwau well,
　　　and'
　　　（村のほうを向いている．牛の背は Tuyabwau 井戸のほうを向いている．そし
　　　て）

　　　ke-ta　　　　kai ma-na-na　　　　　bulumakau o
　　　CLF.wood-one tree DEM-CLF.animal-DEM cow　　　　LOC
　　　kopo'u-la
　　　behind-it
　　　'a tree, this cow behind it —'
　　　（木が，この牛の後ろ）

　　　e-tota,　o　　tubolo-la bogwa　oku-nukwali. E
　　　3-stand　LOC　back-its　already 2-know　　　And
　　　'it is standing, at its back, you know already. And'
　　　（立っている，後に．もうわかるだろう．そして）

　　　e-mweki　　　　ma-na-na　　　　　　osa　o　　kwadeva
　　　3-come.straight.to DEM-CLF.animal-DEM horse LOC　beach
　　　bogwa
　　　already
　　　'it comes straight to, this horse, to the beach, already'
　　　（まっすぐやってくる，この馬，海岸のほうへ，もう）

makala wala, mata-la e-la o   laodila poa-la
like   only eye-its 3-go LOC bush   back-its
'like (this), well, its eye goes to the bush, its back'
((こんな)風に，そう，馬の目はやぶのほうに向いていて，馬の背中は)

e-seki Tuyabwau   e   kai o   kopo'u-la. E
3-be Tuyabwau well and tree LOC behind-it And
'is to the Tuyabwau well, and a tree is behind it. And'
(Tuyabwau 井戸のほうを向いている．木がその後ろにある．そして)

bunukwa navivila bunukwa navivila o   mata-si
pig   female pig   female LOC eyes-their
'a sow, a sow in front of their eyes'
(雌豚が，雌豚が彼らの目の前に)

e-tota
3-stand.
it is standing (there).
((そこに)立っている)

(45) 話し手 1:
Amyaga   buku-vagi   kali
What's.the.name 2.FUT-make fence
'What's the name, you will make a fence'
(名前は何？ 君はフェンスを作る)

ke-vasi   e-vekeya o   bwalita e
CLF.wood-four 3-go to LOC sea   and
ma-na-na
DEM-CLF.animal-DEM
'(with) four wooden (pieces) it goes (points) to the sea and this'
(4つの木の切れ端で．フェンスは海に向いていて，そしてこの)

osa   ma-na-na   osa   oluvale-la e-tota   poa-la
horse DEM-CLF.animal-DEM horse inside-it 3-stand back-it

'horse, this horse, it is standing inside (of) it, it stands, its back'
(馬，この馬は，フェンスの中に立っている，立つ，馬の背は)

e-la Tuyabwau   mata-la e-la o   valu.
3-go Tuyabwau.well eye-its 3-go LOC village
'goes (to the) Tuyabwau (fresh water well), its eyes go to (the) village.'
(Tuyabwau（新鮮な水のある井戸）のほうを向いていて，馬の目は村のほうを向いている)

E   ma-na-na   bulumakau o   kepapa-la vavagi
and DEM-CLF.animal-DEM cow   LOC side-its   thing
'And this cow at the side of the thing,'
(そして，この牛はその横に)

ma-na-kwa   kali e-tota poa-la e-la o   laodila
DEM-DEM-CLF.thing fence 3-stand back-its 3-go LOC bush
'this fence it is standing, its back goes to the bush'
(フェンスの横に牛が立っている．牛の背はやぶのほうを向いていて)

mata-la e-mwa   o   kwadeva e-kululu   e-kamkwam
eye-its 3-come to LOC shore   3-look.down 3-eat
'its eyes come to the shore, it looks down, it eats,'
(牛の目は海岸のほうに向いている．牛が下を向いて，食べる)

e-mumum ala ti.
3-drink   its tea
'it drinks its tea [this is a joke, of course, G. S.].'
(お茶を飲む（もちろん，これは冗談だよ（著者注）））

話し手 2:
E   ma-na-na   osa   ambe e-sisu?
and DEM-CLF.animal-DEM horse where 3-be
'And this horse, where is it?'
(それから，この馬，どこにいるの？)

話し手 1:

Oluvale-la kali.

inside-its   fence

'Inside of its fence.'

（フェンスの中だよ）

話し手 2:

Mata-la ambe bi-mwa?

eye-its   where   3.FUT-come.to

'And its eye, where will it come to?'

（馬の目は，どこに向いているの？）

話し手 1:

Bi-la   o   valu.

3.FUT-go LOC village.

'It will go to the village.'

（村のほうを向いている）

写真を説明する話し手は，互いの関係の中で対象の場所を示すために，固有的参照枠を利用している．これは（44）の描写に表れている．Senft（2001:544f.）が指摘したように，*o kopo'ula*（その後ろ），*o tubolola*（後ろで），*o matasi*（目の前で）という表現は，互いの関係の中で対象の場所を説明する際に，話し手が固有的参照枠を利用していることを明らかに示している．また，（44），（45）の描写の中ですぐに気づくのは，*laodila*（藪），*kwadeva*（浜），*bwalita*（海），*valu*（村），*Tuyabwau*（新鮮な水の出る井戸の名前），*pilakeva*（上のほう，陸側 対 *pilitinava*＝低地，海側，浜側）などの，特別な目印（通常は場所格の *o* と結びついている）が用いられていることである．このため，キリヴィラ語話者は，写真にある対象の方向を表すために，特別な目印を使う絶対的参照枠に切り替える．これらの特別な目印の中には，井戸，浜，礁，岩，木の名前だけでなく，もちろんコンテクストや状況によるが，家，それぞれの家の持ち主，それぞれの方角に座っている人々もある．これらの方向軸は，その時々の方法で，その場で設定され，現実の環境でも小さなモデルの環境でも目印を表すことができる．データを得るために行われた前述の相互行為課題にお

ける普通の環境や標識のように．これらの軸はすべて，藪 —— 海の軸，藪 ——
浜辺の軸と同じくらい頻繁に用いられる．このため，後者の軸には特別に位置
づけられてはいない．陸 —— 海の軸は，（オーストロネシア語族だけでなく）多
くの言語に顕著にみられる特徴であるにもかかわらず（Bennardo 2002; Senft
1997a を参照）．(44)，(45) の例は，キリヴィラ語話者が互いの関係の中で対象
を位置づけるためには固有的参照枠を，その方向を表すためには特別な目印を
用いた絶対的参照枠を使う傾向があることを示している．空間参照に相対的直
示枠が用いられるのは比較的珍しい[17]．

2.4　ジェスチャー

対面相互行為において，指標表現は通常，指さしジェスチャー（pointing ges-
ture）を伴う．本節ではジェスチャー全般と，直示的ジェスチャーをはじめと
するさまざまなジェスチャーの形態について述べる．まずヴィルヘルム・ヴン
ト（Wilhelm Wundt）が「ジェスチャーの言語」と呼んだものについての，彼
の草分け的な発想について簡単に紹介する．その後ジェスチャー研究を概観
し，語用論研究との関連性について論じる．

2.4.1　はじめに

本章の冒頭で述べたように，「直示」という用語は「指し示す（pointing / indi-
cating）」を意味するギリシャ語を借用したものである．次のような文の意味
を理解するためには，文が直示的ジェスチャーまたは「指示的（demonstra-
tive）」ジェスチャーを伴う必要がある．

　(46)　This bush-knife is sharp, but this one is blunt.
　　　　（このブッシュナイフは鋭いが，これは鈍い）

ヴィルヘルム・ヴント（Wilhelm Wundt）はその先駆的な著書『身振りの言語』

---

　[17] 以下に 1 つの例を示す．
　　　Tau e-tota omatala kai.
　　　man 3-stand in.front.of tree
　　　'A man is standing in front of a tree.'
　　　（男が木の前に立っている）

(1973; 1900, 第1部, 第2章) の中で, このような「指示的ジェスチャー」を,「意思を伝えようとする最も単純だが最も基本的なジェスチャー」(Wundt 1973: 74) に分類している. ヴントはまた, ジェスチャーには指示的ジェスチャー以外にも多くの種類があると述べている. 彼は心理学的な視点から, ジェスチャーを, 模写的ジェスチャー (imitative gestures), 特徴記述的ジェスチャー (connotative gestures), 象徴的ジェスチャー (symbolic gestures) に分類し, ジェスチャーのコミュニケーションには構文規則があることを強く主張している. ここではヴントの分類およびそのジェスチャー理論についてこれ以上詳しく述べることはしない. しかし, ヴントが行ったジェスチャーの形式や機能についての分類や以下のような洞察が, ジェスチャー (そして手話)[18] 研究の基礎を作り, 標準を定めたことは強調しておきたい.

> 自然なジェスチャーのコミュニケーションは, 似かよった状況の下で, 自然に発達する. 同じことではあるが, 自然なジェスチャーの言語を見れば, その心理的規則性が外側から強制されたり恣意的に作られたりするものではないこと, しかしこの規則性によって個別の目的を達成するジェスチャーのコミュニケーションにおいて個人の影響や新しい工夫が排除されるわけではないことがわかる.
> (Wundt 1973: 145f.)

ヴントの発想を継承し自らのジェスチャー理論を発展させた学者のうち, 最も影響力が大きかったのが, アダム・ケンドン (Adam Kendon), デイヴィッド・マクニール (David McNeill), そしてスーザン・ゴールディン–メドウ (Susan Goldin-Meadow) である. 次項では, これらの研究者やこの分野の他の研究者による洞察にもとづきジェスチャーの定義を示す. また, ジェスチャーの分類を示した上で, それらを簡単に説明し, ジェスチャーの機能や言語および心との相互関係について述べる. 2.4.3 節では, Kita (2009) にもとづいてジェスチャーの語用論について論じ, 複数の文化にみられるさまざまな種類のジェスチャーを概観する. さらに 2.4.4 節では, 発語内 (illocutionary) 構造や談話構造に標識をつける機能を持つ, いわゆる語用論的ジェスチャーについて論じる.

---

[18] 西欧におけるジェスチャーへの関心の歴史に関する調査については, Kendon (2004, 3章, 4章), McNeill (1992: 2ff.), de Jorio (2000) を参照のこと. ヴントの役割に関する議論については, Kendon (2004: 57ff.) や McNeill (1992: 3) も参照されたい.

2.4.2 ジェスチャー, 言語, 心

我々はみな, 話しながらジェスチャーを行うこと, 時には話す代わりに, また時には電話での会話のように聞き手が存在しない場合でさえジェスチャーを行うことを知っている. また今のところ, ジェスチャーをコミュニケーションの手段として用いない文化がないこともわかっている. それではジェスチャーとは何なのだろうか. ジェスチャーは長い間, 非言語的コミュニケーションの手段として分類されてきた (Weitz 1979 などを参照). しかしケンドンは, すでに1972 年時点で, 1 人の話し手による発話と身体動作の同期を分析し, ジェスチャーは「言語や言語使用過程における必須の要素である」と述べている (McNeill 2005: 13). Kendon (1980) は, ジェスチャーを非言語的コミュニケーションの一形態とする見方に挑み続け, 数年後 McNeill (1985: 1) は, 「発話と参照や談話のジェスチャーが, 時間的, 意味的, 語用論的, 病理学的 (pathological), 発達的観点から見て, 非常に近い対応関係にあることにもとづき」, 「ジェスチャーと発話は同じ心理的構造の要素である」と主張した. マクニールがこの著書の中で示した主張は, Goldin-Meadow (2006: 337) による「ジェスチャーによって伝えられる情報を無視することは会話の一部を無視することである」という指摘に, 簡潔に要約されている. McNeill (1992: 1) はむしろ直接的に, ジェスチャーを「人が話す時に見られる腕や手の動き」と定義した. しかしながらこの定義は幾分狭義である. 雑誌『ジェスチャー』の第一巻で, 編集者のアダム・ケンドンとコーネリア・ミュラー (Cornelia Müller) は, 新しい雑誌の展望を次のように述べている.

> 『ジェスチャー』は, 新たに出現した「ジェスチャー研究」という分野のために創刊された新しい雑誌である. ジェスチャーが含む現象を定義することは容易ではない (「ジェスチャー」は他との境界が曖昧な概念である). しかしジェスチャーは, 人間がその思考や感情を, 目に見える身体動作によって意図を持った表現として表すための, さまざまな方法を含んでいる. このため, 多くの場合発話表現とともに行われる身体動作 (特に手や腕の動き) や, 発話をせずに手の動きで何かを伝えること, あるいは手話における手や顔の動きは, すべて広い意味で「ジェスチャー」の一部とみなされる. しかし, 笑う, 泣く, 恥ずかしがるなどの表現は, ふりをしたり演じられたりしないかぎり, ジェスチャーとみなれることは少ない. (Kendon and Müller 2001: 1)

この雑誌の展望は，「ジェスチャー」という名前に含まれる現象を定義することは難しいと警告しながら，そのような定義への方向性を暗に示している．ケンドンは 2004 年の研究論文において，初めて以下のようなジェスチャーの定義を提案した．

> 「ジェスチャー」は，発話または発話の一部として用いられる目に見える動きである．「発話」は，意思を伝達する「発話交換単位（move）」，「順番（turn）」「貢献（contribution）」が共起する動作単位である．動作単位は，発話や視覚可能な身体動作，あるいはその 2 つが合わさったものにより形成される．「ジェスチャー」はそのような動作単位において役割を持つ，目に見える身体動作なのである．　　　　　　　　　　　　　　　　　　　　　　　　　（Kendon 2004: 7）

そして，ケンドンはこの最初の定義を，次のように洗練したものにしている．

> 「ジェスチャー」は，明白な意図的表現という特徴を持つ動作に付与された名前である．自分または他人が明らかな意図を持って表現する動作であるが，その解釈は見る人に委ねられる．ジェスチャーは何か具体的な目的のためというより，表現を目的として行われるとみなされる傾向がある．会話参加者たちは，容易にその動作を認識する．また参加者は動作を行う立場になることがあり，その動作に責任を持つ．　　　　　　　　　　　　　（Kendon 2004: 15）

この定義に含まれ得る動きの形態にはさまざまなものがある．ケンドンの初期の研究に基づき，またそれに敬意を示しながら，McNeill（1992: 37）は「ケンドンの連続体（Kendon's continuum）」に沿って，ジェスチャーの種類に次のよう順序づけることを提案している．

> ジェスティキュレーション（Gesticulation）→ 言語的ジェスチャー（Language-like Gestures）→ パントマイム（Pantomimes）→ エンブレム（Emblems）→ 手話（Sign Language）

> 左から右にいくにしたがい，(1) 発話が存在する必然性が低下し，(2) 言語的な特性の存在が増し，(3) 個人特有のジェスチャーが社会的に規定されたサインに置き換えられる．　　　　　　　　　　　　　　　　　（McNeill 1992: 37）

「ジェスティキュレーション」「発話に枠づけられたジェスチャー」，あるいは（マクニールが好んだ言い方である）「ジェスチャー」は，必ず発話を伴う．

第 2 章　語用論と心理学　　91

McNeill (2006: 60) は，それらを次の 4 つの下位タイプに分類している．

- 描写的／映像的ジェスチャー (depictive or representative iconic gestures)（ヴントの「象徴的ジェスチャー」）は，「具体的な物と動作のイメージの一方または両方を表す．例えば『彼はそれを折り返した』と言いながら，何かをつかんで折り返す動作をして見せる」．
- 暗喩的ジェスチャー (metaphoric gestures) は，「抽象的な内容を描くジェスチャー．実際には想像不可能なものを想像して表す場合もある．抽象的な意味があたかも形を持ち，空間を占めているかのように示される．例えば話し手が，まるでプレゼントするかのように物を持っているが，具体的な物をプレゼントするのではなく，何かほかの抽象的な「物」についてのアイデアや思い出をプレゼントすることを意味する場合である」．
- 直示的ジェスチャー (deictic gestures) は，（すでに上で述べたように）発話対象を指し示す．
- ビート (beats) は，「手が調子を取っているようなジェスチャーである．発話の韻律の頂点に合わせて，リズミカルに，ただ手で上下や前後に軽く打つ」．

ケンドン，マクニール，マクニールの元教え子である喜多壮太郎 (Sotaro Kita) は，ジェスチャーには 5 つの段階 (phase)，すなわち準備期 (preparation phase)，動作期 (stroke phase)，復帰期 (retraction phase)，動作の前後の保持期 (hold phase) があるとしている．動作期は意味を表す段階であるため，どのジェスチャーにも見られる．ほかのすべての段階は，動作期を中心に構成される (McNeill 2006: 62 などを参照)．

　言語的ジェスチャーは，「エンブレム」や「引用可能なジェスチャー」と呼ばれる．McNeill (2006: 59) はこれを，「親指を立てるジェスチャーのような慣習化されたサイン」で，「文化特有で標準的な形や意味を持ち，発話とともになされるが，発話なしでも意味を持つ」と定義している．

　パントマイムは，McNeill (2006: 59) によって，「発話なしに行われ，ストーリーを伝えるジェスチャー，あるいはジェスチャーの連続」と定義されている．

　手話は文字通りサインで構成される．それ自身の特徴を持つ，独自の言語的

92

体系である[19].

　ケンドンもマクニールも，ジェスチャーは言語の一部であると主張した．マクニールは論集『言語とジェスチャー』(2000: 9) の序章の中で，この巻では「ジェスチャーを言語そのものの一部として，つまり言語を飾るものや言語をより完璧なものにするものとしてではなく，言語や言語使用過程に必須の部分として扱う」と述べている．さらに McNeill (2000: 139) でも，マクニールやその多くの研究者が，「発話と同時に起こるジェスチャーを，思考と発話がつながる過程を見る窓と考える」と述べている．同論集の論文の中でケンドンは，「言語とジェスチャー：統一性あるいは二重性？」との疑問に対し，実証的なデータに基づき，以下のように答えている．

　　ジェスチャーは，それがまさに発話を構成する一部分であるかのように，発話表現と関連した形でなされる．ジェスチャーと発話は１つの総合的な認知的な行動計画の要素として，ともに形成される．たとえ発話とジェスチャーが意味のやや異なる面を表したとしても，その２つは１つの包括的な観念の複合体を共に表現したものであり，これこそが発話の意味になると言わざるをえない．
　　　もし，我々が「言語」を「思考」を表現する道具の複合体と考えるのであれば，ジェスチャーは「言語」の一部である．

(Kendon 2000: 6lf.)

これらの主張は，ジェスチャー，言語，心の関係についてジェスチャーを研究してきた２人の先駆者の，独創的な立場を鮮明に表している．ここで，ゴールディン-メドウの研究，特に 2006 年の「話すことと思考することにおける手の役割」についての論考に基づき，心の部分を強調しながら，ジェスチャーと言語，心の関係についてもう少し詳細に述べる．

　ゴールディン-メドウは，子どものジェスチャー使用を専門とする研究者である．心理言語学における発達研究のように，ジェスチャーの発達研究は子どもの知識についての洞察をもたらし，子どもの思考方法についての情報を提供

---

[19] Kendon (2004: 73f.) などを参照のこと．Emmorey (2001), Sandler and Lillo-Martin (2006) も参照されたい．手話は会話と同じように，それ自体が完全な自然言語である．このため，ここでは手話についてこれ以上詳しくは述べない．ジェスチャーは手話とともに行われることにも注意されたい (Liddell 2003; Duncan 2005 などを参照)．

第 2 章　語用論と心理学　　　　　93

する．ゴールディン-メドウは，子どもは 8 ～ 12 か月の間に，言葉なしでジェスチャーを使い始め，直示的ジェスチャー，特に指さしジェスチャーや手を上にあげるジェスチャー，（はい，いいえを表す）うなずいたり首を振ったりといった慣習的なジェスチャーを，その文化特有の方法で産出すると述べている．先天的に盲目であったり，聾で盲目の子どもでさえも，言語を獲得すればジェスチャーをし始める（Goldin-Meadow 2006: 345; Eibl-Eibesfeldt 1973a: 18lff.）．この観察結果について人間行動学者たちは，ジェスチャーが生得的なものであり，いわゆる「決まった行動様式」であり得ることを示すものと考えている（Eibl-Eibesfeldt 1973a: 192; 3.2.1 節も参照）．Goldin-Meadow（2006: 353）はこの発見を，「ジェスチャーは話すことにとって必要不可欠な要素と考えられる」ことを示すものと解釈している．

　1 歳ごろになると（障害のない）子どもたちは，映像的ジェスチャーを生成し始める．しかし，暗喩的ジェスチャーやビート（例えば，指，手，腕をリズミカルに打つ）を始めるのは，ずっと後である．指さしジェスチャーについてゴールディン-メドウは，「シンボルの発達における重要な初期段階を構成し，話し言葉習得への道を開く」と主張している（Goldin-Meadow 2006: 338; Iverson and Goldin-Meadow 2005 も参照）．映像的ジェスチャーは対象の姿を表現するため，指さしジェスチャーよりコンテクスト依存性が低く，言語特性を担い言葉のように機能する．子どもはジェスチャーで表していた単語を発話することを覚えると，すぐに単語を発話することのほうが多くなり，複数の単語を発話し始めるとジェスチャーの使用が減り，より言語的表現に頼るようになる．しかし複数の単語を発話し始めるようになる前に，子どもは単語とジェスチャーを合わせて発話する．Goldin-Meadow（2006: 339）は，言語習得過程の一語期に，「ジェスチャーと発話は密接な意味的関係を持ち始め，また時間的にも同時の関係を持ち始め」ることで，ジェスチャーは発話と調和し，統合されるようになる[20]と指摘している．この統合が，簡単な文の産出の基礎となる．2 語期の直前に，子どもたちは異なる情報を補完して伝えるために，ジェスチャー

---

[20] Kelly et al.（2010）も参照のこと．ケリーらは，統合化体系仮説（integrated-systems hypothesis）を確証しており，言語理解においてジェスチャーと発話が統合された体系を形成することを示している．

と単語の組み合わせを使うようになる．Goldin-Meadow（2006: 341ff.）はこの現象を，「ジェスチャーと発話の不一致」と呼び，彼女とその共同研究者（例えば Church and Goldin-Meadow 1986 を参照）は，発話とジェスチャーが同時に活性化する段階に子どもの知識が移行したことを示す兆候と解釈した．ゴールディン-メドウは，「ジェスチャーと発話の不一致が子どもの移行期を示す信頼できる兆候であるという事実は，ジェスチャーと発話という 2 種類のものが実際には互いに独立しているわけではないことを示している」と強く主張している．このようなジェスチャーと発話の不一致は，より年長の子どもや大人にもみられ，社会的相互行為の中で複雑な情報を伝えるための重要な手段となっている．しかし，この年齢の子どもは，ほかの人のジェスチャーを理解することや，それに適切に反応することができる．言語習得過程の一語期にいる子どもたちにとって，複数の単語の組み合わせよりジェスチャーと単語の組み合わせのほうが理解しやすい．Spencer Kelly（2001）が発表した実験は，3 歳の子どもが「ジェスチャーか発話のどちらか 1 つより，その両方で提示された場合に」（Goldin-Meadow 2006: 343），大人の間接的発話行為に反応して，語用論的推論ができる様子を描写している．この実験では，1 人の子どもが部屋に連れてこられ，ドアは開いたままになっていた．発話のみの条件下では，部屋にいた大人が「ここは寒くなるだろう」（1.3.5 節を参照）と言った．ジェスチャーのみの条件下では，大人はドアを指さしただけだった．ジェスチャーと発話両方の条件下では，大人は「ここは寒くなるだろう」と言い，ドアを指さした．わずか 4 歳であったが，子どもは発話のみでもジェスチャーのみでも適切な語用論的推論ができた（Goldin-Meadow 2006: 343ff. を参照）．このことから，子どもは両方の条件下でよりよく意味を理解できることがわかる．また，子どもたちがジェスチャーを伴わない時より伴った時のほうが，新しい単語をよりよく学習する可能性があることも明らかにされている．

Church and Goldin-Meadow（1986）は，ジェスチャーと発話の不一致に特化した実験を行った．その実験では，子どもと大人がピアジェの量の保存の課題を行った．参加者たちは，「背が高く細い容器に入っている水を背が低く太い容器に注いだら，水の量は変わるかと聞かれた」（Goldin-Meadow 2006: 340f.）．Garber, Alibali and Goldin-Meadow（1998）は，子どもたちに数学的等価問題を考えさせる実験を行った．この実験の結果は，「ジェスチャーは，子どもが発話によって伝える思考とは異なる思考を反映できる」ことを示して

いる（Goldin-Meadow 2006: 350ff.）.

このような実験は，人間が発話とともになされるジェスチャーだけでなく，思考とともになされるジェスチャーも産出することを明らかにしている．発話とともになされるジェスチャーは聞き手を考慮して行われ（電話での会話のケースのように），そこに聞き手が存在しようとしていまいと，話し手は（ほとんどの場合無意識に）伝達のために用いる．Asli Özyürek（2002: 1）は，以下の2つの実験からこの洞察を裏付けている．

> 話し手は，聞き手と共有する空間の位置によりジェスチャーを変える．それが話し手と聞き手のジェスチャー空間の交差である．ジェスチャーの方向は，空間を横切る自由な方向を表現する「across」より，開始点と終了点を持つ動きを描写する「into」や「out」のような空間の前置詞を伴うときの方が，頻繁に変わる．話し手は「into」や「out」の開始点や終了点を示すために，共有された空間の中に入ったり外に出たりすることで，ジェスチャーを変える．このように話し手は，聞き手を考慮してジェスチャーを行い，コミュニケーションのために用いるのである．　　　　　　　　（Özyürek 2002: 1; 2000 も参照）

話し手は，発話とともになされるジェスチャーを，基本的には聞き手のために用いる．このため，発話とともになされるジェスチャーは，強い社会的要素を持つ．

　思考とともになされるジェスチャーは，話し手によって，ただ話し手自身のために行われる，「静かで伝達の意図をもたない，問題解決状況で産出される手の動きである」（Chu and Kita 2011: 1）．それはむしろ「唯我論的（solipsistic）」である．チューと喜多は，3つの実験に基づき，以下のことを明らかにしている．

> 心的回転課題や折り紙構成課題（著者注）において空間に関する視覚的問題を解くことが困難なとき，人は自然にジェスチャーを行い，それにより実際に問題解決力を向上させる．より多くの問題を解くにつれて，ジェスチャーの助けを借りていた空間的計算は内面化し，しばしばジェスチャーは減少する．ジェスチャーの効果は，ジェスチャーを禁じた後に解いた空間に関する視覚化問題でも続く．また，2つの課題が類似した空間変容過程を必要とするならば，ジェスチャーによる効果は異なる視覚化問題に対しても一般化が可能である．　　　　　　　　　　　　　　　　　　　　　　（Chu and Kita 2011: 1）

これらの研究結果は，類似した問題解決実験にもとづいて Goldin-Meadow (2006: 365) が示した結論を裏づけている．ゴールディン-メドウは，「ジェスチャーはただ思考を反映させる以上のことをなす」と述べている．これらの結果は，ジェスチャーをすることは，（ジェスチャーの）思考も支えていることを示しているのである．

　本項では，言語，ジェスチャー，そして心が相互に強く関係していることを示した．実際の言語使用についての研究は，長い間この洞察をほぼ無視してきた．しかし，言語学の語用論における実際の言語使用の形態に関する今後の研究は，人間の対面相互行為のマルチモーダルな性質をもはや無視することはできないであろう．次項では，発話とともになされる複数の文化における多様なジェスチャーや，その使用に関する語用論について論じる．

2.4.3　複数の文化における発話とともになされるジェスチャーの多様性：ジェスチャー使用に関する語用論

上で述べたように，発話とともにジェスチャーが起こることは普遍的に見える．しかし，どのようにジェスチャーが産出されるかは文化によって異なる．Kita (2009) は，複数の文化にみられる，多様なジェスチャーについての文献調査をもとにして，それを決定するのは次の 4 つの要素であると述べている．

- 形式と意味の関係についての文化特有の慣習
- 文化特有の空間認知
- 言語的差異
- 文化特有のジェスチャー語用論

(Kita 2009: 145)

Kita (2009: 146ff) は，エンブレム（ケンドンの言い方では「引用可能な」ジェスチャー）と指さしジェスチャーを用いて，形式と意味の関係についての文化特有の慣習から生まれるジェスチャーの多様性を示している．親指と人差し指で輪を作るジェスチャーは明らかに非常によく知られたエンブレムであり，ほとんどのヨーロッパの文化において「OK ／良い」を意味する．しかし，フランスにおけるこのジェスチャーの第一の意味は「ゼロ」であり，ギリシャやトルコでは肛門を指す侮辱的なジェスチャーとして使用されている (Morris et al. 1979 も参照)．エンブレムの地理的分布は，文化的交流（その影響が比較的長

く続くような文化的交流）から説明できる．喜多は，「イタリアにおける否定を表す頭のジェスチャーは，北部やローマでは水平に頭を振るが，ナポリやシチリアを含む南イタリアでは頭を振り上げる（頭をぐいと上下に動かす）動きである」と指摘している．この頭の振り上げが否定のジェスチャーとして用いられるのは，ヨーロッパではそれ以外にギリシャと，トルコとブルガリアが隣接している地域だけである．紀元前 750 年頃，ギリシャはイタリア南部を植民化した．Desmond Morris et al. (1979) は，この古い時期に古代ギリシャ人と交流したことにより，南イタリアを経由して頭の振り上げのジェスチャーが広まったと，きわめて納得できる主張を行っている．

2.3 節ですでに述べたように，指さしジェスチャーは重要な指標表現である．人々は，人さし指，目，すぼめた唇などで，何かあるいは誰かを指すことがある．指さしジェスチャーは文化によって異なる．例えば，ディクソン（Dixon）は次のように記している．

> ある言語は，距離と目に見えるかどうかの違いを表すために，異なる直示的ジェスチャーを用いる．例えば，（ブラジルとコロンビアの境界にわたる）バウペス川流域のトゥカーノ語やアラワク語では，(i)「見えていて近い」物を唇で指し，(ii)「見えているが近くない」物を唇と頭を後ろに傾けることで指し，(iii)（それがある方向はわかっているが）「見えない」物は人さし指で指す，というジェスチャーが見られる．　　　　　　　　　　　　　(Dixon 2003: 87)

アレント語を話すオーストラリア原住民は，対比的機能を持つ指さしジェスチャーを，6 種類に区別している．

> 人さし指でさす，手を広げ手のひらを下に向ける，手を広げ手のひらを垂直にする，（親指，人さし指，小指を広げる）「角の手」，（唇を突き出して指す）唇，目である．例えば，手を広げ手のひらを垂直にするジェスチャーは，複雑な道筋のまっすぐな部分を指すのに用いられる．角の手は，経路の終点の方向を示す．　　　　　　　　　　　(Wilkins 2003; Kita 2009: 148)

エンフィールド（Enfield）は，ラオ語話者の唇で指すジェスチャーについて述べている．彼は観察にもとづき，ラオ語話者がそのジェスチャーを「対象の位置やアイデンティティが話の焦点になっているケース」に限定しており，ほとんどの場合「どこ？」や「どちら？」という質問に対する答えとしてのみ使う

と述べている (Enfield 2001: 207). さらにエンフィールドは, ラオ語話者は, 指す対象を対話の相手が知っていると推測しているときにのみ, このジェスチャーを行うとも指摘している. 加えて, この唇のジェスチャーは,「常に対象に向けた注視を伴う」. このような観察結果によりエンフィールドは,「直示的なベクトルは, 唇の動きではなく注視によって示される」ことを示唆した. しかし, 人さし指で指すジェスチャーは, ラオ語の直示的ジェスチャーの標準的な方法のようである. ラオ語話者は, このジェスチャーをかなり広いコンテクストの中で用いる.

　文化間の認知的多様性における発話とともに行われるジェスチャーの2つ目の種類, つまり文化特有の空間認知について, Kita (2009: 149ff.) は, 特にジョン・ハヴィランド (John Haviland) の研究に言及して説明している. ハヴィランドの研究とは, オーストラリア原住民の言語であるグウグ・イミディール語 (Guugu Yimidhirr) の話者による, 指さしジェスチャーについての研究である. ハヴィランドは, グウグ・イミディール語が,「ここ, そこ, あそこ」や「そこ, その方向で (there, that's the way)」を示す比較的単純な4種類の直示のほかに,「絶対 (absolute)」(2.3 節を参照) という空間体系を持つことを,「英語の羅針盤の方位に対応する」意味をもつ「語幹の用語体系4種類」を用いて示した (Haviland 1979: 72ff.). この言語の話し手は常に絶対的な空間体系に基づいており, それはジェスチャーについても同様である. 空間に関する情報は絶対的体系に基づいて符号化され, 発話とともに行われるジェスチャーに反映される. このため, もし話し手が自分がいる場所からおよそ80キロメートル離れた場所 (オーストラリアの茂みの真ん中かもしれない) を指すとしたら, その指さしジェスチャーの角度の誤差は, わずか+/−14°である (Levinson et al. 1997: 324; Levinson 2003: 124ff. も参照). 1980 年にハヴィランドは, 彼の情報提供者の1人がある話を語っているところを記録した. その話とは, 情報提供者が乗っていた船が転覆し, 彼が岸まで5キロメートル以上泳がなければならなかったという話である. 1982 年にレビンソンは, その情報提供者が同じストーリーを語っているところを再び撮影した. 喜多は, これらの2つのビデオ記録についてのハヴィランドの議論を, 以下のように要約している.

　1つの話では (その情報提供者) は西を向いており, もう1つの話では北を向

第2章　語用論と心理学　　99

いていた．彼のジェスチャーは，常に絶対的参照枠に基づいて動きや位置を描写した．例えば西から東への動きは，東を向いているときは体から遠いジェスチャーで，北を向いているときは左から右へ動くジェスチャーで表現された．こういった絶対的に固定化されたジェスチャーは，発話が方向を示す言葉を伴っているときにも伴っていないときにも見られた．このため，ジェスチャーにおいて絶対的参照枠を用いることは，単に発話と意味的に同じであるためだけでなく，その根底にある空間表現の性質を反映しているのである．

(Kita 2009: 151ff.)

　さらに喜多は，時間の概念を表す空間的比喩が文化によって異なり，その違いがジェスチャーにも反映されると述べている．英語話者（ほかの言語の話者も同様だが）は，未来や過去を指す際，前後の軸を使う．しかし，前が過去，後ろが未来を表す言語も多く存在する．例えばアンデスで話されているアイマラ語では，過去と未来を，「知っていること（過去）は前，知らないこと（未来）は後ろ」という概念的体系に基づき理解している．つまり見えることが重要な情報源であるとの事実に基づいているのである．このため，アイマラ語話者は，過去の出来事について話すときには前を指し，未来の出来事について話すときは後ろを指す（Núñes and Sweetser 2006 を参照）．これら2つの例は，ジェスチャーの多様性が，複数の文化における認知の多様性によるものであることを示している．

　喜多は，言語的多様性により生まれる発話とともになされるジェスチャーの多様性について，2003 年にアスリ・オジュレックと共同で行った研究の結果から説明している．日本語，トルコ語，英語話者にアニメーション映画を見せ，それを見ていない人にその場面を説明するよう求めた．その映像は，主人公の1人が，1つの高層ビルの窓から通りの反対側にある別の高層ビルの窓に向かって，「swing」する様子を映していた．このような弧の軌跡を描く位置の変化を表すために，英語話者は「swing」という動詞を使うことができるが，日本語やトルコ語話者は，英語と同等な動詞もこの概念を直接的に言い換える表現も持たない．この洞察に基づき，喜多はこの研究結果を次のように要約している．

　　結果として，日本語とトルコ語の話者は，出来事の描写には弧の軌跡を符号化しなかった．その代わり「行く」とか「飛ぶ」といった，より一般的な動詞

を用いた．しかし，英語話者は全員「swing」という動詞を使った．それと並行して，その出来事を描写したジェスチャー表現にも言語間の違いが見られた．日本語とトルコ語話者は，「直線を描くジェスチャー」を使う傾向があり，英語話者より弧の軌跡が少なかった．他方，ほとんどの英語話者は，位置の変化と弧の軌跡の両方を示す「弧を描くジェスチャー」を用いた．つまり，発話が出来事のある面を符号化しない場合，発話に伴うジェスチャーもまた，それを描写しない傾向が見られたのである．　　　　　　　　　　(Kita 2009: 154f.)

英語などの言語が，動き方や軌跡を1つの節で符号化する（例えば *it rolled down the slope*（スロープを転がり落ちた）のように）のに対し，トルコ語や日本語などの言語では2つの節に符号化する（例えば「転がりながら落ちた」のように）が，この事実も発話とともになされるジェスチャーの産出に影響を与える．多くの研究の中で，喜多，オジュレックら（Özyürek and Kita 1999; Özyürek et al. 2008 を参照）は，次のことを明らかにしている．

日本語とトルコ語話者は，動き方と軌跡を別の2つのジェスチャーで表すことが多いが，英語話者は1つのジェスチャーで表すことが多い．つまり，その言語の中で動き方と軌跡をどのように節としてまとまりをつくるかは，その2つの情報をどのようにジェスチャーとして表現するかに反映されるのである．　　　　　　　　　　　　　　　　　　　　　　　(Kita 2009: 155)

喜多は，発話とともになされるジェスチャーの種類を決定する4番目の，そして最後の要因である文化特有のジェスチャーの語用論について説明する前に，コミュニケーションのためのジェスチャー使用の体系性を強調している．彼はこの体系性を，「ジェスチャーの語用論」という言葉で表している（Kita 2009: 157）．

　文化によってジェスチャーの語用論が多様であるため，発話とともになされるジェスチャーにはさまざまな種類が見られる．それについて説明するために喜多が用いた最初の例は，丁寧または無礼な行動がジェスチャーにも及ぶことを明らかにした．ガーナのエウェ語話者は，ジェスチャーのタブーを尊重している．喜多とジェームス・エセグベイ（James Essegbey）は，このタブーがエウェ語話者の共同体のジェスチャーにもたらす影響について調査を行い，エウェ語話者が道の説明をする場合に使う指さしジェスチャーについて調査した．エウェ語話者にとって，左手で指すことはタブーと考えられている．Kita and Essegbey（2001: 73）は，エウェ語話者が右手で指している間，礼儀として左手を背中の下部に置く習慣があることを明らかにした．右手が体の前を横切って左方向を指すのは，「解剖学的に見て負担となる姿勢となり得る」．この場合，「右手で指すことは，顔の前や首の回りを右手が横切るという意味で，『正反対（hyper-contra-lateral）』にある可能性がある」（Kita and Essegbey 2001: 83）．両手で指すことはタブーではなく，上記のタブーにもかかわらず，左手で指すことは完全に禁じられているわけではない．「左手で方向を指す場合，そのジェスチャーはしばしば小さな動きで，身体から離れたところで行われる．あるジェスチャーは，タブーを目的としたものとみなされないように，目立たない方法で行われる（Kita and Essegbey 2001: 92）．この事例研究で，喜多とジェームス・エセグベイは，左手で指すタブーが，いかにしてジェスチャーをするか，いかにしてしないかの両方を規定しているさまを示している．タブーは，「ジェスチャーの丁寧さに関する複雑な体系を創造する．それはガーナ人のジェスチャーに独特な特色を与えるのである」（Kita 2009: 159）．

　もう1つの，発話とともになされるジェスチャーの文化間の明らかな違いは，日本語話者とアメリカ英語話者（およびほかの多くのインド・ヨーロッパ語族の話者）の間の，うなずき行動である．Maynard（1993）は，自然な会話の中で，日本語話者がアメリカ英語話者の3倍も多くうなずくことを発見した．アメリカ英語話者も日本語話者も，通常は相手の発話の最後にうなずく．しかし，会話の中で日本語話者と聞き手は，ともに発話の途中で体系的にうなずく．Kita and Sachiko Ide（2007）は，「主要な句境界は，すべて聞き手がうなずく可能性がある位置である」ことを発見した（Kita 2009: 159）．彼らは，これが日本語の会話における頻繁なうなずきの原因であると解釈し，また頻繁なうなずきが会話参加者間の社会的つながりを構築していることを強調した．喜多は，日本語のうなずきが持つ重要な語用論的機能を，同様の結果が見られたMarkus and Kitayama（1991）の研究に触れながら，以下のようにより詳細化した．

　　　文化特有のうなずきの様式は，その文化の社会的相互行為にとって重要とされるものから生じたとされる．日本語の会話における頻繁なうなずきのやりとりは，日本文化では協調することや他人に配慮することが重視されていること，あるいはより一般的には，日本文化における社会的に規定された自己

に由来している可能性がある．日本人は自分自身を，自分を取り巻く社会的
関係の一部とみる傾向があり，関係する他者の思考，感情，行動と認識する
ものによって，自分の行動が決定され，左右され，大部分つくられると考え
ている．   (Kita 2009: 159f.)

このように喜多は，異なる文化では異なる方法でうなづきが会話を形づくるこ
とを示している．このような違いは，それぞれの話し手が持つ社会的相互行為
全般，特にコミュニケーションについての文化特有の価値観に基づいた，ジェ
スチャーの語用論に由来するのである．

2.4.4　語用論的ジェスチャー

日常的なジェスチャーの語用論的，社会的側面についての記述の中で，Lluís
Payrató（2004: 107）は，「自発的なジェスチャーの持つ語用論的な役割や発
語内行為における重要性については，多くの分析の中で主張されてきた．オー
スチン（Austin）の言語行為研究においてもすでに予見されている」としてい
る．ペイラトが強調するように，実際にオースチンは次のように明確に述べて
いる．

- 「賭ける，財産を譲渡するといった慣習的な行為の多くは，非言語的に行
  われうる」（Austin 1962: 19）
- 「非言語的であるが慣習的な行為を行う点で行為遂行発話（performative
  utterances）に類似した行為」が存在する（Austin 1962: 69）
- 「（我々は）発話する際，ジェスチャー（ウィンク，指さし，肩をすくめ
  る，眉をひそめるなど）や儀礼的な非言語行為を伴うことがある．これ
  らは時として発話がなくても機能し，その重要性は明白である」（Austin
  1962: 76）
- 「我々は非言語的方法により，警告したり，命令したり，約束したり，与
  えたり，抗議したり，謝ったりすることができる．それらは発語内行為
  （illocutionary acts）である」（Austin 1962: 119）．

Payrató（2004: 107）は，Mary Ritchie Key（1977: 7f.）についても言及して
いる．キーは発語内の力（illocutionary force）を持つ多くのジェスチャーを挙
げている．これらのほとんどは，Kendon（1988a: 136）が「完全な言語行為

と機能的に等価である」と考えたエンブレムである．これらのジェスチャーは慣習化されたものである．エンブレムの他にも，慣習化された形式を持ち，意味や機能の点で標準化されたように見えるジェスチャーは数多く存在する．しかしこれらのジェスチャーは，「言語的発話の命題内容の側面を表すのではなく，その言語的要素が談話の中で果たすある特定の役割を示す」(Seyfeddinipur 2004: 206)．Kendon (1995: 247) はこれらのジェスチャーを，「語用論的」ジェスチャーと呼んでいる．語用論的ジェスチャーは，「言語行為の種類や談話構造の様相を示す」．ケンドンは (Kendon 1995; 2000 も参照)，4 種類の「語用論的ジェスチャー」が使用されるコンテクストについて説明している．「関連する発話の持つ発語内行為の意図を表す」2 種類のエンブレムと，「談話構造に関係する」の 2 種類のジェスチャー（「『評言 (comment)』と区別して『話題 (topic)』を示すもの」，「主題 (theme) に対して対象となる単位を焦点化するもの」）である (Kendon 1995: 247)．これらの語用論的ジェスチャーは，南イタリアのサレルノの近くで行われた自然な会話の中で記録されている．

　ケンドンは，イタリアで「すぼめた手」(*Mano a borsa: purse hand*)，「合掌の手」(*Mani giunte: joined hands/praying hands*) と呼ばれる 2 つの「発語内行為を示す」ジェスチャーの使用について述べている．ケンドンは，すぼめた手を次のように説明している．

> 「すぼめた手」では，すべての手の指が伸びきって，先端が互いに接するようにして一緒にまとめられる．この形で，手のひらが上を向いた状態のまま保たれるが，時には手のひらがやや体の中央に向いているのを見ることもある．前腕を動かして，手を比較的短い振幅で上下に動かすこともある．
>
> (Kendon 1995: 249)

このジェスチャーは，「単刀直入に言え！ はっきり説明しろ！」というような要求や，「驚いた，うんざりした，あるいは冷淡な口調での質問」を強調していることを表している (Kendon 1995: 250)[21]．ケンドンは，このジェスチャーが使われる状況を数多く示している．そのうちの 1 つは，話し手が相手に，仕

---

[21] 何人かのイタリア人の同僚は，このジェスチャーがいらだちや怒りの表現として用いられ，時には両手が使われると述べている．

104

事について誰に聞けばよいのかを尋ねている状況である．「"A chi vac' a truva' io mo'a chest?"（このために今誰のところへ行けばよいでしょうか？）と質問しながら，話し手はすぼめた手のジェスチャーをし，発話の間中それをしたままでいた」(Kendon 1995: 251)．ケンドンは，このジェスチャーが，「それが伴う発話の文法構造や音調に相当する視覚的手段として使われ」得ると述べている．しかし，そのジェスチャーは話し手が話し終えた後も続けられることがあり，「質問が行われ，答えが期待されていることを示す視覚的手がかり」として使われる (Kendon 1995: 251f.)．ケンドンによると，すぼめた手は，話し手が次のような状況にあることを示す．

> （何かを明確にするために）情報を求めている，あるいはほかの人が言ったりしたりしたことが正しいか否かの説明を求めている．すぼめた手のジェスチャーは，話し手が視覚的手段を通じて，発話が意図するまたは意図した言語行為や発語内行為の種類を，明確化する方法として用いられる．
>
> (Kendon 1995: 258)

合掌の手のジェスチャーは，「指を伸ばした 2 つの手を内転させ，手のひらが向かい合うように接した状態にするジェスチャーであり，クリスチャンが宗教的祈りの際に行うジェスチャーである」(Kendon 1995: 258f.)．ケンドンは合掌の手のジェスチャーを，「しつこく誰かに嘆願する」，「寛大さを乞う」ジェスチャーと説明し，「私はどうしたらよいのでしょう？ どうしたらよいのでしょう？」という質問にあたるとした．このジェスチャーの使用について説明するためにケンドンが示した状況の 1 つに，次のようなものがある．ある人が電話をかけるよう頼まれた．彼は「『でもこれからすぐに理事会があるんだ！』と答え，答えながら合掌の手のジェスチャーをした．これにより彼は，電話をかける責任から自分を解放するように相手に頼んでいることを明確に示している」．このジェスチャーは，「話し手が言っていることの論理的結論を受け入れるよう，聞き手に訴えかけるするものとして使われる」(Kendon 1995: 259)．ケンドンはすぼめた手や合掌のようなジェスチャーを，発語内行為を示す標識 (illocutionary markers) と呼んでいる．なぜなら，「それらは話し手が意図した発話内行為に視覚的表現を与えるように見えるからである」(Kendon 1995: 264)．

その他の語用論的ジェスチャーには，談話単位を示すものがある．「指の束」

のジェスチャーは,「手の指が一緒にまとめられた状態にするジェスチャーで,すぼめた手のジェスチャーと非常に似ているが,自分から離れたところで手を前や下に動かす」(Kendon 1995: 264). これは話し手がある話題を特定する際にしばしば行われ,手を離れた方や下に動かすとき,あるいは指を伸ばし広げるように手を開く時,ジェスチャーによって特定された話題についての意見を示す. ケンドンは次のように指摘している.

> 物を握る動きは,何かをつかみ持ち続けることを象徴的に表した動きと解釈されてきた. 特定された話題について握るようなジェスチャーをし,それを持ち上げたり聞き手のほうへ動かしたりして,さらに末端指を広げる動きをしながら,その話題についての意見を述べる. (Kendon 1995: 264)

「リング」のジェスチャー(人差し指の先を親指の先につくように持ってくる身振り)は,いくつかの機能を持つ. その中の1つとして,

> 正確な情報を提供したり,何かについて特に言及したり,他の可能性やより一般的なものと比較しながら何かを明確にしたり,何か特定の例を提示したりするような発話の部分に関連して起こる. (Kendon 1995: 268)

このように「リング」もまた,談話における状態を示す談話単位を表現するジェスチャーである (Neumann 2004 も参照).

2.5 まとめ

本章では,「直示」と名付けられた言語学的語用論の1つの中心的な研究課題について紹介した. 直示はあるコンテクストにおける物,生物,場所,期間,文章や文章の一部を参照する体系である. 直示研究は,言語がいかにして発話のコンテクスト上の特徴を符号化するのか,いかにして話題(topic)や談話項目を与えられた種々のコンテクストの中で選ぶのかを明らかにする. 指示(pointing)の種類やその様相の一般的特徴について述べた後,世界の言語に見られる空間直示のさまざまな体系や用法の特徴,複雑さ,いろいろな要素があることを示し,コンテクストによって異なる指標表現の用法のコンテクスト依存性を強調した. さらに,言語を媒体とした他の参照形式のように,これらの空間直示による参照の形式が,話し手と聞き手に協働的な課題となることを

示した.

　直示的ジェスチャーも他の形式のジェスチャーも，指標表現として用いられる．本章2.4節ではジェスチャー全般を扱った．ジェスチャー，言語，心の相互関係について論じ，異なるジェスチャーの形式やそのコミュニケーションおよび社会における機能について説明した．主として聞き手を考慮した発話とともになされるジェスチャーは，ただ話し手自身のために産出される思考とともになされるジェスチャーとは区別される．思考とともになされるジェスチャーは思考を反映するだけでなく，ある問題解決の状況においては思考を支援する．また，ジェスチャーと言葉が異なる情報を伝達するために結び付くこと，つまり，ジェスチャーが話し手の言語的発話に情報を加えることも指摘した．言語，ジェスチャー，心の相互関係が，複数の文化，複数の言語におけるジェスチャーの種類に影響を与えることも示した．最後に，ジェスチャーがそれ自体の語用論を持つだけでなく，明確な語用論的機能に寄与する語用論的ジェスチャーもあることを示した.

　指標表現の研究，発話とともになされるジェスチャーの研究は両方とも，実際の言語使用の研究にとって非常に重要である．なぜならそれらの研究は，人間の相互行為がマルチモーダルであることを示す直接的証拠を提供するからである.

　本書のはじめに述べた逸話について，この章は何を語るのであろうか．それは，トロブリアンド諸島の挨拶形式に適切に応答する方法を学んだ私が，求められる情報を提供するために，正しく指標表現を（複雑な動詞の連続を作りながら適切な動作動詞の例において）使ったことである．自分自身の行動を撮影したビデオはないが，タオルを指さして，タオルを使うことに関係する行動や場所を暗喩的に示したことを覚えている．また，薮の中の新鮮な水の入った井戸だと思ったところを指さしたことも確かである．後者のジェスチャーは幾分曖昧である．トロブリアンド諸島の人々は，オーストラリア原住民が使用する絶対的空間参照の体系を持っていない．このため私は，絶対的な空間参照枠の中で正しく指さしジェスチャーを行うために，自分の位置と水の洞穴の位置を相対的に測る方法を学ぶ必要はなかったのである.

2.6 課題

- 好きな推理小説，短編物語，短編小説を選び，冒頭の 5 頁を読み，人称直示，社会的直示，時間直示，空間直示に用いられた動詞表現を 2 つ以上見つけてください．これらの指標表現のコンテクスト依存性について話し合ってください．

- インターネット上の政治的演説における指標表現に関して，ジェスチャー直示的，象徴直示的，照応的，非照応的用法があるか調べてください．

- (「ここ」とはどこを指すのか？)「ここ」という語を含む発話を 30 個程度集め，(例えば新聞，さらによいのは記録した会話の中から)「ここ」が，それぞれのコンテクストにおいてどのような意味を持つのかを分析してください．

- 経路の説明場面を収集し，ビデオで記録してください．その中で話し手が何をしているのか，どのようにしているのか，説明がどの程度正確かを分析してください．

- 文献に記された 2 つの言語 (母語を除く) の空間直示の体系について説明し，それらの体系の類似点と相異点について論じてください．また，なぜそのような相異点が生じたのかを述べてください．

- 対談番組や日常会話をビデオで録画し，参加者が産出するジェスチャーの種類を記述し，分析してください．また，それらのジェスチャーが果たす機能がどのようなものかについて仮説をたて，その根拠を示してください．

- あなたの言語共同体に存在し，文化特有であると考えられるジェスチャーについて説明してください．また，それを使うコンテクストについて説明し，あなたの選択の根拠を示してください．

- 発話とともになされるジェスチャーは，「思考と発話がつながる過程を見る窓」と理解できるという David McNeill (2000: 139) の立場について論じてください．

- 「ジェスチャーは言語の一部である」という Adam Kendon (2000: 61f.) の立場について論じてください.

2.7 さらに学びを深めるための文献

Antonopoulou and Nikiforidou (2002); Baker et al. (2003); Basso, E. (2008); Burenhult (2003); Demir et al. (2011); Diessel (1999); Duncan et al. (2007); Enfield et al. (2007); Goldin-Meadow (2003); Grenoble (1998); Guidetti and Colletta (2010); Gullberg and de Bot (2010); Hanks (2009); Haviland (1993, 2000); Holler and Wilkin (2009); Kataoka (2004); Kendon (1988b); Krauss (1998); Liebal et al. (2005); Liszkowski (2010) ; Naruoka (2006); Perniss et al. (2007); Stam and Ishino (2011).

第3章　語用論と人間行動学

――コミュニケーション行動の生物学的基盤――

3.1　はじめに

ジェスチャーは，発話や言語による相互行為が持つマルチモーダルな側面の 1 つの現れに過ぎない．発話とともに起こる表出行動で言語的相互行為にとって重要なものには，ほかにも多くの形態がある．人間行動学（human ethology）は生物学に含まれる学問領域であり，特にさまざまな表出行動におけるコミュニケーションの機能を研究対象とする．本章では，行動学の概念である「表出動作（expressive movement）」や「記号（signal）」について簡単に論じたあと，3.2 節で表情に現れるコミュニケーション上非常に重要な行動に関する記号を論じる．チャールズ・ベル（Charles Bell）（1774-1842），チャールズ・ダーウィン（Charles Darwin）（1809-1882），ギョーム・デュシェンヌ（Guillaume Duchenne）（1806-1875）以来，感情や内的な気持ちを表す表情については，さまざまな観点から調査が行われてきた．ポール・エクマン（Paul Ekman）らの感情に関する研究により，ダーウィン派への関心も続いている．しかしエクマンの研究については，常に激しい賛否両論があった．3.2 節では，エクマンの感情研究に対するイレネウス・アイブル=アイベスフェルト（Irenaus Eibl-eibesfeldt）の批判と，彼の人間行動学的視点から行った表情研究の成果に基づき，眉上げ（eyebrow raising）の形式や機能に焦点を当てる．眉上げは，人が社会的な接触に対してどの程度開かれた姿勢を持つのかを何よりも伝える記号である．

　1968 年にエドワード・ホール（Edward T. Hall）は，それぞれの文化には

110

その文化特有の距離についての規範があることを示した．対人距離（personal distance）という手段を用いて，我々は個人や集団の縄張りを示し，これが姿勢や動作に意味を持たせる．3.2 節では，姿勢，動作，位置が果たすコミュニケーション上の機能についても論じる．

3.3 節では，人間行動学が言語学の語用論に与えた影響について扱う．まず，「儀礼（ritual）」あるいは「儀礼的コミュニケーション（ritual communication)」という概念について詳細に述べた後，普遍的相互行為方略に関するアイブル＝アイベスフェルトの仮説を紹介し，論じる．アイブル＝アイベスフェルトは，儀礼や儀礼的コミュニケーションの形式は，彼が「基本的な相互行為方略（basic interaction strategies)」と呼ぶものから分化したと考えられると述べている．この仮説の経験的価値については，西パプア・エイポ族の言語共同体で記録された，要請する，与える，受け取る儀礼や，ベネズエラのオリノコ川上流に住むヤノマモ族が祝う，いわゆる「ヤシの実祭り」の中で観察・記録された複雑な儀礼的コミュニケーションの形式から説明する．その上で，アイブル＝アイベスフェルトの仮説を，スティーブン・レビンソン（Stephen Levinson）の「相互行為の普遍的系統性（universal systematics of interaction)」，および，彼が「相互行為エンジン」と呼ぶものによって規定される「社会的相互行為における文化的多様性の基礎的要素」に関する最新の考えと関連付けながら論じる（Levinson 2006: 61f.)．

3.2 表出動作およびその記号への儀礼化

人間行動学者は人間の行動を研究する生物学者であり，行動生理学者でもある．彼らは表出動作を，それが儀礼へと進む過程で「記号となるために特別な分化を経た行動様式（behavior patterns)」と定義し，その一種にジェスチャーを分類している（Eibl-Eibesfeldt 1989: 438)．彼らはいかなる行動様式も，その進化の過程により，あるいは，記号が文化的に伝承され獲得されるある特定の共同体の中で有効とされる慣習により，記号になり得ると指摘している．表出動作が記号へと発達する上で欠くことのできない条件は，その動作が常に特別の興奮状態（arousal condition）を伴うことである．興奮状態は，人間（および動物）が知覚した刺激に対し敏感にすぐ反応するような，また周りの人がその刺激に対する彼／彼女の気持ちや感情的反応および今後取るであろう行動を

第3章　語用論と人間行動学　　　　111

たやすく理解できるような心理的，生理的状態と定義される．これらの記号
は，赤くなる，震えるといった人の感情状態に付随して起こる決まった身体現
象であったり，友好的なつながりをつくる行動や，相手をたたいたりたたくぞ
と脅すような攻撃的行動などの，特定の機能を果たす行動様式（動物でも友好
的なのか危険なのかすぐにわかるような記号）であったりする．再度強調する
が，これらの表出動作は，人が行動する用意ができたことを示すものとして行
われ，周りからも理解される．行動様式は儀礼化されさらに記号へと発達する
過程で，いくつかの変化（記号のもつコミュニケーション上の機能が向上する
ように，より目立ちわかりやすいものになるという変化）を経る．儀礼化の過
程では，動作は通常単純化され，しばしば（次第に強くなりながら）リズミカ
ルに繰り返される．動きの強さは異なる場合もあるし，ある典型的な強度で行
われる場合もある．

　これらの記号の中で我々が発見した例は，舌をぺろりと出す攻撃的な舌出し
である．舌を前に伸ばしたり下に向かって曲げたりして，しばらくの間そのま
まにする．これは拒絶を表す記号である．人間行動学者たちはこの表出動作
を，系統発生的な儀礼化の過程における食物摂取への拒絶に由来すると説明し
ている．他方，舌出しの形式には友好的なものもある．舌をちらつかせるよう
な動作は交流する用意があることを示す記号である．この場合，舌は上方向に
アーチを描くか単に伸ばされるが，時間は短い．「高位の人による慎重な足の
運び」や「兵士の行進パレード」などの記号も，文化が儀礼化する過程で発達
したものである (Eibl-Eibesfeldt 1989: 438ff.)．

　表情はこれらの記号の特別な形である．なぜならば，「顔は対人コミュニ
ケーションで参照する特徴のうち，最も重要なものの1つ」だからである
(Eibl-Eibesfeldt 1989: 443)．我々が対面相互行為とコミュニケーションについ
て語るのは，偶然ではない．我々は顔を使って，例えば目の動きや瞳孔の大き
さの無意識の変化[1]，（意識的，無意識的な）顔面筋の動きにより，多くの情報
を伝達する．これらの顔面筋の動きの多くによって，感情的な状態を表現して
いる．次項では表情について論じる．

---

[1] 瞳孔は，何か興味が刺激された時に少し広がり，何か拒否したくなるものを認めた時に収
縮する (Eibl-Eibesfeldt 1989: 444 を参照)．

3.2.1 表情

Charles Bell (1806), Charles Darwin (1872), Guillaume Duchenne (1876) は，感情を表す表情についての研究分野を拓いた人々である．ベルの業績，さらに顔面筋や顔による感情表現についてのデュシェンヌの研究は，この分野におけるダーウィンの特筆すべき成果に大きな役割を果たした．ダーウィンの見解では，普遍的感情 (universal emotions) やその感情と結びつきそれを映しだす表情の種類は，明らかに世界共通であり，その感情を表す用語が共同体を超えて合意されると予測される．Carl-Herman Hjortsjö (1969) は，デュシェンヌの研究上の問い「どの顔面筋が表情の調整に使われているのか」を取り上げ，23 種類の顔面筋について記述を行い，24 種類の表情の目録を作った．また，「個々の筋肉の収縮がどのように影響し顔の表情となるのかを，正確な解剖学用語を用いて」論じた (Eibl-Eibesfeldt 1989: 445)．ヨルチョーの研究はポール・エクマンやウォーレンス・フリーセン (Wallace Friesen) の研究の基盤となり，彼らの研究は「顔の動きのコード化システム (Facial Action Coding system)」(Ekman and Friesen 1975, 1978) に結実した．エクマンらは，普遍的な基本感情の集合と，それに対応する普遍的表現（親しみ (mating)，防御，驚きといった適応的「情緒プログラム (affect programmes)」を反映する表現）が存在すると主張した．ダーウィン派の見解への関心が続いたのはこの主張によるところが大きい．基本的感情のうち，人間ならば誰もが表情から理解できるとされた（少なくとも）6 つの感情とは，「喜び，驚き，恐れ，怒り，嫌悪，悲しみ」である．さらに Ekman (1973: 220) は，次のようないくらか大胆な主張も行っている．「言語のいかんによらず，また文化が発展しているか文字以前の段階かによらず，表情には同じ感情用語がつけられる」．その仮説を検証するため，エクマンらは，彼らが普遍的とした 6 つの感情を典型的に表す写真を，様々な文化や言語共同体の実験協力者に見せた[2]．

　感情やそれを表す表情についての研究には，比較的長い伝統がある．しか

---

　[2] これら 6 つの感情を表した写真については，Ekman and Friesen (1975: 175-201) を参照されたい．これらの写真が普遍的に認識される感情を表したという主張に対し，1 つではあるが反証を示す．スティーブン・レビンソン（私信）は，はっきりと鼻にしわを寄せた「嫌悪」を示す写真をパプアニューギニアのロッセル島民に見せたところ，「伝統的な驚きの表情」あるいは「望まない気持ち」と理解されたことを報告している．

第3章 語用論と人間行動学 113

し，それには常に激しい賛否両論があった（Eibl-Eibesfeldt 1989: 50ff.; Ekman 1994 と Russell 1994 の論争：Izard and Saxton 1988 などを参照）．エクマンの研究方法に対する強い反対論はある観察から始まった．それは，感情は表情によってのみ表現されるのではなく，表情や姿勢，身体の位置，筋肉の緊張，ジェスチャー，発話，声，音調，話者間の対人距離，視線を合わせる／避ける，皮膚温度，脈拍数などをコントロールし規則化する複雑な行動様式の中にも，感情や内的な気持ちは明白に表れているという観察であった．これらの行動様式を形成する表出運動様式（expressive motor patterns）のいくつかは，「決まった行動様式（fixed action patterns）」であり，聾盲で生まれた子どもたちの表出行動を調べた研究により，生得的であることが明らかになった．しかし，それ以外の行動様式の多くは文化特有の方法で儀礼化されたものである．基本的な感情のセットが存在するとのエクマンの主張を受け入れるとしても，それらは顔以上に，（儀礼化された）相互行為方略へと進化した相互行為に関する複雑な行動様式によって表現されるのである（Eibl-Eibesfeldt 1973a, 1989: 466, 492, 520f., 546f.）．したがって，静止した表情の写真を見せることは，これらの「凍った」表情が表すとエクマンらが主張した感情の名前を引き出すには，やや不適当な方法であると考えるべきである．

　エクマンの主張に対する批判は，アイブル＝アイベスフェルトら人間行動学者やラッセルら心理学者からだけでなく，文化人類学者たちからも寄せられた．文化の細部にわたり精緻な注意を向けることを伝統とする文化人類学者たちは，基本感情を人間が持つ普遍的特性とするエクマンの理解に対し，厳しい批判を行った．彼らはその土地の「民族心理学」に埋め込まれた，興味深い文化特有の概念について記している．例えば Rosaldo（1983）は，フィリピンに住む民族イロンゴト族（Ilongot）の場合，「怒り」にあたる *liget* という概念は，首狩りで生じる強い感情と密接に結びついていることを示している．（他のこのような例については Levy 1983 の功績を参照．Kuipers 1998 も参照されたい．）また MPI の心理言語学者が行った種々の言語における感情表現についての予備的研究も，表情がどの言語や文化においても同じ感情用語によって表されるという，エクマンの主張が支持できないものであることを示した（Senft 2009a, 2012）．

　ここでは，表情やその普遍性に関するエクマンの理論について，これ以上詳しく論じる紙幅の余裕はない．しかし，上述のような複雑な行動様式で表現さ

114

れた感情や内的な気持ちは，比較的正確に理解されることは記しておかなくて
はならない．これについての有力な説明は，人は決して表情だけでその感情や
内的な気持ちを表現するのではなく，その人の行動全体が，今の気分について
仮説を立てるもととなる数多くのさまざまな手がかりを提供しているというも
のである．

　しかし，Ekman and Friesen（1978）は，「顔の動きに関するコード化シス
テム」により，顔面筋の動きを記述する（解読したり説明したりするためでは
ないが）有効な方法を開発した．この後，特にアイブル=アイベスフェルトら
によってフィルムに記録された，種々の文化で見られるいわゆる「早い眉上げ」
（eyebrow flash）（眉を素早く上げる動き）について説明する（Eibl-Eibesfeldt
1989: 117, 452ff.; Grammer et al. 1988 など）[3]．アイブル=アイベスフェルトは，こ
の顔の動きを次のように説明している．

　　　早い眉上げは視線を合わせた後に，1つのきまった行動様式の流れの中で起こ
　　　る．視線を合わせた上で，通常は頭がやや持ち上げられ，眉が約3分の1秒
　　　間上がり，同時に微笑みが広がる．しめくくりのジェスチャーとして，しば
　　　しばうなずきも起こる．　　　　　　　　　　　　　（Eibl-Eibesfeldt 1989: 452f.）

アイブル=アイベスフェルトは，眉上げの持つさまざまな表出機能を以下のよ
うに説明している．

　　　早い眉上げの起源は，おそらく友好的承認が儀礼化された表現であろう．そ
　　　れは気心の知れた相手に感謝する，承諾する，戯れる，挨拶する，賛成する，
　　　驚かす，励ますなどの状況で行われ，膨大な意味の連続性を持つ．しかし常
　　　に，交流する用意ができたことやある種の同意を表出する状況で起こる．早
　　　い眉上げは，拒絶や憤激の表現である眉をゆっくり上げる動きとは区別され
　　　る．眉を上げることによって視覚野は広がる．好奇心，驚き，質問の際に眉
　　　上げをするのは，これによるのであろう．最後に，憤激，尊大さ，社会的な
　　　拒絶，事実上の「ノー」を意味する，ゆっくりとした眉上げもある．
　　　（Eibl-Eibesfeldt 1989: 453ff.; Eibl-Eibesfeldt and Senft 1987: 30 も参照）

---

　[3] Ekman（1979: 187）は早い眉上げを「会話の記号」のカテゴリーに入れ，感情の記号から
は区別している．

第 3 章　語用論と人間行動学　　　115

アイブル=アイベスフェルトは，調査を行ったすべての文化における母子間の
相互行為や友好関係を構築する状況の中で，早い眉上げの行動が記録できたと
述べている．しかし，彼は文化的差異が存在することも認めている．「イエス」
を表す早い眉上げが見られるのはポリネシア文化などのいくつかの文化だけで
あり，「ノー」を表すゆっくりとした眉上げはいくつかの地中海沿岸の民族に
限られていることは，広く知られている．友好的な状況で早い眉上げにより挨
拶をかわす方略は，多くの文化で観察される．しかし日本では，このようなや
り方で大人同士が挨拶を交わすのは適切ではないであろう．アイブル=アイベ
スフェルトは，早い眉上げの起源はよく見ようとして目を見開く機能的な動き
にあると推測している．しかし，これは仮説にすぎないことも彼は強調してい
る (Eibl-Eibesfeldt 1989: 455)．

　カール・グラマー (Karl Grammer) らは，エクマンの「顔の動きに関する
コード化システム」を用い，早い眉上げについて 233 例を分析した．それら
は，アイブル=アイベスフェルトが 3 つの文化（西パプア・エイポ族，パプア
ニューギニア・トロブリアンド諸島民，ベネズエラ・オリノコ川上流のヤノマ
モ族）でフィルムに収めた自然な社会的相互行為において見られたものである．
人間行動学者たちは，筋肉の動きのパターンが 3 つの文化でほぼ同じであっ
たことを観察した．さらに眉上げの時間的構造も，3 つの文化すべてにおいて
類似していることも発見した．

> 眉の動き自体は，行動の流れの中で起こる有標の変化を表したものである．
> 典型的なパターンとしては，他のすべての顔の動きが止まった後で眉上げが
> 素早く起こり（80 ミリ秒），時によって異なるが一定時間そのまま静止し，そ
> の後始まりの状態にゆっくりと戻る（120 ミリ秒）．
>
> (Grammer et al. 1988: 297)

眉上げは，微笑みや頭を持ち上げる動きとともに起こることが最も多い．
Eibl-Eibesfeldt (1989: 117ff.) はこの調査結果を，早い眉上げは何よりもま
ず，「社会的接触への同意」を表す挨拶行動の 1 つの形式であるとの自身の解
釈に確証を与えるものとしている．早い眉上げは，自分に交流する意志があり
それを望んでいることを記号として送る．また相手に相互行為を始めるよう促
す．このため早い眉上げは，典型的には社会的交流に対する好意的で開かれた
姿勢を記号として伝える，儀礼化された挨拶の形式として用いられる．それ

は，相互行為をする者同士が社会的なつながりをつくり保持することに役立つ．次項では，我々がコミュニケーション上の情報を表情だけでなく身体動作や姿勢，位置によっても伝えられるということを示す．

3.2.2　対人距離と身体動作行動：近接空間学と身体動作学

人間行動学者は，人間が相手に惹かれると同時に恐れを感じるということを示している．彼らはこの種の恐れを「社会的恐れ（social fear）」という専門用語で呼び，「個人的に知り合うにつれて減少するが，対人行動の主要な特徴は残る」と述べている．結果として，「相手に対する信頼の量の大きさに応じて自分と相手の距離をとる」（Eibl-Eibesfeldt 1989: 335）．このような個人の間の距離は学習されるものであり，文化が異なれば距離の大きさも変わるとしている．

1966 年にエドワード・ホール（Edward T. Hall）は，人間による距離の取り方に関する重要な論文を発表し，「近接空間学（proxemics）」と呼ばれる学問領域を打ち立てた．彼はその領域を，「主として無意識の距離設定を扱う，人間の空間概念や空間使用についての研究」と定義している（Hall 1968: 83）．ホールの研究は，文化が異なれば会話をする時に他者とどの程度距離を取るかも異なることを明らかにした．例えば，ホールは次のような観察をしている．

> アメリカ人は，空間の使い方の文化的差異のために，海外でさまざまな困難に直面した．海外の人々が会話中に「近すぎる距離に」立つので，アメリカ人が居心地よく会話できる距離まで後ずさりすると，アメリカ人は冷たく，よそよそしく，内気で，その国の人に関心を持っていないと受け取られた．
>
> （Hall 1968: 84）

ホールは，「北欧の人々は地中海民族やアラブ人より距離を取る」ことを発見した（Eibl-Eibesfeldt 1989: 335）．さらに，アメリカ人とアラブ人を比較して，次のような観察も行っている．

> アラブ人は相手をじっと見つめるが，アメリカ人はそうしない．アラブ人の嗅覚は，関係を構築し保持することに非常に関わっている．対話する際，アラブ人は互いの吐く息を感じるほど近くにいるが，アメリカ人はそれを感じない距離を取ろうとする．
>
> （Hall 1968: 94）

第 3 章　語用論と人間行動学　　　　　　　　　　　117

ホールは，こういった「空間の使い方の違いが『出会いにおける疎外感 (alien-
ation in encounters)』につながる」と述べている．日常的な対面コミュニケー
ションにおいて求める対人距離が異なる文化の人同士が，言語により相互行為
をすることを妨げたり，時には止めたりするからである．ホールはその観察に
ついて，以下のようにまとめている．

　　人と人の身体的接触，相手に息をかかるように呼吸するかかからないように
　　するか，相手の目をまっすぐ見るか視線を避けるか，視覚がぼやけるほど顔
　　を相手に近づけるか，それらはすべてある文化では完全に正しく，ある文化
　　では完全にタブーとされる近接行動の例である．　　　　　　(Hall 1968: 88)

これらの観察により，ホールは文化を「接触」文化と「距離」文化に分けた．
彼は，体の位置感覚（相手と体が触れない程度の距離かなど），相手の体温を
感じるか，においを感じるか（皮膚／髪，呼吸など），視覚を基準として，「北
欧系アメリカ人」の４つの距離帯を定義している．密接距離 (intimate dis-
tance) (0-40cm)，個人的距離 (personal distance) (40-120cm)，社会的距
離 (social distance) あるいは規範的な社交的会話の距離 (120-400cm)，そし
て講演者と聴衆の距離のような公衆距離 (public distance) (400-800cm) で
ある (Eibl-Eibesfeldt 1989: 338)．

　Frederick Erickson (1975: 176) は，「会話における人と人との距離の変化
（空間距離の変化 (proxemic shifts)）が，話題の変化や話者同士の社会的関係
の変化を伴うことを発見した．大学で行われたカウンセリングのインタビュー
場面の録画を分析した結果，次のことが明らかになった．

　　空間距離の変化が非常によく見られるのは，会話の開始時と終了時である．
　　それは，発話内容や発話スタイルの変化，そして会話の過程の変化によって
　　も特定できる．このことは，空間距離の変化が，会話の中で状況が変化した
　　り話題が変わったりしたことを表すものとして機能していることを示唆して
　　いる．　　　　　　　　　　　　　　　　　　　　　(Erickson 1975: 186)

対人距離は人間の縄張りを具体化したものである．我々は，個人や集団の縄張
り同様，例えば「図書館で椅子にかけた上着」や，所有地に立てた「通り抜け
禁止」という警告の立札によって対人距離にも目印をつける．また他人の空間
も尊重する (Eibl-Eibesfeldt 1989: 337)．

118

　人間の縄張りは姿勢や動作とも関わる．それらによって，会話の相互行為の縄張りを調節するからである．Ray Birdwhistell (1970) は，コミュニケーションにおける（ジェスチャーを含めた）身体動作行動の様相についての研究を，「身体動作学 (Kinesics)」という用語で呼んだ．Adam Kendon (1977) と Robert Deutsch (1977) は，（ヨーロッパやアングロ・サクソンの文化では）会話の参加者が視線を合わせ互いを見るのが普通だとしている．ここでいう会話は，一般的には対面相互行為である．しかし，2人組の会話には別の配置も見られる．「2人の会話参加者の身体の正面が『L』の文字の2つの線の形になるように立つ」配置や，「2人が近い距離で一緒に立ち同じ方向を向く」横並びの配置である (Kendon 1977: 183)．このような空間的配置は，会話における話題の変化と関連して生じることがある (Kendon 1977: 192ff.)．会話参加者が座っている場合は，姿勢の変化がそういった話題の転換を表す．

　2人が話をしているところに3人目の人が加わりたい場合は，簡単に割り込むことはできない．3人が話をしているところに4人目の人が割り込むなど，それ以上の人数の場合も同様である．会話をしている2人は，3人目の人に接触の許可を与えなくてはならない．通常これは，姿勢や位置を変えることで行われる．つまり，相手を向いていた2人が振り返り，閉じていたペアが開かれ，新入りに接触する許可を与える (Kendon 1977: 202f.; Eibl-Eibesfeldt 1989: 488 も参照)．同様に，会話集団から抜けることも簡単にはできない．集団から離れようとしていることを姿勢の変化や視線行動によって示す必要がある．ケンドンは，一般的には会話集団の中の自分がいた位置から離れ，後ずさりし，離れなくてはならない謝罪と別れの言葉を言うとしている．それをして初めて立ち去ることができる．初めは数歩，その後違う方向に向かって歩く．この最終的な方向に動く前に，離れる集団をちらっと振り返ることがある (Kendon 1977: 203)．会話集団を離れる際のこの種の儀礼化された形式は，少なくとも西洋文化では重要である．「なぜなら突然集団を離れることは，その成員との接触を断つことや断つ恐れがあることを意味するからである．ただし親しい者同士の別れの場合は，これを避けることができる」(Eibl-Eibesfeldt 1989: 488ff.)．このような行動をとる理由は，自分が離れる集団成員とのつながりを保ちつつ，今度またその集団に加わりたくなった時には接触する許可を与えてもらえる保証を得ることである．

3.3 儀礼, 儀礼的コミュニケーション, 相互行為方略

本節では, 儀礼や儀礼的コミュニケーションに関して概説した後, アイブル＝アイベスフェルトの人間行動学的観点から見た基本的相互行為方略の概念について論じる. 西パプアのエイポ族の言語共同体で記録された, 要請する, 与える, 受け取る行為といったちょっとした儀礼についての分析や, ヤノマモ族の祭りで行われる儀礼的コミュニケーションの複雑な形式についての分析は, このパラダイムが語用論的, 人類言語学的分析に対して経験的価値を持つことを示している. 本節の最後に, レビンソンの「相互行為の普遍的系統性」に関する考え, および, 彼が「相互行為エンジン」と呼んだものによって規定される「社会的相互行為における文化的多様性の基礎的要素」についての考えを, 簡単に要約する.

3.3.1 儀礼と儀礼的コミュニケーションに関する総論

3.2 節で論じた表出動作は, その人が行動する用意があることを示すものとして行われ, そのように周りからも認識される. またこれらの動作が記号となるために顕著な分化を経ることを指摘した. この記号が発達する系統発生的かつ文化的な儀礼化の過程において, 表出動作は変化していく. その変化は, 記号がより目立ちはっきりしたものになることでコミュニケーション上の機能が向上するようになるという変化である. 通常は表出動作は単純化され, しばしばリズミカルに繰り返されたり強められたりする. 動きの強さは異なる場合もあるし, ある典型的な強度で行われる場合もある. これが会話参加者の行動を, 少なくともある程度予測可能にする. この予測可能性が高まると, 儀礼は人間の相互行為に安心と秩序をもたらす.

　Goffman（1967）による対面行動についての論文（5.2 節を参照）をはじめとする, 儀礼や儀礼化についての議論の多くが, 機能的な基準を重視してきた. 儀礼の最も重要な機能の 1 つは, 社会的関係を創り出しそれを安定させることだと言われている. つながりをつくり攻撃を防ぐ機能を持つ社会的儀礼は, あらゆる生物の相互行為にとって最も重要である. しかし人間は, 儀礼を発達させるために非言語の記号だけに頼る必要はない. 言語的手段も使うことができる.

　このため人間は, コミュニケーション行為の記号として, 儀礼化された非言

語の行動形式（社会的相互行為における早い眉上げや空間行動，姿勢行動など）だけでなく，儀礼化された言語コミュニケーション形式も用いる．論集『儀礼的コミュニケーション』の序章の中で，その概念は次のように定義されている．

> 話すことを中心とする人間の相互行為の，社会によって異なるあり方の中に存在する，文化的知識を形成することを含む事業や企て ...
>
> ... 儀礼的コミュニケーションは，人工的であり主として記号で行われる．言語を含むだけでなく，形式的で反復的であるため，社会的相互行為におけるある特定のコンテクストの中で予想がつく．つまり儀礼的コミュニケーションは，予想された（いつも予想通りではないが）連続性を持つのである．儀礼的コミュニケーションの実践は，言語イデオロギー，その社会の感性（aesthetics），それが使われるコンテクスト，特に参加者間の力関係によってある程度定められる基準に従って，参加者たちから評価される．
>
> (Basso and Senft 2009: 1)

Senft (2009b: 8lf.) は，社会的相互行為における言語の役割についての調査を成功させたければ，調査対象となる社会がどのように現実を構築しているかを知っておくべきであると述べている（Berger and Luckmann 1966）．それは言語学的語用論における最重要事項の１つである．調査者が調査対象とする共同体の「共通基盤」に立つことが必須である．しかしゴフマン（第５章を参照）が記したように，この重要な前提条件はむしろ一般的なものである．自然言語の話者は誰であれ，その言語共同体で妥当とされるコミュニケーション行動の規範を学ばなくてはならない．その学びの過程における最も重要な目標の１つが，その言語共同体で共有されている社会的現実がどのように構築されているかを理解し，同じものをつくることである（ここには誤りを犯すことで規範を知ることも含まれる）．

　つくられた社会的現実は，特に共同体内部の協力，争い，競争などの「裂け目（sites of fracture）」に対して，守られなければならない．それを守ることは，コミュニケーションの儀礼化によってある部分は達成される．コミュニケーションの儀礼化は，言語の調和機能を高め，社会的関係を創造，安定させ，感情や衝動，意図から距離を取ることによって，危機的な社会的状況で緊張を緩和し，社会的差異や意見の違いを調整することに貢献できる．コミュニケーションの儀礼化によって，人間の行動への予測可能性が高まる．さらに，

社会的な制裁を恐れることなく行動してみる余裕が生まれる．

このため，儀礼的コミュニケーションの特徴を広くとらえると，他の何よりも社会的つながりの促進を助け，攻撃を防御し，共同体の社会的調和に危険を及ぼす要素を取り除くための，方略行動の1つの種類と考えることができる．儀礼的コミュニケーションは，言語領域の中で機能し，人々が危険な要素について声をあげ話し合いの場に乗せることを可能にする（Eibl-Eibesfeldt and Senft 1987: 75ff.）．

儀礼的コミュニケーションについて，ウィリアム・ラボフ（William Labov）が行った，ニューヨークのハーレムの黒人若者集団の典型的な儀礼的侮辱（ritual insults）に関する研究を用いて，簡単に説明する（Labov 1972; 6.3節も参照）．この儀礼は言葉による闘い（duel）である．ラボフは，この非常に洗練された儀礼的コミュニケーションの複雑な構造を分析し，このような言葉による闘いが，アメリカの中流階級の規範を犯すことで，集団成員同士の結束を強めていることを強調した．さらに，それは競争という聖域も開く．成員は罰を受けるという大きな危険を冒すことなく，集団の序列の中で自分の地位向上に挑むことができる．なぜなら，これらの侮辱は儀礼であり個人的な意味をもたないと，集団成員全員が暗黙のうちに理解しているからである．儀礼的な侮辱のやり取りが実際の攻撃へとエスカレートする可能性は，これは儀礼化された言語ゲームであり個人的なものではないと強調することで，避けることができる[4, 5]．

しかし言うまでもないことだが，儀礼的なコミュニケーションが常に上記の機能を果たせるわけではない．エレン・バッソ（Ellen Basso）（私信）が指摘しているが，つくられた社会的現実や，言葉によって社会的に真（正しい）とされているものが，話し手や聞き手がその状況をどのように経験しているかや発話の中でどのように言及されているかと常に一致しているわけではない．しかし一致しなかったとしても，通常は「よい振る舞いをすべき」とか少なくとも「その集団の規範に従うべき」（たとえそう思っていなかったとしても）というそのグループで正しいとされる強い社会的な要請があるために，攻撃に至るこ

---

[4] Dundes et al. (1972)，Goffman (1961: 58f.) も参照．世界各地の儀礼化された言葉による闘いについての調査や再解釈は，Pagliai (2009) を参照のこと．

[5] 4.2節も参照のこと．

とは抑えられる．このように感情は鎮まり，攻撃を声にすることは抑えられ得るのである．特に私的空間が狭すぎるために個人のプライバシーを守りにくい社会の場合は，集団成員の機転が利くかどうかに左右される．トロブリアンド諸島民のような茂みの葉でつくられている家では，視覚的には「壁」が私的空間を作るが，音の面では全くプライバシーが守られない．このため，彼らはしばしば家の中の私的空間で誰かが言ったことやしたことを，聞かない（聞きすぎない）ふりをしたり，忘れるようにし，幼いころから自分もこういったことを話さないということを学ばなければならない．機転の利く行動を求め，よい振る舞いをする必要がある．儀礼的コミュニケーションがうまくいくことで，社会的調和が作り出されるのである．

3.3.2 基本的相互行為方略の概念

Eibl-Eibesfeldt（1989: 425–547）は，儀礼や儀礼的コミュニケーション形式は，いわゆる基本的相互行為方略に戻って考えることができると述べている．彼はすべての人間が自由に使える慣習化された方略の有限の集合を持っていると述べ，これらの方略が普遍的なものであると推測している．アイブル＝アイベスフェルトは，機能に基づき以下の4つの相互行為方略を区分し，定義づけと下位分類を行っている．

1. 集団を維持し，つながりをつくる
    これらの方略の機能は，社会的関係の確立，発展，維持，修復，および集団の調和と結束の維持である．
    a) 友好的に交流を開始する方略
        挨拶の儀礼，仲間になる方略
        性的に接近する方略（接触の儀式，媚態）
        遊びに誘う方略，共通性を探し構築すること
    b) つながりを強化する方略
        一致のための儀礼（母–子のきずな作り，同調の儀礼，同情の表明，集団的攻撃の儀礼，共通価値の啓発，教化）
        相互的配慮の儀礼（贈り物をあげる儀礼，もてなし，「毛づくろいの会話」）
    c) 集団の調和を維持する方略

集団の規範を維持する方略（あざけりや非難によって逸脱者を集団に戻すこと，規範を維持するための攻撃）

和解をさせる方略（仲裁，紛争解決）

支援方略（援助する，助ける）

つながりを修復する方略（なだめる，詫びる，償う，仲裁する）

挑発を避けなだめる方略（戦略的アプローチ，所有についての規範を明確に尊重する，感嘆，誉め，自己卑下，その他の宥和の形のような相手を認める儀礼）

2. 社会的に学び教える方略
   a) 社会的に探究する方略（探究のための攻撃的行動，模倣）
   b) 教える方略（激励，模範を示すこと）
3. 競争のための方略
   a) 自己表現の方略
   b) 地位を守る方略
   c) 服従の儀礼（規律の強化）
4. 戦うための方略
   a) 力を誇示したりはったりをかける方略
   b) 挑発する方略
   c) 攻撃・闘争の方略（儀礼化された闘争）
   d) 防御の方略
   e) 後退する方略
   f) 宥和・仲裁の方略
   g) 服従の方略

(Eibl-Eibesfeldt 1989: 520f.)

アイブル＝アイベスフェルトは，文化が異なっても，人が地位を獲得しようとしたり，贈り物をもらったり，人を招待したり，攻撃を妨いだりする方法は，原則として同じ基本的様式に従っていると推測している．彼は自らの人間行動学のフィールド調査に基づき，次のように結論づけている．

人間の相互行為における行動は，一見すると文化ごとに著しく異なるように見える．しかし詳しく観察してみると，さまざまな社会的相互行為方略が共通して，ある普遍的な規則体系にもとづく普遍的な様式を持っていることが

認められる．この規則体系の枠内では，異なる起源を持つものの機能が類似している行動様式は，機能的に等価な物として相互の置き換えが可能である．あらゆる文化の子どもたちが本質的に同じやり方で非言語的に表現することを，大人は言語に翻訳する．しかし，大人のこの言語的行動も，自分の文化における子どもの非言語的相互行為がよって立つ同じ規則に従っている．

(Eibl-Eibesfeldt 1989: 522)

このため，アイブル=アイベスフェルトによると，儀礼や儀礼的コミュニケーションの形式の多くは，この基本的相互行為的方略の有限の集まりから分化したものであるか，少なくともそのように理解することが可能である．儀礼や儀礼的コミュニケーションの形式はさまざまだが，このような基本的方略がその文化特有の表現で表されたにすぎない．それらは社会的行動につながる普遍的体系を構築する．

　儀礼や儀礼的コミュニケーション形式は，比較的単純で平凡なものもあれば，非常に複雑で状況特有のものもある．それらは構造，コンテクスト，社会文化の複雑さの連続体の上にある (Senft 2009b: 83)．このあと，西パプア・エイポ族の言語共同体に見られる，要請する，与える，受け取る日常的な儀礼と，ベネズエラ・オリノコ川上流に住むヤノマモ族の儀礼的コミュニケーション形式を紹介する．それらは言語的相互行為の儀礼化された型についてのアイブル=アイベスフェルトの人類言語学的（そしてすなわち語用論的[6]）な分析についての仮説が，経験的価値を持つことを示す．

3.3.3　エイポ族言語共同体における要請する，与える，受け取る行為に見られるちょっとした儀礼

1974 年，ドイツの学際的研究者チームは，「西ニューギニア中央高地の人々，文化，そして環境」というプロジェクトを開始し，エイポ族（インドネシア領西パプア高地のエイポメック川の谷に住むやや戦闘的で新石器文化を持つ栽培民族）を対象としたフィールド調査を行った[7]．1981 年にヴォルカー・ヒーシェ

---

　[6] William Foley (1997: 29) は，「語用論と人類言語学や社会言語学の間に境界線を引くのは，今のところ不可能である」と述べている．
　[7] このプロジェクトについてのレビューや結果については Ploeg (2004) を参照のこと．研究対象となった共同体は約 400 人の話者から構成されていた．

ン（Volker Heeschen），ウルフ・シーフェンヒューベル（Wulf Schiefenhövel），イレネウス・アイブル＝アイベスフェルトは，エイポ族が日々の相互行為においてどのように要請したり与えたりもらったりするのか，それをどのような言語，非言語行動によって行うのかについての調査結果を出版した．この調査は，人類言語学の問いに答えることも目的としながら人間行動学の枠組みで行われたもので，要請する，与える，受け取る際の非言語的行為や「ちょっとした儀礼」（Haviland 2009）は，「小さな共同体のつながりをつくる過程において重要である」との洞察に基づいていた（Heeschen et al. 1981: 140）．この論文で著者らが正しい（あるいは誤り）と立証する指針となる仮説は，次の通りである．

> 非言語行動は，言語の必要条件，必須の付属物，代替物として機能するだけでなく，それ自体が行為の手段である．人間にとって，2つのコミュニケーションの手段（言語と非言語）を自由に使えることは利点である．このため，要求したり懇願したり近づいたり文句を言ったりといった，1つの手段のみで行うと相手の敵対的行為や反発，攻撃性を引き起こすような行為であっても，もう1つの手段を使うことにより，つながりを維持することができるのである． 　　　　　　　　　　　　　　　　　　　　　　（Heeschen et al. 1981: 141）

エイポ族は，所有物について口にすることには，分けてほしいという要求が含まれていると考える．このため，価値のある物についてあからさまに口にすることは避けなければならない．エイポ族の人々は，自身の決定に基づき自発的に分け与える．分配することは，子どもが小さいうちに教えられ学ぶ行動形式である．エイポ族の共同体では分配行動が日常的に行われている．これが，エイポ族が誇らしげに，*nuunmako niinyegum*（我々は吝嗇な民族ではない）と言う理由である（Heeschen et al. 1981: 146）[8]．他方，物を持ち去る行為は攻撃的行為とみなされ，即座に罰せられる（Heeschen et al. 1981: 153f.）．

　エイポ族が物をくれるよう頼み，与え，もらう際のちょっとした儀礼について，ビデオ記録にもとづき説明する．1つのビデオの記録について，研究者たちは次のような観察をしている．住居小屋の前に女の子たちの集団がおり，互

---

[8] エイポ族の言語はエイポ語と呼ばれる．エイポ語は，パプア諸語のトランスニューギニア語族に統合されたメック語族に属する．メック語話者は約3,000人いる．Heeschen（1998）を参照されたい．

いに近い距離で，ある子は座り，ある子は立っている．その中の1人の女の子「B」が，パンダナス（沢山の果実でできている果物）を抱えて岩の上に座っている．「B」は果実をつまみ，歯で割って食べたり，集団の中の何人かの女の子にあげたりする．今「B」が「W」に果実をあげた．その後起こったことについて，調査者たちは次のように詳細に記述している．

　3歳くらいの小さな女の子XがWの右側に立ち，Bを見ている．Wが果実を割る．WとXの身体の距離はわずか10 cm程度であるが，両者の肌が触れ合うことはない．Wは頭と肩を右側に向け，ほんの少しの間Kを見つめる．Kは13歳ぐらいで，女の子たちの列の右端に立っている．小さなXはWが果実を割るのをすぐ近くで見つめ，果実に届くように両手を上げる．手を伸ばす動作であるが最後までは伸ばさない．手と上腕を胸の高さまで上げると，Xは自分の方に引き，手を伸ばす動きの経路を変え，自分を抱くような動きをする．XはWが果実を割るのを見続ける．同じころ，ちょうど別の果実をほぐしていたBが，歯の間で果実を割りながら頭と肩を少し右側に向け，Kを見る．Bは頭を少し斜めにし，視線を合わせ続けながら，今むいたばかりの果実をKに差し出す．Kはこの提供のジェスチャーに反応し，果実に届くように左腕を伸ばす．今や集団の中で食べ物を持たない唯一の子どもとなった小さなXは，Kのほうに頭と体を向け，大きく目を見開いてKを見る．この瞬間，ちょうど果実を開いたWが中身をだし，Xの脇の下あたりに触れる．Xは数秒間この果実を提供する行動に反応しなかったが，触れられているうちにWを振り返り，Wの手から果実を受け取った．こうして4人の女の子全員が果実を食べている．　　　　　　　　　　　　　　(Heeschen et al. 1981: 147f.)

ここに記録されているように，要請する，与える，受け取る行為は非言語で行われている．行動学者たち (Heeschen et al. 1981: 149ff.) はこの観察について，以下のように解釈している．BとWは親しい友達ではない．なぜなら2人は互いに身体接触をしていないからである．小さなXは，動きの経路を変えて要請の動作を行っている．Xは果実をもらいたいと腕を伸ばすが，「ほかの人から物を奪い取ってはならないという規則」に気づく (Heeschen et al. 1981: 149)．そこでXはその要請のジェスチャーの経路を変え，転位行動 (displacement activity) の1つである自分を抱く動作へと変化させる．自分を抱くジェスチャーは通常，ほかの人の身体を抱きしめられないようなストレスがかかっ

第3章　語用論と人間行動学　　　　127

た状況で起こり，「自信，安全，居心地の良さを与える行動」である (Heeschen et al. 1981: 149). 年上の少女たちはさらなる分配を要求したりしない. 小さな少女は，ただ「見る，触れる，空間行動を変化させること」によってのみ，果実を要求する (Heeschen et al. 1981: 151). このようにして，彼女らは，B が彼女らの懇願に反応してもよいし，見過ごしてもよいようにする. 著者たちはこれらの観察を，「さまざまな感覚が関わり，微妙な意味のニュアンスを持つ非言語行動がうまく構造化されたコミュニケーションの体系を構成する」という事実を示す証拠ととらえている (Heeschen et al. 1981: 163).

　行動学者たちは，間接的な言葉による要請についても描写している. それは，この村の地位ある人物 (B) に対し影響力を持つ 1 人の男 (A) が，村を公式訪問した際に見られた. A がこの訪問を行ったのは，待伏せ攻撃をされ重傷を負った A の戦士の 1 人を，B が受け入れ看護したためである. A が村の地面の B の近くに座り，2 人の男は会話を始めた. しばらくして，B は A の鞄が極楽鳥の羽根で装飾されていることに気づく. 互いに視線を合わせながら，B が「*kwelib fotong teleb*（素敵な極楽鳥の羽根ですね）」と言う (Heeschen et al. 1981: 151). するとすぐに A が屈んで網から羽根を一枚はずし，B に手渡す. B はそれを受け取り，満足したことを示す微笑を長い間浮かべて A に感謝する. B は羽をとり弓に付ける. エイポ族では，弓に極楽鳥の羽装飾がついて初めて完璧な弓になったとみなされる. エイポメック谷では極楽鳥が見つからないので，*yin bata* と呼ばれるこの極楽鳥の羽根の装飾は，非常に価値ある物とされている. このちょっとした儀礼的な交換を，行動学者は次のように解釈している. B がその村のリーダーの立場にある人物であったことと，A の負傷した戦士の世話をしたことにより，B は A に羽をくれるよう要請できる立場にあった. A は B に羽を与えることによって，（自分自身が大きい男として）自分の負傷した戦士を責任をもって世話した B に感謝するだけでなく，自分 (A) に感謝するように B にさせたのである (Heeschen et al. 1981: 153).

　贈り物は，エイポメック谷で集団同士が遭遇したときに生じる社会的緊張を緩和することもできる. 行動学者たちは，ある人々が住んでいる村に別の村の集団が入ってきて，その村の人々に近づく様子を観察した. 別の村から来た見知らぬ集団は，*yanmalam*（いらっしゃい）というような挨拶の形では迎えられなかった (Heeschen et al. 1981: 152). 別の村から来た集団は，村民に向かって

早い眉上げ（3.2.1節を参照）で挨拶した．それから彼らは村民から少し離れたところで止まり，一切視線を合わせることを避けた．沈黙やコミュニケーション行動の不在は，敵意と解釈されうる．このような集団同士の遭遇により起こる緊張は，ユーモラスな発言やちょっとした贈り物（たばこやサトウキビのような）を客に渡すことによって緩和されうる．それが集団同士の沈黙を破るのである．ここで述べたケースでは，別の村の人たちはただ男たちの家に入っていった．そこで彼らは少し後で入ってきたこの村の人たちと，ちょっとした贈り物の交換を始めた．つながりづくりが，言語レベル，非言語レベルで始まったのである（Heeschen et al. 1981: 152f.）．

　エイポ族は直接的な要求を攻撃行為に近いものと解釈する．直接的な要求は即時に選択し回答することを求め，また要求する相手に「今すぐ決断しろ」と強制する行為なのである（Heeschen et al. 1981: 162）．

　要求のもう1つの形式は，無邪気で従順な懇願を，言葉による要求と一緒に行うことである．このような懇願は，「声の高さを下げたり上げたりし，要求の言葉の最後の母音を伸ばす」ことや，「すすり泣くような調子」でなされる．さらに，「要求する人が手を伸ばして相手のあごやあごひげをなでたり，そういう意図を込めたジェスチャーにより」行われる（Heeschen et al. 1981: 156）．このように従順で，無邪気で，微笑ましい振る舞いとともに行われる言葉の要求は，繰り返されることがある．子どもや若者に見られるが，しばしば大人にも見られる．

　日常的な相互行為での間接的要求（Heeschen et al. 1981: 156f.）には，要求する側が与える側の人に向かって「空間の使い方をゆっくり変化させる」ことも含まれる．子どもや青年の場合，与える側と肌が触れ合うほどすぐ近くに座ることが多い．要求する側は与える側と視線を合わせ，少し息を吸い，*lekleka-na* という音を出しながら息を吐き出す．この音は，エイポ族が辛いスパイスを食べるときやタバコを吸う時によく出す，喜びや楽しさを表す音である．ヒーシェンらは，このような方略は曖昧であり，この行動を向けた相手に反応を要求しているわけではないと指摘している．要求していることを明らかにしたいときには，この戦略とともに言葉で次のように述べる．

> *naiye kwaning teleb*（友よ（厳密には父よ），美味しいサツマイモだ），*teleb tong*（いい匂いだ），*kwaningfatalonmanil*（私にはサツマイモがずっとない），... *fatan*

第 3 章　語用論と人間行動学　　129

wik（（私は）とてもお腹がすいた），あるいは *teleb dibmalam na munegum se*（あなたはよく食べる．私はお腹がすいた）　　　　　　　(Heeschen et al. 1981: 157)

このような言語的発話はいつでも行われうるが，通常は非言語による交流開始の行動様式の後で行われる．次は，聞き手が，この非言語と言語による間接的記号に応え，話し手が望むものを与えるか否かを決める番である．直接的要求とは逆に，このような間接的要求は相手に与える決断を強いるものではない．間接的要求では「発語内の力」は，「事実上隠されている」からである (Heeschen et al. 1981: 157)．この調査の著者は，「次のような理由で，このような言語や非言語行動による間接的要求の形式が，要求を成功させる最もよい方法である」と述べている．

> 要求する人はみな，相手がいくつかの選択肢から選び決断をするための時間を残しておく．... 要求された物をいつ渡すかは，相手の決定に任されている．... 要求する人が間接的な要求をシンプルな言葉で行うと，次の話者は相手になる．このように相手の発話の順番になり，つながりをつくる会話に参加している間に，再度相手には決断する時間ができるのである．
>
> (Heeschen et al. 1981: 163f.)

間接的要求を最も成功させるタイミング方略は，「会話が軌道に乗った後」に行うことである．なぜなら，「一度会話でつながりをつくる過程がうまくいきはじめたら，要求が行われてもその均衡が中断されたり邪魔されたりすることはほとんどないためである．」(Heeschen et al. 1981: 158)．

　エイポ族による要請する，与える，受け取る行動についての研究は，「会話によるつながり作りとその結果としての会話の開始が，要請する‒与える‒受け取る会話が敵対するものではないことを保証する最高の手段である」ことを示した (Heeschen et al. 1981: 163)．以上のような洞察により，この調査は，集団維持やつながりをつくる方略についてのアイブル=アイベスフェルトの主張が，人間の社会的相互行為にとって重要であるということを明確に示しているのである．

3.3.4　儀礼的コミュニケーション形式：ヤノマモ族の椰子の実祭り

Yanomamö（ヤノマモ）（Yanomami（ヤノマミ），Yanomama（ヤノママ），Waika（ワイカ）としても知られている）は，ベネズエラとブラジルの国境のアマゾン

熱帯雨林に住む先住民族である．言語はヤノマモ語と呼ばれ，別名ヤノマミ語，ヤノマメ語，Guaica 語，Guaharibo 語，Guajaribo 語である．ヤノマモ語は東ヤノマミ（または Parim），西ヤノマミ（または Padamo-Orinoco），Cobari（または Kobali, Cobariwa）の 3 つの方言に分かれている．ヤノマモ語の話者は約 11,000 人である．ヤノマモ族は狩猟，採集，漁，栽培で生活している．栽培では特に，プランチーノ（料理用のバナナの一種），ほかのバナナ，キャッサバ，サツマイモを作っている．ヤノマモ族は，かつては巨大な円形の共同の家のようなもの（シャボノ）の中で，村落共同体を作り住んでいた．シャボノは中央に広場があり，1 つの屋根の下にそれぞれの家が連なっている．各家族はシャボノ内のある決まった場所に住み，かまどがあり，家は村の広場に向かって開いている．ヤノマモ族は祭りの際には絵のように美しい羽根を身に着けたりボディーペインティングをしたりして，自分を装飾することで有名である．伝統的な武器は弓矢で，クラーテという毒を矢に塗る．20 世紀終わりまで人類学者の間では，ヤノマモ族は「戦闘的民族」として知られていた（Chagnon 1968）．常に近隣民族と戦争状態にあり，日常生活にも暴力が行われていたからである．戦争がヤノマモ族の生活を支配しているため，小さな村が生き残るために，何とかほかの村と相互支援協定同盟を結ぼうとする．支援協定は，祭りの中で招待客が招待者からの贈り物を受け取り，食事を饗され，楽しませてもらうことによって結ばれ，強められる．祭りは通常，ピヒグアオヤシの実が熟したころに行われる．1969 年にアイブル=アイベスフェルトは，オリノコ川上流のヤノマモ族の椰子の実祭りの様子を記録し分析した．1971 年には，その報告書の要約が出版された（Eibl-Eibesfeldt 1971a; Eibl-Eibesfeldt 1973b, 1989: 493, 497fff.£; Eibl-Eibesfeldt and Senft 1987: 119ff. も参照）．

　行動学者アイブル=アイベスフェルトは，ヤノマモ族の男たちや女たち，子どもたちの集団が近隣の村を訪問するのに同行した．男たちは全員武器を持っていた．彼らは招待者のシャボノに入る直前，自らに装飾をほどこした．男たち，女たち，子どもたちは，自分の身体に波のような絵や円形の装飾を描き，男たちの数名は顔を黒く塗り，髪に白い羽根を着けた．男たちの多くは上腕に黒い羽根でできたブレスレットを付けた．ブレスレットには，筋肉の強靭さや肩幅の広さを強調するため，白や赤のオウムの羽根がついていた．装飾が終わったら族長が自分たちの到着を知らせるために村に兵士の 1 人を送った．そのあと招待客が 1 人 1 人男たちが先になってシャボノに入った．

第3章　語用論と人間行動学　　131

　招待客の男たちが村の広場で単純なリズムを足で踏みながら輪になって踊った．男たちはどこからでも見えるように，踊りながら左に右に回った．ある男たちは胸を突き出し，頭を高くし，雄々しく見えた．男たちは踊りながらまっすぐ前に2，3歩進み，足を踏みながら振り向いた．力強い動きにあえぎ声やぷっと吹く声が加わった．男の肉体的強靭さを強調するためである．踊る男たちは弓矢か椰子の小枝を持ち，いろいろなやり方でその武器や葉を見せた．ある男たちは1〜2本の椰子の小枝だけを持ち，それを持ち上げたり下におろしたりした．時々地面に小枝を置き，手を空に向かって挙げたまま，その周りを踊りながら回った．ある男たちは，踊りながら時に招待者に狙いをつけるしぐささえしながら弓矢を振った．しかし弓を引くことはなかった．踊る男たちは子どもたちと一緒だった．子どもたちは戦士たちが踊っている間，椰子の小枝を振った．

　男たちが踊りを見せ終わると，女たちが男たちと一緒に踊り始め，最後には招待客全員が広場の周りを一緒に踊った．それから招待客たちは踊りを止め，シャボノにいる友人を訪ねた．招待者の居所でハンモックを出し，横になってくつろいだり，招待者と世間話を始めたりした．

　しばらくすると，男たちの集団が薬草を吸い始めた．「ヨパ (yopo)」と呼ばれる茶色い物を，棒で互いの鼻孔に吹きこむ．薬が効果を表すと，男たちは立ち上がり踊り始める．行きつ戻りつし，腕を上げ，敵との戦いで霊が力を貸してくれることを願いながら．陶酔の中で男たちは高い自尊感情を経験する．この踊りは「戦士たちを共闘に向けて一体化させる」(Eibl-Eibesfeldt 1989: 497)．

　午後遅くに，招待者も装飾し，少し後で招待客が受け取る贈り物を見せながら，およそ30分間招待客の前で踊った．

　その間に招待者は，作ってあったバナナのスープを，男たち全員に飲ませた．食事を共にした後，男たちは広場の周りを踊り始めた．今回はシャボノの屋根の下で，悪魔祓いをするためのブッシュナイフ，斧，矢を振り回しながら．踊りの後，招待者と招待客が一緒になって，大きな叫び声をあげながら死者のことを嘆き悲しんだ．そうしている間に招待者は，愛する死者の灰が入った瓢箪を見せた．夜が来た．結束と団結を表す別の行動で死者のことを嘆いた後，男たちは2つのグループになり，いわゆる「契約」の歌を歌い始めた．「ウアヤムー (uayamou)」と呼ばれるこの儀式の間に，2人の男が地上でうずくまるようにして座り，互いに向き合い，要求と願いを出し合う．交互に短く

語った後，コミュニケーションの様子は次第に熱狂的で儀礼的な言葉のリサイタルの形になり，次第に理解できなくなってゆく．最後になると歌い手たちは，断片的な会話を互いにただ叫ぶ．1 人の男が文あるいは複数の単語を歌い，相手はそれぞれの発話の後で，肯定的な唸り声などの表現で応える．契約の歌は，贈り物を要求し，相手もそれを贈る意図があることを示す表現である．サレジオ会の宣教師が人間行動学者のために，契約の歌の中から以下の部分を翻訳している（残念ながらアイブル=アイベスフェルトは，西ヤノマモ語で書かれた原文を示していない）[9]．

　歌の中で，招待客は招待者と相互行為をしている．招待客が始め，招待者はその発話の後，肯定的な唸り声や以下のような他の表現で応えている．

　　… 私は話す．我々は友人だ．私は真実を話す．我たちは貧しい．辺鄙なところに住んでいるからだ．あなたは豊かだ．外国人伝道団の近くに住んでいるからだ．そこにはサレジオ派の尼僧のナペヨマやイグレシアス派の助修道士もいる．彼らはあなたに沢山のものをくれる．私たちには物をくれるよう頼める人がいない．でも彼らはあなたに，なたやポット，ハンモック，服，ビー玉をくれる …(間)…

　　… 私たちパタヌエテリのところにピサザイテリがやって来て，弓矢で我々を襲った．彼らは悪辣で邪悪だ．われらの男 1 人と私の妻が殺された．私はそれがとても悲しく，怒っている．あなたは友人だ．平修士があなたにくれるなたと尼僧がくれるポットを私にくれ．

　　… 私は犬を 1 匹も持っていない．それがとても腹立たしい．あなたは沢山の犬を持っている．バクを狩るために犬が 1 匹必要だ．だからこの要求をする．犬をくれ．対価は払う．そうすればバクを狩れる．

　　… 私はこの地を去りたくない．あなたが友人だからだ．私はやぶの中のあなたの家にとどまろう．犬をくれ．やせた犬でもいい．私が餌をやり，それでバクを狩る．あなたはたくさんの犬を持っている．子犬を生む雌犬さえ持っている．だから犬をくれ．

---

　[9]　ドイツ語から英語への翻訳は筆者が行った（著者注）．

第 3 章　語用論と人間行動学　　133

... （2 人の男たちは互いに抱き合い，そして招待者が招待客に次のように応える）

私はあなたにバクの肉をあげると約束する．私はバクを狩る犬を持っているからだ．そうすれば，あなたはプランチーノ（バナナ）を肉と一緒に食べられる．それからあなたに犬をあげる．そうすればあなたは狩りができて，バナナ，肉，ピヒグアオ（果物）を食べることができる．

(Eibl-Eibesfeldt 1971a: 771)

　招待者は，矢を作るための棒と竹を物々交換するよう要求する．敵が多くいるためより多くの矢が必要だと彼は説明する．さらに多くの矢を持つことで，すべての仲間たちと団結し，敵と戦うことができると．

　このような契約の歌は，30 分ほども続くことがある．すでに述べたように，ちょうど熱狂的な言葉の応酬が聞こえるころには人格が変わっている．男たちは「良い会話でした．美しい会話でした」と礼儀正しい形式で述べ，契約の歌を終える．それから彼らはハンモックの中にもぐりこむ．別の男が契約の歌に参加し，歌を引き継ぐこともある．しかし一般的には，歌は別の場所で別のパートナーと新たに始まる．これが一晩中続くこともある．そしてこれが，人と人の友好関係を確立し維持する上での重要な方法の 1 つなのである．

　翌朝，男たちや女たちの集団が一緒に来て，亡くなったシャボノの成員の灰を飲む．数名の戦士に護られ，一団はシャーマンの周りにうずくまっている．女たちは死者の灰が入った瓢箪を持ち，泣き叫び，すすり泣いて，死者を嘆く．次のような歌を歌いながら．「ああ，私の子どもよ，なぜあなたは逝ってしまったの？　私にはもう色とりどりの羽で飾ってあげる人が誰もいない．」彼らは空を見上げ，絶望して手を上げる．それから彼らは，死者の灰が入った瓢箪をシャーマンに渡す．シャーマンは立ち上がり，瓢箪を抱き，やはり泣き始める．歌の中でシャーマンは死者の霊に呼びかけるが，死者を名前で呼ぶことはない．しばらくして，彼は灰の一部をバナナ・ミルクでいっぱいの瓢箪に注ぎ，それを戦士に手渡す．戦士全員が死者の灰の入ったバナナ・ミルクを受けとり，それを飲む．

　この儀礼化された死者への嘆きの後に，数人の男たちが中心広場に集まり，またヨパをし始める．突然その集団が，昨日悪魔祓いをした時と同じやり方で武器を振りまわしながら，シャボノを通りぬけ始める．そし，男たちは 2 人ず

つペアになり，契約の歌を歌いつづけ，互いに抱き合う．

その間に女たちは，広場の地面にバナナの葉を置いた．その葉には，招待客に贈るピヒグアオフルーツ，燻製の猿，鳥，アルマジロなどの食べ物でいっぱいになったかごが置かれている．贈り物を配った後で招待者はお返しを要求し，布，ポット，なたを受け取る．このような贈り物の分配をもって，椰子の実祭りは終わりを迎える．

行動学的視点から，このような複雑な儀礼的コミュニケーション形式は次のように分析できる．豪華な食事と祭りには，集団のつながりをつくる重要な機能がある．「結束の儀式としての祭りは，招待者と招待客の友好関係を構築し強化する」(Eibl-Eibesfeldt 1971a: 777)．友人となった個人同士，村の集団同士で，構築した関係を再確認し維持する．相互行為を行う集団や個人は平和的意図を強調する．招待客の男たちが自己紹介をしつつ招待者のシャボノに踊りながら入っていったとき，相手の攻撃を誘発するような攻撃性を示す行動をとったが，この振る舞いは，武器の代わりに緑の椰子の小枝（多くの文化で平和の象徴である）を持つ子どもや大人たちの懇願によってなだめられた．子どもが関係するなだめの懇願は他の文化でも見られる．大人たちが友好的な方法で反応するような記号を，子どもたちははっきりと表現する．だから子どもたちは，和平をもたらし結束させるための完璧な代理人なのである．しかしなだめが必要になることに気づいているにもかかわらず，なぜヤノマモ族の戦士たちはこの攻撃的な表現を示すのかと疑問に思う人もいるであろう．参加集団が自慢したり見せびらかしたりするのは，しばしば接触の状況にみられる特徴のようである．政治家が外国を公式訪問する際，武器を見せながら一列に並んで敬礼する兵士たちに迎えられる．おそらくこの自己表現の形式は，戦う用意があるとことを見せることで，自分は戦争が起こったら頼りになる盟友であること（あるいは盟友になり得ること）を示そうとしたものであろう．握手でさえ身体的強靭さを誇示する要素を含んでいる．

食事を共にすることは，別の重要な結束の儀礼を構成する．食物を提供することは交流の状況での友好的ジェスチャーであり，他の人と良い関係を築くのに役立つ．また，それはなだめの機能も持っている．招待者と招待客が食事を共有することは重要な儀礼であり，椰子の実祭りにおける社会的出会いのつながりをつくる機能を促進する．同じことが他の多くの儀礼（贈り物の交換など），共に悪霊払いをすること（それは招待者と招待客がともに共通の敵との

第 3 章　語用論と人間行動学　135

戦いに加わる用意があることを示す），共同の哀悼儀礼（会葬者が人生におけ
る互いの喜びや悲しみを共有する気持ちがあることを示す）にもみられる．こ
のような行動形式すべてが，招待客と招待者の間の結束を強めるのである．

　応答頌歌の形に儀礼化されたヤノマモ族の会話は，非常に興味深い．「あな
たは私にくれる．私はあなたにあげる」という原則が，これらの契約の歌を構
成している．上述の例で招待客は，伝道団の援助に頼れる招待者に比べ，いか
に自分の生活が貧しいかを述べることで歌を始める．次に招待客は招待者に，
敵の攻撃によって妻が殺されたことによる最近の不幸や悲しみについて伝え
る．この悲しい知らせにより，招待客は招待者の同情を引き出す．招待客は自
分と招待者が同じ気持ちを持っているか否かを確かめるために，招待者の哀れ
みや同情を求める．このような場合，相互行為を行う人同士が総合的な一体感
を築き，それにより契約の歌がうまく歌われるのである．相互行為を行う人た
ちは，出会いの最初の瞬間につくられたこの共通の基盤にたち，これからの会
話によって理解し合おうとする意志があることを感じ取る．会話は発展し徐々
に応答頌歌の儀礼になる．それが儀礼以外の形では直接的すぎて，無礼で恥ず
かしい要求を行うための特別の枠組みとなる．また要求される側には，自分の
寛大さと契約の歌の相手との友情を維持する気持ちがあることを示す場を提供
する．契約の歌の最後に，応答頌歌が交互に交わされる意味をなさない断片的
な言語的発話に変わることは，この相互行為の局面における特殊なコミュニ
ケーション形式が，もはやいかなる種類の情報も伝えていないことを示してい
る．それは，今や歌い手同士の調和，同調，および強い友好的きずなを表す記
号にすぎないのである．契約の歌が成功したことは，歌のペアの相手との抱擁
や招待者からの贈り物，そして招待客がそれにお返しの品を贈ることによって
示される．このため椰子の実祭りの契約の歌は，近隣住民との常態化した戦闘
によってつくりだされた暴力と攻撃という全体的な空気の中で，小さな村集団
が生き残ることに関わる重要な結束の儀礼を形作っているのである．

　ほかの多くの友好的な出会い（例えば複雑な挨拶の儀礼など）と同様，この
祭りは次のような段階から成る（Eibl-Eibesfeldt 1989: 498 も参照）．

　まず明確な挨拶の要素を伴う開始段階がある．ここで服従を含まない友好的
な交流を開始する．自己表現，結束，なだめの儀礼，同時に仲裁や結束の記号
として機能するなだめの懇願を伴った攻撃性を誇示する行動の儀礼が観察され
る．

次に結束の強化の段階がある．これは実質的な契約の基盤となる．この段階には，言語的相互行為の中で表された互いの同情や調和，ともに行動し食事し踊ることやともに悼み戦うしぐさを見せることなどにより表現される連帯が見られる．

最後にいとまごいの段階である．これは，維持し強められたつながりを保障することに役立つ．この段階には贈り物の交換，相手の幸運を願うこと，相互の信頼や合意，同意，連帯の継続の確認が見られる．

ヤノマモ族の椰子の実祭りで行われるこのように複雑な儀礼的コミュニケーション形式の分析は，人間行動学の概念や洞察が，社会的相互行為における儀礼的コミュニケーション形式に見られる言語的，非言語的行動を語用論的に分析に関して説明できる能力を持つことが示している．

3.3.5 人間の「相互行為エンジン」

2006 年，スティーブン・レビンソン (Stephen Levinson) は，人間の「相互行為エンジン」仮説を提唱した．彼は次のように主張している．

> 人間の社会性の根本は，社会的相互行為を行う特別な能力にある．その能力こそが，人類の進化や言語の進化，さまざまな日常の関心事の性質，社会的システムを構築する要素，政治制度の限界に関する鍵を握っているのである．
>
> (Levinson 2006: 39)

レビンソンは次のように指摘することで，人間の相互行為能力が，言語や文化から（少なくとも部分的には）独立したものであるとの主張を支持した．

- 人間は初対面の場面であっても，言語を使わずにただ「マイムやジェスチャー」を用いて相互行為ができる (Connolly and Anderson 1987)
- 幼児は「話すよりずっと前に」相互行為を行っている
- 言語が失われても相互行為はなくならない
- 遺伝的な神経機能疾患や神経学の事例研究には，明白な「『社会的知性』を示す証拠」が存在する
- 話者が「相互行為の途中で相互行為の枠組みを壊さずに」，言語を別の言語に切り替えられる
- 民俗学の調査により，「あらゆる相互行為のモダリティーが文化的に形成

されていること」が明らかになっている

● 会話構造についての複数の言語，複数の文化調査が，「言語的相互行為の普遍的枠組み」の存在を示している

● 他の霊長類とは異なり，人間は多くの「時間と労力を相互行為に費やしている」

(Levinson 2006: 40ff.)

以上の観察に基づき，レビンソンは次のような考えを提唱した．

> 行動学の見地から見て，人間には明らかな普遍的な相互行為の様式があり，それは（1）強さと時間的長さ，（2）特別な構造特性，および（3）通常相互行為が行われるときに利用される言語から分離できる性質，によって特徴づけられる．　　　　　　　　　　　　　　　　　　　　　　　　(Levinson 2006: 42)

この主張を展開し始めた当初，レビンソンは明らかに行動学の視点から見ており，言語より相互行為が完全に優位であると考えていた．（それはすぐ後で各言語（および文化）独自の相互行為エンジンという考え方に統合された．）彼は「人間は言語を進化させないまま，社会生活に組み込まれていった．言語は必要とされているもの，つまり相互行為のコミュニケーションのために進化すべきであった」と主張した (Levinson 2006: 42; 53f. も参照)．

　レビンソンは観察された言語や文化の多様性を除外して，「すべての人間が共有する強力な意味生成機械のようなものがあるはずだ」と主張し，人間行動学者による普遍主義的立場をとった．これによりレビンソンは，先に引用したアイブル=アイベスフェルトの主張，すなわち人間の相互行為に関する行動には膨大な種類の形態があるが，それらはいくつかの普遍的かつ基本的な人間の社会的相互行為方略にまとめることができるという主張に近づいた(Eibl-Eibesfeldt 1989: 522)．人間の相互行為形式に見られる文化的多様性に関するレビンソンの論は，この行動学的主張を映し出したものに見える．

> 地域的，文化的な特殊性は普遍性の一種であるという考え方は，強力であり得る．なぜなら会話の仕組みを学べば学ぶほど，そこには少数の重要な構成原則が存在することに気づくからである．　　　　　　　　(Levinson 2006: 61)

しかしレビンソンはまた，その行動学的視点からの主張や洞察を人類学，言語

学，特に会話分析（5.4節を参照），ほかの認知科学の知見と結びつけ，自らの考えを端的に示した．

> 人間には生まれつき，複数の認知能力や行動傾向が備わっている．それらは相乗効果的に働き，人間の対面相互行為を特別な質のものにする．私はこれらの要素を総称して，人間の相互行為エンジン（精神的な機械と原動力（すなわち「知識」と「魅力」）の両方を示唆する）と呼ぶ．… 私が興味深いと感じるのは，認知的（かつ行動学的）基盤を持つと考えられる，人間の相互行為の普遍的な性質が基盤となっていることだ．　　　　　　　　　　（Levinson 2006: 44）

この「相互行為エンジン」は，他人の行動を解釈したり予測したりすることを可能にする．このため会話参加者は，相手に意図を委ねることができる．「私たちをシミュレーションしている人を私たちがシミュレーションすること」，意図を認識，理解することを可能にする（Levinson 2006: 54）．これは協調的相互行為の重要な必要条件の1つである（Clark 1996a: 19ff.）．しかし Levinson (2006: 56) は，「相互行為エンジンは，決まった結果を生み出す不変的で固定化された機械と考えるべきではない．言語，文化によって異なる特徴を生み出す，局所的な原則と組み合わせることが可能な原則の集合と考えるべきである」と強調している．

　このためこの基本的構成原則の集合が，「社会的相互行為を文化によって多様なものにする．… 文化が異なっても非公式の場でのやり取りの様式に驚くほど共通性があることは，多様性が出現するための情報にこの集合が初期設定値を与えていると考えると説明がつく」．

　言い換えるなら，さまざまな文化で観察される膨大な種類の人間による相互行為は，いくつかの構成原則によるものと考え，説明することができる．レビンソンの「核となる相互行為エンジンが人間の社会生活を（動かしている）」という考え（Levinson 2006: 62）は確かに大胆ではあるが，同時に言語学の語用論（および意味論）に重要な影響をもたらす非常に興味深く魅力的な仮説である．しかしアイブル=アイベスフェルトが主張した人間の普遍的相互行為方略仮説のように，レビンソンの相互行為エンジン仮説が正しい（あるいは誤りである）ことを証明するには，膨大な量の実証的比較調査を行う必要がある（Senft 2009b: 99）．しかしながらこれら2つの仮説は，言語使用に関する研究は学問分野を超えた試みであり，言語使用が根本的にマルチモーダルな性質を持つ人

間の相互行為の中の一部（非常に重要な部分ではあるが）にすぎないとの洞察によって導かれるべきものであるとの事実を強調するものである.

3.4 まとめ

本章は，表出動作についての人間行動学の概念を紹介した. 表出動作は，どのようにコミュニケーション記号として機能するかによって分類される. このような記号は社会的相互行為にとって非常に重要である. なぜなら，それによって人の傾向や意図や行動を推測できるからである. これらの記号の特殊な形が表情であり，ダーウィンや同時代の研究者たちのころからずっと研究が行われてきた. 感情にはそれを表す普遍的な表情があり，あらゆる文化で認知され，あらゆる言語で同じ感情を表す名前で呼ばれる，とのダーウィンの伝統に立ったエクマンらの主張は，行動学的，文化人類学的，言語学的観点から否定された. しかしエクマンの調査は，表情筋の動きを描写する方法の開発に結実し，早い眉上げのような表情を調査する上で非常に役立った. 本章ではこの眉上げが持つ多様な機能について説明した後，眉上げがさまざまな文化の中で総じて見られること，またこれらの文化の中で何よりもまずその人の社会的交流への開かれた姿勢を伝えることを示した. 私たちはコミュニケーションや相互行為の記号を表情だけでなく縄張り行動によっても表現する. 縄張り行動は対人距離や位置行動の形によって表される. 表情が対面コミュニケーションにおける重要な記号であるという事実，相互行為において求められる距離が文化特有であるという事実，会話をしている2人が3人目の人を加える気がある（またはない）ことを記号として送るという事実に気づいていることは，コミュニケーション行動やその文化で適切な言語の使い方を理解する上で重要である. 儀礼化された文化特有の表出行動の形式は，言語による相互行為の状況的コンテクストにある枠組みを作る. この形式が重要であることを理解することは，適切に相互行為に関わったり参加したりすることを可能にするために必要である. こういった儀礼化された行動様式になじんでいなければ，会話をしている集団に近づいたり，その言語共同体の成員との間に今後の相互行為の可能性を保証するつながりを確立し維持することはできないのである. 儀礼および表出動作がコミュニケーションの相互行為の記号へと発達する過程に関する議論の後，「儀礼的コミュニケーション」の概念を，「人工的で主として記号で行われる現

象，発話を含むだけでなく，儀礼的で反復的であるため，社会的相互行為のある特別なコンテクストの中で予想がつくもの」と定義した（Basso and Senft 2009: 1）．また，アイブル=アイベスフェルトら人間行動学者たちが，儀礼や儀礼的コミュニケーションが複数の普遍的相互行為方略から生じたものと考えたことを指摘した．儀礼的コミュニケーションにおける相互行為方略の例を，エイポ族の要請する，与える，受け取る行動から成るちょっとした儀礼についての研究結果や，ヤノマモ族の複雑な椰子の実祭りの分析により示した．すでに紹介した相互行為方略についての人間行動学の概念が，社会的相互行為における言語，非言語による行動の語用論的分析に，さらなる強みを与えることが示された．本章の最後に，人間の「相互行為エンジン」についてのレビンソンの発想を簡単に説明した．「相互行為エンジン」は，人間の相互行為を組み立て，社会生活を動かす基本原則の集合から成る．レビンソンは，さまざまな文化にはきわめて多様な人間の相互行為の形式が見られるが，それらはこの少数の基本原則に帰することができ，それによって説明できると述べている．普遍的相互行為方略が存在するとの仮説は，相互行為エンジン仮説と同様きわめて興味深く魅力的だが，その真偽を明らかにするためにはさらなる研究が必要である．しかしながらこれらの仮説は，言語使用についての研究は人間の相互行為が根本的にマルチモーダルであるとの洞察によって導かれる，超領域的な試みであることを強く示している．

　この章は本書の序章で紹介した逸話について，我々に何を語るのであろうか．それはトロブリアンド諸島民が「どこに行くのか？」という質問で私に挨拶した際，彼らの身体言語がその質問以上に表した内容を，私が読み取れなかったということである．彼らの挨拶は常に早い眉上げを伴っていた．私は挨拶を返した（挨拶の形式としての早い眉上げはトロブリアンド諸島の至る所に見られる）が，この挨拶儀礼の複雑さに気づいてはいなかった．これはつながりをつくり強化するために行われる儀礼的コミュニケーションの形であり，社会的に重要な儀礼であった．彼らは短い質問の言葉で私を相互行為に誘ったのに，私は求められていた適切な応答ができなかった．私はまさに無知であり，トロブリアンド諸島の文化に特有の挨拶の形式を，自文化の解釈にもとづき，西洋の「Hello」や「Hi!」といった気軽な挨拶と同じものとしてしまったのである．

第 3 章　語用論と人間行動学　　　　　141

3.5　課題

● 系統発生的，文化的な儀礼化の過程の中で記号へと発達した（少なくと
も 6 つの）表出動作を自分の文化の中から探し，その機能について論じ，
説明してください.

●「恐れ」「怒り」「喜び」「悲しみ」の感情表現の中にどのような複雑な行
動様式が含まれていますか. またこれらの表現様式のコミュニケーショ
ン上の機能は何ですか.

● パーティーや集まりの場で，あなたが自分の文化で妥当とされる対人距
離の規範を守らないでいる様子を，友人にビデオ撮影してもらってくだ
さい. 対話の相手の言語的，非言語的反応について，またあなたが 2 人
で会話する際に，遠すぎたり近すぎたりする距離を取ったときに起こる
影響について記述してください.

● エレベータに乗るとき，上の階や下の階に行くとき，降りるときの，人々
の言語的，非言語的行動を観察してください. また，なぜこれらの行動
形式が記号として解釈されうるのかを説明してください.

● パーティーでの集団の様子をビデオで録画し，人がどのようにして進行
中の会話に加わろうとするのか，また会話している人たちがそれにどの
ような言語的，非言語的（特に姿勢や位置）反応を見せるのかを記述して
ください.

● インターネットで公開されている TV の対談番組の記録を用いて，相互
行為をする人たちの言語，非言語行動の形式の調整について記述してく
ださい. またこれらの相互行為の形式のうちどれが儀礼的コミュニケー
ションなのかについて説明してください.

● 葬式，教会の礼拝，祭りに観察者として参加し，あなたが気づいた儀礼
的コミュニケーションの言語的，非言語的形式を記述してください. ま
たその観察について，相互行為的コミュニケーションの機能にもとづき
説明してください. またこれらの儀礼的コミュニケーション形式の根底
にあるか相互行為方略について，詳しく述べてください.

● あなたやあなたの友人，同僚，知り合いの挨拶行動の形式を観察し，言語学的，社会学的，行動学的視点からその違いを説明してください．

3.6 さらに学びを深めるための文献

Baron-Cohen (2003); Batic (2011); Eibl-Eibesfeldt (1979, 1996); Harré (1988); Hassall (1999); Levinson and Jaisson (2006); Lorenz (1977); Russell and Fernández-Dols (1997); Sauter et al. (2010, 2011); Scheflen (1964); Schmitt et al. (1997); von Cranach et al. (1979); Wilce (2009).

第4章　語用論と民族誌学
―言語・文化・認知の相互関係―

4.1　はじめに

ウィリアム・フォーリー（William Foley）は1997年に出版した教科書『人類言語学（Anthropological Linguistics)』の中で「語用論と人類言語学，社会言語学の間に境界をひくのはいまのところ不可能である」と明確に述べている（Foley 1997: 29）．ヨハン・ゴットフリート・ヘルダー（Johann Gottfried Herder）(1744-1803)，ヴィルヘルム・フォン・フンボルト（Wilhelm von Humboldt）(1767-1835) から現在まで人類言語学の歴史を見てみると，これらの学問領域が常に近くにあったことがわかる（Senft 2009c）．本章では言語・文化・認知の相互関係を取り上げる．

　語用論において文化人類学者ブロニスワフ・マリノフキー（Bronislaw Malinowski）(1884-1942) による言語的な洞察はきわめて大きな影響力をもっている．4.2節ではマリノフスキーによるコンテクストと意味についての考えと，パプアニューギニア・トロブリアンド諸島でのフィールド研究において明らかにされた「交感的言語使用（phatic communion)」の概念について説明する．さらにこの交感的言語使用の概念について韓国語の例をもとに批判的に検討する．

　4.3節ではエドワード・サピア（Edward Sapir）(1884-1939) とベンジャミン・リー・ウォーフ（Benjamin Lee Whorf）(1897-1941) による言語相対仮説に関連する言語・文化・認知の相互関係について，複数の言語における空間の概念化や空間参照枠についての異文化（コミュニケーション）研究とともに

143

144

考察する.

4.4 節では語用論に対する民族学の影響について，ジョエル・シャーザー (Joel Sherzer) による『クナ語の言語使用』で取りあげられた例を使って，デル・ハイムズ (Dell Hymes) (1927-2009) とジョン・ガンパース (John Gumperz) (1922-2013) による言語使用の民族誌学の研究枠組みについて論ずる.

4.2 交感的言語使用

ブロニスワフ・マリノフスキーは社会人類学の創設者の 1 人として広く認識されており，この学問領域を 19 世紀における思弁的な人類学から経験的な研究にもとづくフィールド指向の科学へ転換させた人物である. マリノフスキーは主にトロブリアンド諸島の文化についてのフィールド研究に関わったが，独立した学問領域としての人類言語学の先駆者および創始者である人類学者の 1 人としても記憶されるべきである[1]. 1920 年の時点で「民族誌学を伴わない言語学は，言語に関する知見を利用しない民族誌学と同じぐらいうまくいかない」(Malinowski 1920: 78) と主張している (Malinowski 1920: 78)[2]. マリノフスキーはキリヴィラ語 (Kilivila) の文法を記述するプロジェクトが実現できないことを認識して，言語学に興味をもつようになった. その理由はマリノフスキーが言語学の教育を受けていないこと，その時代における言語理論の文法範疇はキリヴィラ語のような言語の記述には適していないと確信したことによる (Malinowski 1920: 74). 1920 年にマリノフスキーは次のことをはっきりと述べている.

民族誌的言語理論をつくることが急務である. 母語話者を調査する際に言語研究を方向づけ，民族誌学の研究と関連づけられる理論である ... さらに理論は，仮想の構築物——「起源」，「歴史的発展」，「文化の転移」，それらと同様な

---

[1] マリノフスキーについてさらに知りたい場合は Young (2004) と Senft (1997b, 2005, 2006, 2009d) を参照. 交感的言語使用については Senft (1996b, 2009e) を参照.

[2] この見解は「人類学のない言語学は不毛であり，言語学のない人類学は盲目である」と指摘する Hockett (1973: 675) により繰り返されている.

第4章　語用論と民族誌学　　　　145

根拠のない推測——ではなく，現実における本質的な関係を明らかにする理論
を目指すべきである．言語の本質，さまざまな言語にわたって成り立つもの
を示してくれる言語学の理論である．言語形式が生理・心理・社会，その他
の文化的要素にどのように影響されるか，意味と形式の本質は何か，この2
つはどのように対応しているか．つまり文法概念に関して根拠のある柔軟な
定義群を提供してくれる理論である．　　　　　　　　　(Malinowski 1920: 69)

マリノフスキーの言語に対する関心は「行動の様式としての言語と文化的に決
定される意味の問題にあった」(Métraux 1968: 524)．マリノフスキーは主に
トロブリアンド諸島の人々による呪術的な定型句を翻訳する試みと関連させて
言語に関する民族誌学の理論を発展させた．マリノフスキーはトロブリアンド
諸島の人々が呪術的な定型句におけることばの力を信じていることを認識して
いた．島の人々は自然，人生の過程・出来事に影響を与え，支配することがで
きるという確固たる信念をもって，ある特定の目的を達成するために定型句を
使っていた．呪術的言語においては何かを行うことはある特定の効果があり，
影響力，効力をもつ．Malinowski (1922: 432) は，この観察結果を次のよう
にまとめている．「呪術は，… 特別の目的を達成するための道具であり，もの
に対して人間がある特定の力を行使することを意図し，その意味は，… この
目的との関係においてのみ理解され得る．達成したい目的を祈願し，述べ，思
い通りにする言語使用なのである」(Malinowski 1974: 74)．このように，マリ
ノフスキーは明確に意味と語用論的機能を同一視し，意味の語用論的理論を以
下を主張するものとして特徴づけた．

言語に文化的なコンテクストを，文化に言語的な解釈を提供する言語分析と
民族誌学の記述を結び付ける．（私は，）後者について文法に状況や文化のコン
テクストを結びつける努力を続けてきた．　　　　　　(Malinowski 1935: 73)

マリノフスキーにとって（ヴィトゲンシュタインにとっても同様であるが），
単語の意味はその使用にある．したがって意味を調べるためには単語を単独に
調べることはできず，状況のコンテクストにおける文または発話を検討しなけ
ればならない：「単語に対する本当の理解は，根源的には単語が使用される現
実における主体的な経験から常に導き出される」(Malinowski 1935: 58)．マリ
ノフスキーにとって「本当の言的事実は状況のコンテクストにおけるすべて

を含んだ発話」なのである（Malinowski 1935: 11）．このように，意味はコンテクストにおける機能である[3]．この「コンテクスト理論」はコンテクストの概念に対するいくぶん広い定義にもとづいている．マリノフスキーは次のように述べている．

> 言語学においてコンテクストの概念を広げるのは有益である．それにより話された言葉だけでなく，顔の表情，ジェスチャー，身体の活動，会話にかかわる集団全体，集団の人々が関わっている状況の一部も含めることができるようになる．　　　　　　　　（Malinowski 1935 vol. II: 22: pp. 26, 30, 40 も参照）

Malinowski (1936: 296, 309ff.) は，発話の意味が「言語における本質的な基本使用（実際の会話，ことばの儀礼的使用，物語，交感的言語使用（社交における言語使用））」と名付ける言語使用においてどのように決まるかを示している[4]．マリノフスキーの理論において基本となる4番目の言語使用の類型については少し説明が必要である．挨拶の定型句，相手の健康に関する質問，天気やわかりきったことに関するコメントといった，「制約や目的のない社交」と名付ける言語使用に関してマリノフスキーは以下のように述べる．

> 普通の人にとって他人の沈黙は安心の要因ではなく，反対に不安を抱かせる危険な要因である．… 沈黙を破り，ことばを交わすことは共同体のつながりを確立するための最初の行為であり，食事をともにし分け合うことでのみ完全なものとなる．近代英語の表現「今日は良い日ですね」，メラネシア語の表現「あなたはどこから来たのですか（Whence comest thou?）」は，沈黙の気まずさをのりこえるのに必要なものなのである．
>
> 　最初の定型句のあと，好きなものや嫌いなものについての目的のない表現，関連のない出来事の説明，わかりきっていることについての所感がよどみなく続く．
>
> 　新しい種類の言語使用──「交感的言語使用」と呼びたくなるもの──があるのは疑う余地がない．ことばを交わすだけで共同体のつながりがつくられる

---

[3] 「意味は発話の語用論的機能に存する」と強調する Richard Bauman (1992: 147) と比較せよ．

[4] 「交感的言語使用（phatic communion）」とオースティンの「用語行為（phatic act）」と混同しないように．第1章1.2.3節を参照．

種類の発話である. ... 交感的言語使用におけることばは主として記号的な意味を伝えるのか？そんなことはない！ このことばは社会的な機能を実現し, それが主な目的である. 知的な思考の結果でもなく, 聞き手に必然的に思考を引き起こすものでもない. ... 交感的言語使用における発話はなんらかの社会的感情を結びつけることにより, 聞き手と話し手のつながりをつくることを直接的な目的とした行為である. 繰り返すと, 言語はこの機能においては思考の道具としてではなく, 行為の様式として働くように思われる.

　...「交感的言語使用」は, 単に仲間づきあいの必要性によって一緒になった人々の個人的なつながりを確立するのであって, 考えを伝える機能はない.

(Malinowski 1936: 313ff.)

このように「交感的言語使用」概念を定義したあと, マリノフスキーは再度言語に関する彼の立場を強調する.

　言語は基本的な機能および本来の形式において本質的に語用論的な特徴をもつ. ... それは行動の一様式であり, 人間の協調行為において不可欠な要素である. ... 言語を思考の実現あるいは表現に対する手段と考えることは最も派生的で特殊な機能に着目する一方的な見方である. 　(Malinowski 1936: 316)[5]

マリノフスキーによる「交感的言語使用（phatic はギリシャ語の phatos（話された）に由来する）」の概念は言語による「つながりをつくる機能」を強調する. Konrad Ehlich (1993: 317) はマリノフスキーの communion という単語の使用を, この種の言語の強度を強調する手段として宗教的な意味で解釈した. Roman Jakobson (1960) は Karl Bühler (1934) による言語のオルガノン・モデルの拡張においてマリノフスキーによるこの概念を取り入れ, 少しだけ修正した. そのモデルではマリノフスキーの概念はコミュニケーションによって

---

[5] John Laver (1975: 221) は「交感的言語使用で使われる単語の意味はほとんど重要でない」と指摘するデイビッド・アバクロンビー (David Abercrombie) を参照している (Abercrombie 1956). アバクロンビーは上の指摘に続けて, ドロシー・パーカー (Drothy Parker)（米国の詩人, 短編小説家（著者注））の物語を説明する. パーティにおいて 1 人で退屈している人が,「こんにちは. 何をされているのですか？」と何人かの遠い知り合いによって話しかけられる. それぞれの人に向かって彼女は「たった今主人を斧で殺したところなの. 気分はいいわ.」と答える. 彼女の音調や表現はパーティにそぐうものであり, 知り合いは笑みとうなづきで応え, 驚くことなくその場を離れていく（パーカーの短編小説 'Here we are' (Parker 1944) も参照）.

148

つながりを確立し，維持することに貢献するという意味で経路（channel）指向の言語機能とされた（Lyons 1977: 53f.）．おそらく現代の言語学者，文化人類学者の多くは，ヤーコブソンによる影響力のある論文によりマリノフスキーの概念を「社会的コミュニケーション（phatic communication）」という専門用語で参照している．しかし「交感的言語使用（phatic communion）」と「社会的コミュニケーション（phatic communication）」は同義ではない．アダム・ケンドン（私信）が指摘するように「社会的コミュニケーション」はおそらく人々が communion のより一般的意味を忘れがちであることから使われているのである．マリノフスキーが強調したのはまさに言語の使用による「ラポール」の達成——ある種の communion——なのである．これは通常考えられている「コミュニケーション」の意味とは異なるものである．

まとめると「交感的言語使用」という用語は，特に社会的な出会いの始めと終わりにおいて，対人関係の友好的で調和のとれた雰囲気を確立し，維持するような社会的なつながりをつくる機能のみをもつ発話を参照するために使われる．

Desmond Morris（1978: 82）は交感的言語使用を「毛づくろいの会話（grooming talk）」と記述している（3.3.2 節も参照）．この交感的言語使用の毛づくろい的な機能は言語の起源に関するロビン・ダンバー（Robin Dunber）の理論において中心となるものである．ダンバーは以下のように述べている．

> 言語は社会的毛づくろいの代わりに，より一般的な意味で社会的なつながりをつくるために進化した．それは我々と進化的に近い関係にある霊長類が社会的な関係をつくるための主要な仕組みである．人間にとってすべての霊長類と同様実効的に社会的なつながりをもった集団は生存や生殖には欠かせないものである．毛づくろいができる相手の数には限界があり，それが集団の規模に対する自然な制約となる．言語はこの見えない壁をこわすのに必要であり，より大きな規模の集団が進化するために必要であった．

(Dunbar 2009:14; 1993 も参照)

マリノフスキーが交感的言語使用のつながりをつくる機能を非常に重視したのは明らかであり，この概念を定義するにあたり交感的言語使用の典型例として「あなたはどこから来たのですか？（Whence comest thou?）」というメラネシア語の慣用句を挙げている（Malinowski: 1936: 314）．本書の最初で述べた事

第 4 章　語用論と民族誌学　　　　　　　　　149

例ではトロブリアンド諸島におけるまさにこの挨拶行動を話題にしている．しかし，そこではこのメラネシア語の慣用句は話し手と聞き手のつながりをつくる社会的な機能以上のものを伝えることを示した．それは，社会的なつながりをつくる儀礼として挨拶の慣用句が使用される集団における社会ネットワーク全体の中での安全を示している一方，豊かな情報を含み得るやりとりの始まりにもなっている可能性がある．

　交感的言語使用のみと言われている発話の背後にはさらなる機能があることはよくあることである．このことは交感的言語使用の概念を明示的に扱っている多くの研究でも成りたつ．「会話の慣習的表現」という論集の中にフロリアン・クルマス（Florian Coulmas）による日本語に関する論文がある．その論文では，日本語における「日常生活における謝罪の大部分」が「意味内容のない非実質化された定型表現であり，単に交感的言語使用の手段として機能している」ように見えるが，状況はもっと複雑であることを強調する．謝罪と感謝を同じことばで表現できることは，日本文化における社会的な価値や態度をよく反映していると考えられるとする（Coulmas 1981: 87）．

　同論集の中でジョン・レイバー（John Laver）は「会話の慣用的表現における言語行動——挨拶，別れるときの表現，喜び，感謝，言い訳，謝罪，世間話（ちょっとした雑談）——が丁寧さの言語表現に関する目録の一部である」と指摘している（Laver 1981: 290）．また交感的言語使用の発話について議論を行い，これらの言語的慣用的表現は本書で以前触れたマリノフスキーによる 2 つの社会的な機能——（1）「沈黙が引き起こす潜在的な敵意を和らげる」，（2）社会的な言語的接触において「現在行っている相互行為を快適なものにするために会話参加者が協調できるようにする」——のほかに，会話の始めの段階において三番目のおそらくより重要な機能もあるとしている．「交感的言語使用は … 会話参加者が部分的にではあるが，自分の認識，相対的な交感的地位を示すことによって相互行為における実用的な合意を探ることを可能にする」（Laver 1981: 301）．

　レイバーはマリノフスキーが提唱した概念に関する議論を行った初期の最も重要な論文において，英語圏の文化からのデータをもとに交感的言語使用のすべてのコミュニケーション機能について詳細に議論をしている．その論文の最初では「交感的言語使用に伴う／を含むコミュニケーション行動の基本的な機能は相互行為における心理的に重要な始めと終わりでの対人関係の詳細な管理

である」ことを指摘している．このコミュニケーション行動には「姿勢，身体の向き，ジェスチャー，表情，視線の一致」を含み，これらはマリノフスキーが述べたように「単なることばのやりとり」以上のものである（Laver 1975: 232）．次に会話の始めと終わりにおける交感的言語使用を表すとされる発話やその他のコミュニケーション行動の機能について記述・分析を行う．その中で特に会話の始めにおいて「会話をしていない状態から会話を十全にしている」状態への移行——そこでは交感的言語使用が会話参加者間のつながりを確立する——，会話の終わりにおいて会話をしている状態から会話をしていない状態への移行——そこでは交感的言語使用が協調的に会話を終わらせ，会話参加者間の確立したつながりを守る——に着目する（Laver 1975: 232）[6]．レイバーは交感的言語使用の始めにおいて使用される 3 種類の「表現」を区別する．何かの記述や天気について話をするといった中立的な表現（「きのうはひどい夜だったね」「よい天気ですね」），通常平叙文の形式をとる自己指向的表現（「興味深い仕事だ，これは」），通常疑問文の形式をとる他者指向的表現（「ここにはよくいらっしゃるのですか」）である．相互行為の始めにおいて交感的言語使用は相互行為をしていない状態からしている状態への移行を円滑にし，いわゆる「緊張をほぐす」といわれるような出会いの始めにおける，潜在的な気まずい緊張を和らげる機能をもつ（Laver 1975: 218）．レイバーは表現の選択により，地位と関係づくりに関して，相互行為への参加者間の対人関係を確立し確固たるものにすると主張する（Laver 1975: 236）．相互行為の終わりにおいて交感的言語使用の表現は相互行為を始めていない参加者へ配慮し（「申しわけございませんが，行かなくてはいけません」），会話参加者間の関係を確固たるものにする（「それではお気をつけて」）機能をもつ（Laver 1975: 230）．

レイバーは「交感的言語使用の行動資源を管理する技能は，…日常生活をつくりあげる心理社会的な交流の主要な部分に欠くことのできないきわめて基礎的なものである」と指摘している（Layer 1975: 233）．彼は交感的言語使用につ

---

[6] Duk-Soo Park（2006: 156）は，Cheepen（1988: 20f.）による，交感的言語使用は開始部・終結部だけではなく短い単語や句（例：ええと（well），あの（you know））としても起こり得る，数時間続く出会い（例：雑談）全体に（多くの場合）拡張され得るという指摘を参照している．

第4章　語用論と民族誌学　　　151

いての議論を次のようにまとめている.

> 交感的言語使用はさまざまな機能をもつ儀礼であり，対人関係の管理を容易
> にするコミュニケーション行動に関する高度な技能の組み合わせである．こ
> のコミュニケーション過程において相互行為に参加する人たちの間で交換さ
> れる情報は主として参照情報ではなく，現在と未来の出会いにおいて相互行
> 為の合意を構築することに関連する，参加者のアイデンティティについての
> 指標情報である．このように交感的言語使用の機能はマリノフスキーの言う
> 「まとまりにおけるつながり」をつくる以上のものである．それは次の意味で
> 確実に広範なつながりを確立する機能を果たす．交感的言語使用における表
> 現は心理社会的に受容される儀礼的な交流において交わされるものであるが，
> 相互行為に参加する人たちに対して心理的な関係が確立されていないとき，
> 出会いにおいて，重要な始めと終わりでの詳細な関係を形づくり制約する指
> 標を主張する巧妙な道具としての機能も提供する．　　　　　(Laver 1975: 236)

以下では交感的言語使用の概念について韓国語の例で説明する.
　Duk-Soo Park (2006: 156-162) は韓国語の会話における始めと終わりで使
われる交感的言語使用の表現 (1)–(12) を示している．彼は会話の始めにおけ
る挨拶，始めまたは始めと終わりの間における世辞・謙遜・中立的な表現，終
わりで使われる表現を区別している．(1) (2) は韓国語の挨拶の例である.

> (1)　*Yoyǔm saŏb-ǔn chal toe-sijiyo?*
> 　　　'Is your business doing well these days?'
> 　　　（最近事業はうまくいってますか？）
> 　　　*Ne, tŏkpun-e* (*chal toe-mnida*).
> 　　　'Yes (it is), thanks to you.'
> 　　　（はい．おかげさまで）

この例のような挨拶は肯定的な応答を引き出す．パクによれば，会話の相手や
相手家族の健康，仕事についての質問による挨拶への最悪な応答は，「まあま
あ (kǔjŏ kǔraeyo)」であるとされる.

> (2)　*Ŏdi ka-seyo?*
> 　　　lit., 'Are you going somewhere?'
> 　　　（直訳：どこかへ行かれますか？）

Ne, ŏdi ka-yo. Ŏdi ka-seyo?

lit., 'Yes, I am. Are you going somewhere?'

（直訳：はい．どこかへ行かれますか？）

この挨拶の形式はトロブリアンド諸島の人々による挨拶「どこへ？（Ambe?）」と類似している．しかし，韓国語の質問はメラネシア語の「あなたはどこから来られたのですか？（Whence comest thou?）」とはまったく異なる機能をもつ．

　「（直訳：どこかへ行かれますか？（こんにちは））(ŏdi ka-seyo? 'Hi!')」は，しばしば外国人（韓国人以外）を混乱させてきた．ŏdi は「どこ」と「どこか」の両方の意味をもつので，「あなたはどこに出かけるのですか？」と解釈され得る．個人的な経験ではあるが，韓国での滞在経験が長い外国人の多くが韓国人と通りで出会ったときに彼らがなぜ熱心に相手の行き先を知りたがるのかをいぶかる場面に遭遇した．それは明らかにこの発話に対する誤解である．韓国人は「こんにちは」と言って行き先を聞くことはない．たとえ文字通りに発話を解釈することが許されたとしても，その発話は yes/no 質問であり WH質問ではない．適切な応答は，「はい．出かけます（ne, ŏdi ka-yo)」，「はい．どこかへ行かれますか？（ne, ŏdi ka-seyo)」，もしくは，「はい．こんにちは（ne, annyŏngha-seyo?）」なのである．

例（3）は「交感的言語使用における，固定された絶対に間違うことのない儀礼の表現であり，初対面の人が形式度の高いビジネスの場面で使用すべきものである」．

(3) A: *Ch'ŏŭm poep-kessŭmnida. Chŏ-nŭn KBS-ŭi A i-mnida.*

　　 'Nice to meet you. (lit., I see you for the first time). I am A from KBS.'

　　（はじめまして（直訳：初めてお目にかかります）．私は KBS の A です）

B: *Ne, ch'ŏŭm poep-kessŭmnida. MBC-ŭi B i-mnida.*

　　 'Nice to meet you. I am B from MBC.'

　　（はじめまして．MBC の B です）

A: *Chal put'ak tŭri-mnida.*

　　 'I request your guidance.'

（よろしくお願いします）

B: *Wŏn pyŏl malssŭm-ŭl* (*ta ha-simnida*). *Che-ga put'ak tŭry-ŏyajo.*

'You shouldn't have said that. I am the one who should ask for your guidance.'

（何をおっしゃっているんですか. 私のほうこそよろしくお願いします）

パクによるとこの儀礼的な社交表現は言語的にはおよそ意味がない. このような出会いの場面で問題になるのは人の名前と会話に参加する人たちの会社名である.

例（4）は「聞き手, 聞き手の子ども, 所有物, 食事に対して誇張された他者指向表現」が使われる世辞の表現である. これらのお世辞はお互いを訪問するときに使われる.

(4) *Chŏgŏdo sim-nyŏn-ŭn chŏlm-ŏ poi-simnida.*

'You look at least ten years younger.'

（どう見ても 10 歳は若く見えます）

例（5）は贈り物を渡したり, もらったりするときに韓国語話者が従う儀礼である.

(5) A: *Igŏ pyŏlgŏ ani-jiman pad-a chu-seyo.*

'This is nothing special, but please accept it from me.'

（これは大したものではないのですが, お受け取りください）

B: *Wŏn pyŏl kŏ-l ta kajy-ŏ o-syŏssŭmnida. Kŭrŏm, yŏmch'i ŏp-chiman pat-kessŭmnida.*

'You shouldn't have brought this. (lit., You even brought something special) Then, although it is shameless of me, I will accept it.'

（このようなものをお持ちになってはいけません（直訳：実に素敵なものを持っていらっしゃいました）. 厚かましくて申しわけございませんが, 受け取らせていただきます）

A は「大したものではないですが」という「謙遜の自己指向表現」で贈り物を

渡し，B は最終的に贈り物を受け取る厚かましい行動としての言及は「謙遜の自己指向表現」である．パクによれば，韓国人はほめられたり，贈り物をもらった直後にはそのことに対して謝意を示さない．賛辞や申し出をすぐに受け入れるのは不作法であると考えられており，これらの場合に対して韓国人は「ありがとう」の代わりに「とんでもない」(komap-sŭmnida) を使うとされる．同様にパーティに招かれたとき「お忙しいでしょうからそのようなお気遣いはなさらなくてもよろしいのに ...」と言う．(6) (7) に例を示す．

(6) A: *Chib-i ch'am k'ŭ-go cho-ssŭmnida.*
'Your house is very big and nice.'
（とても大きくて素敵なおうちですね）

B: *Wŏn pyŏl malssŭm-ŭl ta ha-simnida.*
'Not at all.' (You said something extraordinary.)
（いやとんでもない（あなたは途方もないことを言われた））

(7) A: *Ibŏn t'oyoir-e uri chib-esŏ chŏnyŏg-ina kach'i ha-psida.*
'This Saturday, let's have dinner together at my place.'
（今度の土曜日にうちで夕食をご一緒にしましょう）

B: *Pappŭ-sil t'ende, kŭrŏ-siji anha-do toe-nŭndeyo ...*
'As you must be busy, you don't have to do that ...'
（お忙しいでしょうから，そのようなお気遣いはなさらなくてもよろしいのに ...）

(8) は会話を始めるときの中立的で取るに足らない表現である．パクはこのような天気に関するおしゃべりを真の意味で緊張をほぐす表現であるとしている．

(8) *Tar-i ch'am pal-chiyo?*
'The moon is very bright, isn't it?'
（月がとても明いですよね）

(9) (10) は「他者指向表現（例：時間について話す），自己指向表現（例：ほかの予定）」を利用する「典型的な会話の終わりの表現」である．

(9) *Ani pŏlssŏ yŏl-han si-ga twae-nne.*

'Oh, it's already 11 o'clock.'

（おっともう 11 時だ）

(10) *Chŏ-nŭn iman tarŭn yaksog-i iss-ŏsŏyo ...*
   'Now, since I have another appointment ...'
   （さてと私は別の予定があるので …）

(11) のような間接言語行為は会話を終了させる話者の意図を伝えることもできる.

(11) *Sigan-ŭl nŏmu mani ppaeas-ŏsŏ choesongha-mnida.*
   'I am sorry for having taken up so much of your time.'
   （たいへんお手間をとらせてしまい申しわけございません）

将来の打ち合わせに触れるのも会話を終了させるもう 1 つの方法である. パクは例 (12) のような招待の表現でさえ「意味をもたない会話終了の発話である」と指摘する.

(12) *Ŏnje uri chib-e han pŏn wa-ya ha-nŭnde.*
   'You should come to my place sometime.'
   （いつか私どものところにいらしてください）

パクは「これらの発話の聞き手は次の打ち合わせについて詳細を聞いたり，確認してはいけない」と注意をしている. 許されるのは聞いたことをさり気なくそのまま繰り返すか,「はいそうさせていただきます」といった意味のない発話をすることである.

　これらの韓国語の社交表現に関する例でパクは会話の始めにおける交感的言語使用による「緊張をほぐす」機能があることを明らかにした. 相互行為におけるある特定の状況で社交表現が儀礼的に使用されることを指摘し，会話の終わりにおいて発話を始めていない会話参加者を配慮するために社交表現がどのように使用されるかを説明している. しかし (12) で示したように，交感的言語使用における命題には意味はなく (Park 2006: 162)，その発話を字義通りに理解してはいけないという事実を参照するのみであると主張する. 状況的コンテクストと会話参加者に共通の文化的知識が，会話参加者間の関係を確立するための手段としての社交表現を理解するのに必要な情報を提供する. このよう

に，言ったことが字義通り，もしくは真面目にとられなくても交感的言語使用に関与する会話参加者間の関係にはなんらかの意味をもつ．

マリノフスキーは「交感的言語使用」の概念により，言語は考えを伝える目的がなくとも使用できることを強調した．しかし上で指摘したように，これは言語に関する彼の思想の一側面である．独立した学問領域としての人類言語学の創始者の1人として，言語理論は「言語において何が本質かを示すべきである．つまりさまざまな言語にわたって不変で，言語形式が生理的・心理的・社会的，その他文化的な要素にどのように影響されているかを明らかにするものである」と主張している（Malinowski 1920: 69）．このようにマリノフスキーは，言語の普遍的特徴と，文化に特有な特徴と言語現象に示される言語・文化・認知の相互関係に関心をもっていた．

マリノフスキーと同時代の研究者フランツ・ボアズ（1858-1942）——米国における人類学と記述-構造言語学の創設者の1人——も言語を研究に対して変えられない必要条件であると理解していた（Senft 2009c: 8 を参照）．Michael Agar（1994: 49）は次のように指摘している．「言語は … 文化人類学におけるフィールドワークの一部である．フィールドワークの目的は文化へ到達することであり，文化は目的地である．言語は経路，文法と辞書は痕跡である」．ボアズは言語を文化を研究可能にする記号形式ととらえていたとレグナ・ダネル（Regna Darnell）は指摘している．ヴィルヘルム・フォン・フンボルト——ボアズに大きな影響を与えた言語学者——と同様に，ボアズは言語は内的形式をもち，言語をその言語の用語で記述することに価値があると考えていた．ダネルは次の点を強調している．

> ボアズはどのような言語でも，サピアの学生であったベンジャミン・リー・ウォーフがのちに「言語・思考・現実」の混合物と見なした独立したまとまりとして存在すると主張した．習慣的な思考から言語範疇との関係についての，いわゆるサピア-ウォーフの仮説には各言語における固有の知覚様式，すべての言語がもつ価値や表現能力の同等性についての，ボアズによるこの主張が基底にある．文化相対説はインド・ヨーロッパ語族のカテゴリが言語についての考えをゆがめるものであるというボアズの認識に始まる．
>
> （Darnell 2009: 46）

次節ではエドワード・サピアと，とりわけベンジャミン・リー・ウォーフの言

第 4 章 語用論と民族誌学　　　　　　157

語相対仮説を取り上げる.

4.3　言語相対説：サピア–ウォーフの仮説

ボアズの学生の 1 人であったエドワード・サピアは言語・文化・認知の関係
に強く関心をもっていた. サピアは, ボアズによる「言語と思考の関係につい
て検討してもよいだろう. 思考の簡潔性・明瞭性は言語に大きく依存している
と主張されてきた」(Boas 1911: 60)[7] という控えめな見解を取り上げ, この話
題に対する自分の考えを以下の挑発的な文章としてまとめた.

> 言語は「社会的現実」への案内役を果たす. 言語は通常社会科学の学生に対し
> て本質的な関心の対象としては考えられていないが, 社会の問題や過程に関
> する我々すべての思考を強力に条件づける. 普通理解されているように人間
> は客観的な世界だけに生きているわけではなく, また, 社会的活動の世界に
> 単独で生きているわけでもない. そうではなくて社会における表現の媒体と
> なっている特定の言語に大きく依存して生きている. 人間が基本的に言語な
> しで現実に適合している, 言語が単に特定のコミュニケーションや思考の問
> 題を解決するための二次的な手段であると考えるのは全くの幻想である.「現
> 実」は事実としてかなりの程度まで集団における言語的慣習のうえに無意識に
> 構築されたものである. どの 2 つの言語をとっても同じ社会的現実を表現す
> ると考えられるほど十分に類似しているものはない. 異なる社会が生きる世
> 界は異なる世界であり, 単に異なる名前を付けた同じ世界ではない.
>
> (Sapir 1929: 210)

サピアは数年後「言語形式が世界における我々の指向に基礎をもつという考え
の不当な影響力」とさえ述べるようになった (Sapir 1931: 578). しかし最終的
に言語相対仮説の概念に関する形式化に至ったのはサピアの学生であるベン
ジャミン・リー・ウォーフである. それは 1940 年に出版された 2 本の論文
(1956 年に再版)[8] においてであった. ウォーフは次のように述べている.

---

　[7] ボアズ自身は, ヴィルヘルム・フォン・フンボルトによるかもしれないこの見解を追求し
なかった.

　[8] Whorf (1956: 134–159 [1941]) も参照のこと. サピア–ウォーフの仮説の起源と影響につ
いての調査については Koerner (2000) と Lee (1996, 2000) を参照.

> 我々は母語による決められた境界に沿って自然を切り取っている．現象の世界から切り離したカテゴリやタイプは自然の中に見つけることはできない．なぜならそれらのカテゴリやタイプは観察者すべてに明らかであるからである．反対に世界は我々の心によって構造化せざるを得ない，めまぐるしく変わる印象の中に提示される．このことは大部分心の言語システムによることを意味する．
>
> (Whorf 1956: 213 [1940a])

これはサピア-ウォーフの仮説（むしろウォーフの仮説と言ったほうがよいかもしれない）[9]の弱い定式化である．「弱い」とする理由は「大部分」という表現によって仮説の中に議論を避ける条件が埋め込まれているからである(Seuren 2013: 41)．以下には「強い」定式化を示す．

> 言語現象は話し手が意識しない，あるいはせいぜいかすかに意識している過程においてつくられるものである．… これらの自動的で無意識の言語様式は全人類に対して同じわけではなく，各言語に特有であり言語の形式的な側面——「文法」——を構成する．私が「言語相対性の原理」と呼ぶものはこの事実に由来する．この原理を日常的なことばで説明すると次のようになる．全く異なる文法を使用する話者は，それぞれが使用する文法によって異なる種類の観察や，外部からみたときに同様である観察行為に対して異なった評価へ方向づけられる．文法の使用者と観察者は同じではなく，世界に対していくぶん異なった視点をもたざるを得ない．
>
> (Whorf 1956: 221 [1940b])

ウォーフはこの主張を仮説としてではなく，確立した事実として提起した．言語は話者の認知過程を統御すると確信しており，言語から思考へという因果関係の方向性はウォーフの議論にきわめて重要なものであった．

　1950 年代後半からこの仮説，特に言語が思考を決定するという「強い」仮説は，言語学，文化人類学，社会学において大きな議論を巻き起こした．しかし言語学者，文化人類学者を含め多くの認知科学者は言語が思考に影響するという「弱い」仮説のほうに関心をもった．経験的にこの主張を検証する方法は

---

[9]「ウォーフの仮説」と呼ぶのがより適切であるという Pieter Seuren (2013) の考えに同意する．しかし現在までにサピア-ウォーフの仮説という用語が言語学においてある伝統をもつようになったという事実をふまえ，ウォーフによる言語・文化・認知に関する主張をこの名称で参照することとした．

第 4 章　語用論と民族誌学　　　159

あるだろうか.

　1990 年代には多くの言語学者，文化人類学者が弱い版のサピア-ウォーフの仮説を検証しようと試みた. 文化人類学，心理学，言語学に共通する研究関心についてフィールド調査を行うことにより，言語・文化・認知の関係を明らかにしようとした (Levinson 2003 を参照). これらの研究は獲得能力と生得能力の関係，認知に対する文化の寄与，文化の性質と伝播，文化と社会構造や過程との関係についてより洗練された理論の発展に貢献することを目的としたものであった. このような研究の問いに関する議論は，（新しいものというよりは）長い伝統をもつものであり，ヘルダー，フンボルト，特に，ボアズ，サピア，ウォーフといった哲学者兼科学者が大きな役割を果たしている. マックス・プランク研究所心理言語部門の研究者たちは以下の巧みな計画により，言語・文化・認知の依存関係に関するいくつかの問いについて研究を行った. その計画はペネロピ・ブラウン (Penelope Brown) とスティーブン・レビンソン (Stephen Levinson) によりまとめられている.

(a)　第一に概念領域を選ぶ.

(b)　第二にこの領域の意味的なパラメータを対照させる 2 つ以上の言語を探す（全く異なる意味的なパラメータをもつ言語を選ぶ）.

(c)　第三に解決行動において意味的なパラメータを明らかにする言語を使わない課題を作成する.

(d)　(b) と (c) をもとにして明らかにされた言語・非言語の表現体系を比較し，同じ領域における言語・非言語による表現の間に関連がないかを調べる.

(Brown and Levinson 1993: 1)

彼らによって「選ばれた」最初の領域は「空間」であり，複数の文化，複数の言語の観点から空間の概念化および空間参照を明らかにすることを目的としたものであった (Pederson et al. 1998; Senft 2001 を参照). この目的のために研究者は複数の言語と文化においてそれぞれフィールド調査を行い，対照データベースを構築するための具体的な方法を開発した. その方法は Herbert Clark and Deanna Wilkes-Gibbs (1986) による研究に触発されたものであり，その解決に相互行為を必要とする複数の課題を使う. 課題は調査対象となる母語話者から課題解決に関連する発話を収集するために利用され，大部分は系統立った二

次元／三次元の材料の集合から空間的な配置を認識・構成することに関係するものである．研究データを収集するための課題解決に関する相互行為では，材料となる情報をみることが許される「教示者」と，みることが許されない「作業者」が関わる．調査協力者は隣り合って座るが，互いの材料がみえないように2人の間は衝立で仕切られる．調査実施者は調査協力者がどちらを向くかを指定し，何をするのかについて母語で標準化された説明を行う．さらに協力者には特に相手の言うことがわからない場合は言語によってやりとりをすることを奨励する．「作業者」は課題解決のための「教示者」による発話をもとに物体の三次元形状を再現することが求められる．その種類には例えばさまざまな姿勢をしている人間を模した小さな彫像，おもちゃの動物が住む小さな庭園といった固有の向きをもったよく知られているものから，はじめてみる抽象的なものまである．ほかの課題には「教示者」の発話をもとに教示者，作業者が持つ写真を合わせるというものもある．写真は空間的関係が反対になっているものが系統的に含まれている．これらの方法を用いて，一定のコンテクストのもとでありながら多くの空間に関する言語表現を含む複雑な会話から成る大規模なコーパスを作成した[10]．コーパスには12言語のデータが含まれている．

ロングー語（Longgu）とキリヴィラ語（Kilivila）（オーストロネシア語族：オセアニア語族），ガラガディ語（Kgalagadi）（バンツー語族），オランダ語（インド・ヨーロッパ語族），日本語，ハイコム語（Hai//om）（コイサン語族）[11]，ツェルタル語（Tzeltal）とモーパン語（Mopan）（マヤ語族），パルントゥ・アレント語（Mparntwe Arrernte）（パマ・ニュンガン語族），タミル語（Tamil）（タミル語族），ベルハラ語（Belhara）（チベット-ビルマ語族），トトナック語（Totonac）（トトナック語族）から得られた発話データを分析することにより，これらの言語の話者がどのように空間を参照するかに関して基本的な違いを明らかにすることができた．この違いを説明するために，第2章（2.3節，2.3.1.4節）で示した空間体系（空間参照枠）の類型を利用する．類型には「相対」，「絶対」，「固有」の参照枠がある．これらの体系では参照される対象物体（「図」，

---

[10] これらの方法の記述，批判的な評価はSenft (2001)，特にSenft (2007)を参照．

[11] Hai//om という言語の名前における // は，非肺気流の子音，無声の歯茎側面吸着音に対する記号である．

第4章　語用論と民族誌学　　161

「主題」）と「地」（「指示基点」）と位置関係が異なっている[12]．第2章で述べたように言語には3種類すべての体系が存在し，空間参照に利用される．しかし大部分の言語は特定のコンテクストにおいて1つの参照枠を選好するように思われる．これらの観察にもとづいて研究者たちは以下の仮説を提案した．

> ある言語の話者がある空間領域において1つの参照体系を選好する場合，これらの話者は言語を利用しない問題解決における空間構造に関して，その構造の記憶・推論を行うために選好する体系と同等な符号化体系に依拠する．
>
> (Senft 2001: 527)

この仮説を検証／反証するために空間と認知の相互関係を検討する実験が考えられた．実験は言語的空間参照の3種類の体系が認知的にどのような意味を持つかを基礎として考えられている．相対（R），絶対（A），固有（I）の参照枠は依存（＋），非依存（－）のどちらかの値をとる．

R＋A－I－　　話者の位置と向きに関する体系
R＋A＋I－　　空間構造に関する体系
R－A－I＋　　地（指示基点）に関する体系

非言語空間認知の実験では記憶（想起・再認），（推移的）推論に関して空間をどのように符号化しているかについて検討し，非言語による符号化が特定の性質をもつかどうかを決定する．これらの性質に関して空間の符号化に関する言語体系との相関関係を明らかにするため相互行為課題で得られた言語による符号化と比較された．課題は，「左／右／前／後」といった表現を利用する相対的・固有的参照枠と「北／南／東／西，上り／下り，海側／陸側，（川の）上流／下流」などの表現[13]を利用する絶対的参照枠との対立関係を調べるためのものである．

---

[12]「靴下が引出しの中にある」という文において，「主題」「図」とされる実体（靴下）と主題が関係する参照対象（引出し）——「関係項」「地」と呼ばれる——は区別される．この例では，「図」と「地」，「主題」と「関係項」の空間的関係は，「中に存在する」である．
[13] これらの実験は絶対的参照枠と他の参照枠を区別できるように設計されている（固有的参照枠と相対的参照枠の区別はできない）．言語による空間参照で固有的参照枠を選好する話者はこれらの実験では相対的参照枠を選好する話者と同様に振る舞うことが予想される．

すべての課題は同じ基本構造から成る．実験協力者は机1の上にある対象物を見せられ，記憶するように言われる．短い間を置いた後180度体を回転し，もう1つの机2（机1からは反対方向にあり一定の距離がある）まで案内される．そこで実験協力者は目の前にある対象物を回転前に見た対象物と同じ方向になるように置くか，複数の対象物から回転前に見た対象物と同じ方向を向いているものを選ぶ．対象物は机1の上にあるものとは左／右または前／後が非対称になるように設計されている．図4.1はこの課題の概念図を示している（Brown and Levinson 1993: 8; Senft 1994: 421 を参照）．例えば実験協力者が机1の上にある矢印を彼らの視点から右を向いていると判断したとする．短い間をおいた後，体を180度回転させ机2へ案内される．そこには2本の矢印が置いてある．彼らの視点から見ると1本の矢は右を向いており，もう1本の矢は左を向いている．実験協力者は少し前（30秒前）に机1で見た矢と同じ方向を向いているものを選ぶように求められる．実験協力者が空間のとらえ方に関して相対的参照枠をもとに机1の矢の向きを記憶しているとすると，机2の矢のうち彼らの視点から見て右を向いている矢を選ぶだろう．この例では机2の前に立つときに体を180度回転させた事実がきわめて重要になる．しかし実験協力者が空間のとらえ方に関して絶対的参照枠を使用している場合，例えば机1の矢の向きを北に向いていると記憶している場合，体を180度回転させた事実と関係なく机2でも同じ方向を向いている（北を向いている）矢を選ぶだろう（Senft 2001: 528ff. を参照）．

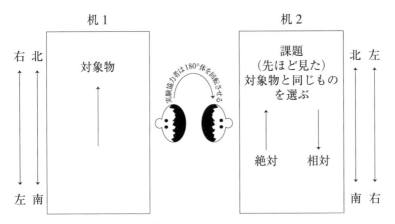

図 4.1　非言語空間課題実験の概念図

第 4 章　語用論と民族誌学　　　　163

　言語データの分析により研究対象とした言語にどの空間参照体系が存在する
か，それぞれの言語の話者はどの空間参照体系を選好して使うかが明らかと
なった．これらの分析結果と一般的な仮説をもとにして，研究者はさまざまな
言語社会において非言語認知課題の結果が言語ごとにどのようになるかについ
て予測を行った．表 4.1 にはその予測と非言語認知課題における実験協力者の
行動を分析して明らかになった結果をまとめる．

表 4.1　空間構造の言語的・非言語的符号化

言語	選好される言語符号化システム	非言語符号化システム	
		予測	結末
アレント語	A	A	大部分 A
ハイコム語	A, (I)	A	大部分 A
ツェルタル語	A	A	A
ロングー語	A	A	A（R も）
オランダ語	R	R	R
日本語	R	R	R（A も）
キリヴィラ語	I, A (R)	I, A	I, A
ベルハラ語	A	A	大部分 A
タミル語（地方）	A	A	A
タミル語（都市）	R	R	R
ガラガディ語	R (A, I)	R	R（A も）
モーパン語	I	その場その場	R, A
トトナック語	I	その場その場	R, A

A＝絶対的参照枠　　R＝相対的参照枠
I＝固有的参照枠

　表 4.1 は空間構造の言語的・非言語的符号化間の相互関係に関する研究者の
仮説を検証している（モーパン語とトトナック語以外のすべての言語に対して．説明
は Levinson 2003: 81ff., 93; 188f. を参照）．このように言語は，「空間」領域にお
ける非言語認知課題を解決するための概念変数の種類とその選択，空間構造の
記憶，長期記憶における空間構造の表現，について考えることを可能にすると
思われる．これらの結果は非言語課題において言語が思考を形成する一因と
なっているという仮説を支持している．
　しかしここで示したような研究の結果でさえ一般に言語のみが思考に影響を
与えていると主張するにはいささか問題が残る．研究結果から，ある言語の話

者は言語行動において空間参照枠に対する明確な選好をもっており，これらの選好により空間領域における非言語認知課題を解決する際の実験参加者の非言語行動を予測できる．しかし空間参照に関して，絶対的参照枠を選好するすべての話者は必要に応じて相対的参照枠にもとづく行動形式に簡単に変更できるのに対して（例：自動車の運転における右側通行と左側通行），相対的・固有的参照枠を選好する話者はコンパスまたは地上位置指示器（GPI）のような機器を使わないと絶対的参照枠に変更するのがきわめて難しい．この点に関してダン・スロービン（Dan Slobin）の洞察と関連づけて考察してみよう．

> 言語における経験の表現は**言語に対する思考**——コミュニケーションのために集められた思考の特別な形式——を構成する．文法が言語外に影響をもつかどうかにかかわらず，発話を形成する際に活動する，ある種の心的行為は取るに足らないものでも明らかなものでもなく，注目に値するものである．経験の表現が使われると，我々は特別な方法で心的内容に出会うことになる．すなわち，思考活動は言語活動に利用されるとき特別な質をもつようになる．談話において発話を組み立てる一過性の時間枠で人は思考を利用可能な言語枠へあてはめる．「言語に対する思考」は（a）事象の概念化に適合し，（b）言語に容易に符号化が可能な，対象や事象の特徴を取り出すことに関係する．

> (Slobin 1996: 76)

スロービンは次のことも指摘する．

> 我々が幼児期に学ぶ言語は，客観的な現実の中立的な符号化体系ではない．各言語は人間の経験世界への主観的な指向性をもち，この指向性が**我々が言語を使用するときの思考方法に影響を与える**．

> (Slobin 1996: 91; 1991: 23 も参照)

スロービンによる「言語に対する思考」の概念と同様な考えがスティーブン・ピンカー（Steven Pinker）によるウォーフへの批判の基礎となっているように思われる．ピンカーは次のように述べている．

> 言語が一般に現実をどのように概念化するかを決定すると主張したとき，ウォーフは確かに誤っていた．しかしもっと弱い意味では彼は全く正しかった．それは現実について話さなければいけないときどのように現実を概念化しなければならないかを言語が決定するという意味である．

> (Pinker 1989: 360)

ハーバート・クラークは「社会，共通性，コミュニケーション (Communities, Commonalities and Communication)」という論文においてウォーフについて以下のように述べている．

> ウォーフは言語は主に思考の道具であるということを当然と考えているように思われる．しかしこの前提は誤っている．言語は何よりもまずコミュニケーション——ある辞書によれば「思考の交換」——の道具であり，派生的にのみ思考の道具なのである．ウォーフが考えていたように言語が思考に影響をもつならば，その影響は，言語がコミュニケーションにおいて利用される方法に仲介されなければならない．論文の題目における頭韻[14] は偶然ではない．ラテン語の語源が示すようにコミュニケーションは人々の思考の共通性の上に成り立っている．特にそのことは各言語が使用される社会において当然と考えられていることである．このことが明確になると言語による思考に対する潜在的な影響と，心的活動の共通性の影響，特に我々が属している社会における思考・実践・規範の影響とを区別するのは難しいことがわかると私は考える．
> (Clark 1996b: 325)

言語が主に思考の道具ではなく「心的活動において共有されているさまざまなもの」の1つであると指摘することにより，クラークはウォーフの「弱い」仮説の影響でさえきわめて小さなものにしてしまった（言語・文化・認知の相互作用の複雑な組み合わせを考える上では重要なものではあるが）．クラークはウォーフの仮説に対する立場を以下のようにまとめている．「思考の共通性なしに「人間の（著者注）」コミュニケーションはあり得ない．しかしコミュニケーションなしに思考の共有はあり得る」(Clark 1996b: 353)．

　ここまでで明らかなように言語・文化・認知の関係に関する研究は困難なものであるが得るところの多いものである．マリノフスキー，ボアズ，サピアは言語使用は社会的なコンテクストにおいて研究されなければならないと主張した．3.3.1 節やその他のところ (Senft 2010a: 279) で指摘したように，社会的相互行為における言語・文化・認知の役割について研究したいと考える研究者は研究対象の社会が現実をどのように作りあげているかを知らなくてはならな

---

[14] クラークの論文題目におけるすべての名詞は c で始まる．

い．研究者は，研究対象とする社会の「共通基盤」を共有する必要があり，共通基盤における知識はその社会での研究がうまくいくための前提条件である．この目的を達成するために「言語使用の民族誌学」の研究手法は有用な枠組みを提供している．その理由についてジョエル・シャーザーは次のように説明する．

> 言語使用の民族誌学は，民族科学，認知人類学，象徴人類学のように社会の成員による文化の理解や表現，コミュニケーションにおける行為や解釈に対する形式的な枠組みに関心があるからである．　　　(Sherzer 1983: 16)

次節ではこの研究枠組みの特徴，成果，言語学的語用論に導入されるようになってから直面することになった批判について概観する．

4.4　言語使用の民族誌学 [15]

「言語使用の民族誌学」の研究枠組みは，デル・ハイムズによる会議論文にまでさかのぼることができる（1962年出版．1978年再出版）．マリノフスキー，ヤーコブソン，ボアズ，サピア，ウォーフといった研究者を受け継いでハイムズは，言語の研究は「人間科学においてきわめて重要である」という事実を指摘している（Hymes [1962] 1978: 99; 1974: 446 も参照）．コンテクストにおける言語使用に関する動物行動学的研究の必要性を主張し，「言語使用の民族誌学」と名付けた「行動科学」を提唱した（Hymes [1962]; 1978: 130ff.）．シャーザーが簡潔にまとめているようにハイムズは次のように主張した．

> 社会的な組織，政治，宗教，経済，法と同様に言語使用はそれ自身様式をもち，それゆえ文化人類学者にとっても注目に値する．言語使用を理由なく所与としたり，どこでも同じであるとすることはできない．この様式は伝統的な意味での言語の文法とは同一ではないが，そのあり方は文化的なものでもあり，言語的なものでもある．　　　(Sherzer 1983: 11)

ハイムズは，「言語様式」と「言語事象」という概念を導入し，発話の意味は埋

---

[15] 本節の最初の部分は Senft (2010a: 280ff.) を利用している．

め込まれている「言語事象」に対してのみ理解可能であると主張した[16]. この様式や事象を分析するには，ハイムズが「構成要素」と名付けたものやそれらの間の関係について詳しく調べる必要がある. 彼は「構成要素」を8種類に分類し，記憶しやすいように各分類の最初の一字をとって SPEAKING と名付けた (Hymes 1972a; Durnati 1988: 218 を参照).

S（状況：設定と場面）；P（参加者：話し手／送り手，発信者，聞き手／受け手，受信者）；E（目的：結果，目標）；A（行為の連鎖：伝達内容とその形式）；K（調子（例：発話の音調や様式. 著者注）；I（手段：経路，発話の形式）；N（規範：相互行為と解釈の規範）；G（分野）

Fitch and Philipsen (1995: 264) が指摘するようにこれらの構成要素は「記述のための確認項目」ではなく，「ある特定の社会における言語使用を研究する際の初期の問いや記述の可能性」を示すものである. この枠組みの研究にもとづくと「言語使用に関するそれぞれの社会に特有の文化的な組織化」を記述することができる (Sherzer 1977: 44). この組織化は従来の文法ではとらえることのできないものである. ハイムズは，言語の文法は「言語に何ができるかについて示すが，何をする価値があるかについては示さない」という Newman (1964: 448) の意見に賛同し，言語学習者はその言語の文法アルゴリズムだけでなく，その言語を話す社会の成員によるコミュニケーション行動を導く規則を身につけなければいけないことを強調した. ハイムズは次のように主張する.

普通の子どもは文の知識に関して文法的なものだけでなく，適切性を学ぶという事実を説明できなければならない. 子どもはいつ話すべきか／話さないでいるべきか，誰と，いつ，どこで，どのように，何を話すかについて判断する能力を身につける. つまり子どもはある範囲の言語行為を遂行できるようになり，話に参加し，ほかの人による言語行為の遂行を評価できるようになるのである. さらにこの能力は言語とその特徴・使用に関して態度，価値観，動機づけと一体となっており，また言語とコミュニケーション行動の他の規範と相互に関係する能力，態度と一体となっている.

(Hymes 1972b 277f.; [1962] 1978:101 も参照)

---

[16] 意味に対するコンテクストの役割についてマリノフスキーの影響に注意すること.

この「コミュニケーション能力」は明示されるので,「確定している言語使用に関して」分析可能である (Hymes 1972a: 58). ハイムズは研究方法の名称としての「言語使用の民族誌学」と,特定の言語集団「X」が実際にどのように話すかを調べる言語使用の民族誌を区別した. 後者についてハイムズは,「Xの言語使用」と呼ぶことを好んだ. 彼はこれについて以下のような正当化をしている.

> 第一に英語における 'speak' と 'speech' のもととなる用語は歴史的に同じようなものとしてとらえられてきた … 'speech' は肯定的な意味での使用を示唆する … 言語使用(ways of speaking)を好む二番目の理由は「生活の仕方(ways of life)」とウォーフの用語である「言語使用の様式 (fashions of speaking)」との類似性である. 最初の類似性は文化人類学者には人類の(生活)様式に言語使用が含まれていることを気づかせ,言語学者には言語使用は文化の様式を示すことを気づかせる. 私が知る限り,ウォーフは言語的手段の組織化様式が文法の区分を横断することを示した,米国における言語学,文化人類学の伝統の中で最初の研究者である. 用語の違いにより何を指示するかの範囲の違いを明確にして先人の用語を尊重することとした.
>
> (Hymes 1974: 445f.)

言語様式または言語使用は形式的に有標であり,それゆえ認識され得る. ハイムズは「言語変種」,「言語使用域」,「個人・状況・分野」の様式を区別している. 言語変種は「社会集団に結びつけられる主要な言語様式」であり,言語使用域は「状況で繰り返し生起する型に結びつけられる主要な言語様式」である (Hymes 1974: 440). 言語事象,言語様式,言語使用を分類する「望ましい民族誌学的な技法」として,ハイムズは研究対象とする言語集団がそれらを参照するときに使用するメタ言語的標識から調べることをすすめている.

　言語使用の民族誌学における研究枠組みでハイムズが研究をすすめるために提案したすべてのきめの細かい区別を利用して,ある特定の言語集団における言語使用のさまざまな形式を詳細に明らかにすることができる. この研究は民族誌学的な方法を基礎にしながら,データ収集や分析に関しては社会言語学,談話分析,会話分析,語用論,人類言語学,言語人類学などの関連領域で開発された技法によって補完される. この研究枠組みは言語運用を「言語と社会文化秩序との関係の軌跡」として理解し,「言語使用によってなにが達成される

のか，言語が社会組織に関するある特定の側面や，世界に関する話者の仮説，価値観，信念とどのように関係しており，それらによりどのように構築されるか」について研究をする（Duranti 1988: 210）．

言語使用の民族誌学における研究枠組みの目標が始めから非常に意欲的なものであったのは明らかである．1960年代，1970年代において，Gumperz and Hymes（1964, 1972）や Bauman and Sherzer（1974）により編集された書籍への寄稿者など多くの研究者がこの研究領域を確立・発展させるのに貢献した．しかし研究枠組みが要求する厳しい科学的な基準，および，抽象的な原則や一般化ではなく言語のもつ複雑な多様性を重視する事実上の研究目的が批判をまねいている．

モーリス・ブロック（Maurice Bloch）は言語使用の民族誌学において現在では古典となっている Bauman and Sherzer（1974）による論集の書評をしている．彼は第一に次のことを指摘している．

> ある特定の状況において話者が利用できる言語様式にどのようなものがあるかを記録し，社会的行為に対するこれらの様式を理解するためには非常に高い言語能力を必要とする．… その能力には言語と社会的状況のきわめて微妙な違いを完全に理解できる高い感受性が要求される．… またフィールド研究者は社会組織，親族体系，政治体制，経済体制について対象としている社会において起こっている変化の動向を完璧に知っていなければならない．つまり言語使用の民族誌学における研究者の課題は解決できないほどに難しいと言ってよい．　　　　　　　　　　　　　　　　　　（Bloch 1976: 231ff.）

第二に言語使用の民族誌学による主な研究対象の１つが，「ありふれた普通の会話」（Bloch 1976: 233）の分析であるにもかかわらず，論集では儀礼の形式と芸術家の実演を扱った論文，言語とコミュニケーションに関する現地の人々による分類を扱った論文が多くをしめていることを指摘する．

第三にこの研究枠組みにおける記述に言語事象のすべてを含むという主張を批判する．ブロックはこの目的が幻想であると指摘する．なぜならば「現実に接近することに終わりはなく，たとえ細かな事象をより注意深く記述しても現実に近づけるわけではないからである」（Bloch 1976: 234）．

最後にこの枠組みの研究が世界中からの多くの知見の集まりとなることに関する批判を行う．「集められた知見そのものは貴重なものであるが，一体と

170

なって共通の問題を解決できるわけではなく，また実証にもとづく明晰な一般化に向かうことはない」と指摘する．

　上記のブロックによる批判（1977）に対してシャーザーはいままでの言語使用の民族誌学が依拠する研究枠組みは，異なった研究者によってさまざまな言語集団において行われた研究を比較する基礎となる「比較のための第三項[17]」を提供できていないことを認めている．また，これらの研究から得られた非常に多くの異なった知見から一般化する必要性を指摘している．さらにこの枠組みにおけるこれからの研究は少なくとも儀礼・儀式のコンテクストや状況での形式的な言語行動と同様に日常での言語行動に重点を置くべきであると認めている（Sherzer 1977: 50 を参照）．6 年後シャーザーはブロックの批判に応え，言語使用の民族誌学への模範的な貢献となる『クナ語の言語使用』という著書を出版した．

4.4.1　クナ語の言語使用

クナ族はパナマとコロンビアに住むアメリカ先住民であり，焼畑式農業でジャングルを耕す農民である．彼らが tule Kaya で参照する言語はチブチャ（Chibchan）語族に属し，話者は 50,000 人を超える．シャーザーは，『クナ語の言語使用』でパナマ・カリブ海沿岸のサン・ブラス（San Blas）に住むクナ族に関する言語使用の民族誌を明らかにした（Sherzer 1983: 3）．

　クナ族の人々は自分たちの言語であるクナ語（tule kaya．tule は「人」と訳される）と，例えばスペイン語（waka kaya），英語（merki kaya），隣接地域で使われているチョコ語（sokko kaya）などとの違いをメタ言語的に有標化する．クナ語（tule kaya）はさらにクナ語固有の言語と儀礼のときに用いられるサクラ・カヤ（sakla kaya），スアル・ヌチュ・カヤ（suar nuchu kaya），カントゥール・カヤ（kantule kaya）に分けられる．サクラ・カヤは族長の言語，会合のときの言語である．スアル・ヌチュ・カヤは棒人形言語である．この名前は木を彫ってつくられた棒人形を指している．それは精霊を表し，治療の儀式の間呪文をとなえる対象や治療者と悪霊との媒介者とされる．カントゥー

---

[17] 比較のための第三項は，複数のもの，特徴などを比較する場合に変化をしない要素のことである．

第 4 章　語用論と民族誌学　　171

ル・カヤは思春期の少女の儀式をつかさどる者によってこの儀式に関わると信じられている精霊に話しかけるために使用される言語である (Sherzer 1983: 22). これらクナ語の言語変種は音韻論，形態統語論，語彙意味論の観点からはそれぞれ別に学ばなければいけないほど非常に異なっている．(Sherzer 1983: 35). 語彙的な違いについていくつかの例を見てみよう (Sherzer 1983: 26ff.).「外国人」に対する単語は日常で使うクナ語では waka，族長の言語では tule-piitti である.「女性」に対する単語は日常で使うクナ語では ome，棒人形言語では walepunkwa，年頃の少女の儀式をつかさどる者によって使用される言語では yai である．さらに動物に対しては日常使われるクナ語でその動物を指し示す単語の同意語として使われ得るいわゆる遊びの名前（あだ名）がある.「鹿」に対する単語は日常で使われるクナ語では koe，あだ名は upsan saya (綿のロバ) である．クナ語の言語変種 4 種類は同じ音素のリストをもっているが，儀式で使われる言語変種 3 種類は日常会話で使われるものより長い言語形式を使用する．クナ語の儀式で使われる言語変種においてより長い言語形式はより遅い形式的な発話となる特徴がある．日常で使うクナ語では発話は早く非形式的で最後の母音，音節でさえしばしば削除され，子音は同化して，削除された言語形式がクナ語の音韻規則と音節構造に一致する．この現象の例を次に示す．クナ語において「助けに行くこと」は長い言語形式では penetakkenae，短い言語形式では pentaynae に，「ハンモック」は長い形式では kachikine，短い形式では kaski に，「彼が私に述べている」は長い形式では aninukapipie-maiye，短い形式では annuypimai に翻訳される (Sherzer 1983: 36f を参照).

　シャーザーは日常で使う言語，クナ族の生活での儀礼において政治，治療，魔術，思春期の少女の儀式で使う言語変種 3 種類について多くの例を示した[18]．(しかし) 残念なことに日常会話については言語の芸術的使用（儀礼で使用する言語変種）と同じ詳細さでは議論をしなかった．以下では治療や魔術 ikarkana の定型表現や kantule ikar (kantule の方法――クナに住む思春期の少女の儀式中大声で叫ぶ) からのデータを利用してクナ語の挨拶，別れの表現について説明する.

---

[18] シャーザーはもととなるクナ語の転記や行ごとに形態素の注釈をつけた転記をいつも示したわけではなかった．

4.4.1.1　クナ語における挨拶と別れの表現

クナ語における挨拶と別れの表現は関与する個人間の社会的関係，1日のどの時間帯か，友人，家族が最後に顔を合わせてからどのぐらいの時間が経過したかに依存する．一般に挨拶は義務ではない（Sherzer 1983: 159ff. を参照）．しかし，（挨拶をする場合は）通常最初に tekkitte（シャーザーは，「あのう，こんにちは」と説明している）と言う．それに対する応答は anna, na（シャーザーは翻訳できる意味をもたない発話としている）である．しかし本土のジャングルでは挨拶は義務であり，通常これからする活動，もしくは，行った活動に関する質問のやりとりの展開がある．ところが人々が午前中に仕事で村を離れるとき，午後また戻ってきたとき，挨拶には「どこに行くのですか？（Pia pe nae?）」「どこから帰ってきたのですか？（Pia pe tanikki）」といった質問が続く（Sherzer 1983: 160）[19]．

　より長い挨拶の儀礼は（1）しばらく顔を合わせていない同じ地域社会の成員・友人・親族，（2）交流のある異なる地域社会の成員，（3）挨拶が公開の場で行われる公式訪問中の族長とそれを受け入れる族長，の間でのみ行われる．（3）の場合，挨拶は訪問を受けた村の集会所で2人の族長により詠唱される．詠唱の内容は族長同士による互いの健康，活動，旅の様子に関する質問と応答から成る．この形式の挨拶は arkan kae（文字通りの意味は「握手」）と呼ばれ，メタ言語的に標識づけられる唯一の挨拶の形式である．また実際の握手もなされるが，それはしばらく会っていない村で公職にある男たちの間でのみ行われる．親しい友人，家族が長い間離れていたとすると，互いに見えないふりをし最初に会うときは互いを避ける．明らかに互いの存在に気づいているにもかかわらず言語で挨拶をしない．家にいる人は，戻ってくる友人や親戚が到着する場所で日常の活動をしないでいる事実を両者ともわかっているが，家に着いてくつろぐようになるずっとあとまで話しをしない．そのあと互いに挨拶をして，旅の様子，活動，健康について一連の質問と応答を行う．これは族長の間で行われる arkan kae に非常によく似た様式である．シャーザーはこの有標の回避行動を以下のように説明している．

---

[19] これはトロブリアンド諸島における挨拶を思い起こさせる．しかしシャーザーはこれらの質問への答えでクナ族の人々によって期待される真実の度合いについての情報は提供していない．

第4章 語用論と民族誌学 173

この見せかけの回避（実際は互いの存在について気づいている）は挨拶の不在ではなく，挨拶全体の過程が引き延ばされ，ゆっくりになっていると考えるべきであり，この過程の最初では言語は使用されない．引き延ばし，ゆっくりとする過程は相互行為を必要とし，それは個人間の社会的関係がより特別で重要なものになると，挨拶においてその関係を示し，もとの状態に戻すためにはより多くの相互行為が必要となるという規則を反映したものである．このように親しい友人，家族は相互に存在を気づきながらも公的な場で言語を使わず，あとのほうで個人的なことについて質問と応答を行うといったことを組み合わせることによって挨拶の過程を引き延ばす．異なる社会における政治，儀礼における2人の「族長」は，秘儀的な言語で長く公的な儀礼の挨拶を詠唱することにより挨拶の過程を引き延ばす．　　　　　　(Sherzer 1983: 161)

別れの言語使用は挨拶と対応するが挨拶ほど複雑ではない．そうであってもシャーザーは以下のことを指摘する．

日常において互いの存在に気づいている挨拶と別れについて，クナ族の夫婦の場合，妻は朝，夫と一緒にカヌーのところまで行き仕事に行く夫を見送り，（同じ場所で）夫を出迎える．見送り，出迎えのときには言葉は交わされないことが多い．　　　　　　　　　　　　　　　　　(Sherzer 1983: 161)

シャーザーの観察により，挨拶と別れの儀礼がクナ族の社会において人と人とのつながりを確実なものとし，再確立する機能を実現していることが明らかにされた．

4.4.1.2　治療と呪術の言語

クナ族はトロブリアンド諸島民と同様，呪文の力を信じている．呪術使いの達人は呪文で善悪の霊に話しかけることによりその霊を操ることができるという信念を持ち，ある特定の目的を成し遂げるために呪文を使う．その呪文はikarkana（シャーザーは方法，文章と注釈している），呪術使いは ikar wis-malat (ikar を知る者) と呼ばれる (Sherzer 1983: 110ff.)．呪文は善の霊による力を活性化し，悪の霊による影響を無効化すると信じられている．これらの言語は治療の儀式やほかの呪文が使われる領域を構成する．シャーザーはこの領域の言語に関する特徴的な性質を以下のようにまとめている．

治療と呪術の言語（ikarkana）は一連の主題，話題，出来事が一緒になったものから構成される．この言語の主な特徴は形式的に固定されており（変えることができない），それゆえ暗記が必要であると考えられているが，（実際には）いくつかの変種がある．（例えば）病気の起源や，候補の中で操られる対象によって話題や主題が変えられることがある．… また適切な出来事や主題が選択されることにより治療と呪術の言語は長くなったり，短くなったりする．しかし一旦これらの選択が決まると「ikar を知る者」は一行一行固定された文章にしたがってすすめる．　　　　　　　　　　　　　　　　　(Sherzer 1983: 127)

治療と呪術の言語の典型的な特徴は対句法（「音，形式，意味の繰り返し様式」）である (Sherzer 1983: 128)．以下の抜粋は治療のための ikarkana に関するものであり，クナ語の言語使用における呪文の具体例を示している．

　Sherzer (1983: 129f.) は熱冷ましの方法と呼ばれる治療の呪文に対する英語の注釈のみを示している．

　　我々の子どもは熱のある霊をもっている．
　　我々は子どものために彼の霊を冷まさなければいけない．
　　我々は本気で彼の霊を冷まさなければいけない．

この定型句の基本形式は霊を「血」「皮膚」「体」「頭」「髪の毛」に置き換えてさらに5回繰り返される．この治療の定型句は第3章（3.3.1 節）で引用した儀礼的コミュニケーションの定義を裏付けている．その定義では，「儀礼的コミュニケーションは主に言語が関係する巧妙に実演される記号現象である．… それは定型的であり繰り返しを含み，それゆえ社会的相互行為のある特定のコンテクストにおいて予測が可能なものである (Basso and Senft 2009: 1)．シャーザーが著書で示したクナ語の定型句に関する形式・構造・機能はほかの言語・文化で記録されている呪術の定型句と多くの類似性をもつ (Endicott 1991; Malinowski 1935 巻2; Senft 2010a: 40ff.; Skeat 1984 を参照)．

4.4.1.3　思春期の少女の儀礼における言語

クナ族では少女が思春期に達すると思春期の儀礼と祭典（inna の儀礼）で人生の節目を祝う．この儀礼では大人の女性にふさわしいように髪を短く切り，女

第4章　語用論と民族誌学　　　175

の子が属する村全員で食事をし，酒を飲む（Sherzer 1983: 139ff. を参照）[20]．この儀礼の中心は inna のために特別につくられた家屋で儀礼の責任者（kantule）と見習いが文章（ikar）を大声で叫ぶところである．儀礼の責任者と見習いはこの空間の中で立ち上がり，座り，ハンモックで横になる．2 人は同時に非常に長い kantule ikar（kantule の様式）を大声で唱え，がらがらと楽器を鳴らし，長い横笛（kammu）を吹く（Sherzer 1983: 144）．kantule ikar では長い横笛の霊に語りかける．inna の儀礼は 2 日以上続くことがある．上で述べたように kantule ikar は kantule kaya と呼ばれる高度に儀礼化されたクナ語の一種である．この言語は特に語彙に関して日常生活で使われる口語のクナ語と全く違うため，kantule ikar を使う特別な人以外が理解するのはきわめて難しい．治療と呪術の定型句のように kantule ikar は一種の詩の構造により思春期の儀礼とそれにともなって行われる活動について詳細に記述する．それには儀礼における参加者の準備，新たに大人の仲間入りをする少女の髪を切ること，村全員で食事をし，酒を飲むことを含む．長い文章は「すべてのクナ語の儀礼談話の中で最も変わらないものを表しており，毎回の実演において 1 つの音素，形態素まで同一に保たれる」（Shezer 1983: 143）．以下の kantule ikar の抜粋は儀式に参加する女性を記述している．

yaikana uuparpa imakte.
'The women's underwear makes noise.'
（女性の肌着は音をたてる）

yaikana uuparpa pukki nite.
'The women's underwear can be heard far away.'
（女性の肌着は遠くで聞こえる）

yaikana kala tere imakte.
'The women's coin necklaces make noise.'
（女性の硬貨の首飾りは音を立てる）

yaikana kala tere pukki nite,
'The women's coin necklaces can be heard far away.'

---

[20] クナ族の少年には思春期の儀礼はない（Sherzer 1983: 140 を参照）．

（女性の硬貨の首飾りは遠くで聞こえる）

yaikana kala purwa imakte.
'The women's bead necklaces make noise.'
（女性のビーズの首飾りは音を立てる）

yaikana kala purwa pukki nite.
'The women's bead necklaces can be heard far away.'
（女性のビーズの首飾りは遠くで聞こえる）

(Sherzer 1983: 145f.)

Sherzer（1983: 147）はこの文章が「明らかに特徴づけられる詩的な行構造」をもつと指摘する．この文章ではすべての行が女性（yaikana）という名詞で始まり，時制-様相と行末を示す標識である te（そのとき）で終わる．

　治療と呪術の定型句のように kantule ikar は第3章で定義されたような儀礼コミュニケーションにおける特定の形式をもっている．

　シャーザーは著書でメタ言語的に区別された言語変種，複数の分野（文章の分類）[21] に現れる特定の言語集団における言語使用の類型について事実上網羅的に示した．クナ語の異なる言語使用と本章で示した3種類の分野に加えてシャーザーは命令と依頼，語り，うわさ話，ユーモア，言語による演劇と芸術の形式，言語とともになされるジェスチャー，詠唱について例を示し，分析を行っている．それはつまりクナ語における社会的相互行為と言語使用の状況ほぼすべての主要な形式を記録していることになる（日常会話は例外ではあるが）．さらに彼は「クナ語の談話構造と音楽構造との関係」についても論じている（Sherzer 1983: 12f.）．シャーザーは「クナ語の言語使用すべてはきわめて高度に適応的，戦略的であり，使用のコンテクストにきめ細かく合わせることができるため，クナ語を使う社会と使わない社会の両方における状況の変化から生じる課題に対応できる」と指摘している（Sherzer 1983: 13）．クナ語を話す社会において言語的・文化的能力を身につけるためにはその能力が言語使用をどのように構造化・様式化し，調整するかについて理解することが必要である（Senft 2010a: 286 も参照）．シャーザーはまたクナ語の言語使用に関する詳細な

---

[21] ほかの試みについては Senft（2010a）を参照.

第 4 章　語用論と民族誌学　　177

分析はアメリカの先住民における言語の役割，儀礼と日常的言語使用との関係，文字を持たない社会における言語による技法の性質とその実演との関係などより一般的な理論的問題に貢献することもできると指摘している（Sherzer 1983: 14）．以下では言語使用の民族誌学に対する評価について述べる．

4.4.2　言語使用の民族誌学：批判的評価

Alessandro Duranti（1988: 219）はハイムズによる SPEAKING モデルの「基準」は「常に外側からの視点（etic）のものであり，様々な要素間の関係からなる（一般的な）理論によってモデルが実質化されることはなかった」と指摘している．（Senft 2010a: 284 を参照）内側からの視点（emic）／外側からの視点（etic）の区別（音素（phonemic）／音声（phonetic）の区別から）は Kenneth Pike（1954）を端緒とする．Gustav Jahoda（1995: 129）は，この 2 つの視点を定義しているフレンチ（French）を引用する．

> パイクは内側の視点からのアプローチを構造的なものと認識している．研究対象となる社会の成員は構造をつくる単位の多くを意識していないかもしれないが，（この視点を採用する）研究者は人間の行動は様式化されていると仮定する．パイクの考えでは内側の視点からのアプローチの目標はそれ自身の用語で行動システムを発見・記述し，構造の単位だけでなく単位が属する構造のクラスをも認識することである．
> 　これに対して外側の視点からのアプローチは外部からのものとして特徴づけられる．行動の項目はそれが生起するシステムの観点からではなく観察者によって関係づけられる基準から検討される．観察者は分類を行う前に作成した基準にもとづいてすべての比較可能なデータを観察者が作成した体系に分類する．
>
> （French 1963: 398）

デュランティはまた，言語使用の民族誌学における多くの研究はモデルを構成する要素間の関係が「ある特定の社会の中で意味がある」ことを示そうと試みているが，それは内側の視点で記述されており，これらの研究の多くは，複数の社会における言語とコンテクストの関係について普遍的な原則を例示しないと指摘する（Duranti 1988: 219）．デュランティはこの理論的な欠点を言語使用の民族誌学が大部分の現代文化人類学と共有する「文化相対説が有する欠陥の

178

反映」として説明する．またハイムズが最初に定義したように内側からの説明に対する関心と普遍的な原則を仮定することへの抵抗が，言語使用の民族誌学を特徴づける基本的な反普遍主義と強く関係することを指摘する (Duranti 1988: 219)．Fitch and Philipsen (1995: 264) も「事例研究間の比較は言語使用の民族誌学における中心的な理論的戦略の1つであるが，事例の複雑さを抽象化して独立した原則にすることはそうではない」ことを強調している．彼らは「言語使用の民族誌学の主眼は言語使用における文化と言語の相対性を明確にすることであり，言語使用の普遍的な特徴は派生的な（多くの場合存在しない）関心事であった」とさえ強調して述べている (Fitch and Philipsen 1995: 267)．実際この研究枠組みにおける大部分の文献が研究の焦点を1つか2つに絞っており，この事実が，理論的に可能な一般化を行うためにこれらの研究を比較することが不可能ではないにしてもきわめて難しいことを示している．

しかし Gumperz and Hymes (1964, 1972), Bauman and Sherzer (1974) が編集した論集の刊行以来，この研究枠組みのもとで大規模なフィールドワークが行われるようになった．1970 年代，1980 年代には E. Basso (1985), K. H. Basso (1979), Feld (1982), Gossen (1974) などの多くの博士論文，著書，論文が出版された．この研究枠組みにおける大部分の研究者が異文化コミュニケーション (Gumperz 1982)，言語による技法 (Sherzer and Urban 1986)，コミュニケーション能力の獲得 (Schieffelin and Ochs 1986) といった特定の話題に焦点を使っているのは事実である．それにもかかわらずこの研究枠組みが人類言語学，言語人類学に与えた影響は Foley (1997) に明確に反映されている．この著書では人類言語学の導入を構成する6つのテーマの1つを言語使用の民族誌学にあてている (Foley 1997: 249-378)．さらにこの研究枠組みのほとんどすべての特徴は Duranti (2004) が編集した論集の論文題目に現れている．言語使用の民族誌学における研究者は相互行為における言語の研究や言語使用の理解に対してこの研究枠組みとその要素がいかに重要であるかを示してきた[22]．

---

[22] 多様性と普遍性，特殊性と一般性に関する論争は人文科学における理論的な議論において繰り返し起こっているように思われる．ここで述べた言語使用の民族誌学に対する批判的な議論と，「言語の普遍的性質の神話」についてのエバンスとレビンソンの論文 (2009a, b) (*Brain and Behavioral Sciences*, 32(5); *Lingua*, 120(12)) (Levinson and Evans 2010) に対する言語学者たちの反応や，Henrich et al. (2010a, b) による WEIRD（欧米の，教育があ

4.5 まとめ

本章ではまずマリノフスキーの意味と言語についての理論を紹介した．そこでは，マリノフスキーが言語を単語や発話の意味が状況・文化・社会のコンテクストにおける機能によって構成される，行為の様式として理解していることを指摘した．意味はまた言語の本質的な使用によっても決定される．言語使用の本質的な形式の1つがマリノフスキーが交感的言語使用と呼ぶものにより実現される．それは社会的相互行為における始めと終わりにおいて個人的なつながりを確立し確かなものとするために使われる言語の類型である．彼は交感的言語使用は考えを伝達する目的には全く供さないことを説明し，言語における思考の表現は言語の最も派生的で特殊な用途であることを強調した．しかし交感的言語使用の機能はつながりをつくるだけではないことが示されている．つながりの儀礼として，社会的相互行為の始めと終わりにおいて個人間の関係に関する調和のとれた雰囲気や連帯感を確立し維持する機能，個人の地位・アイデンティティに関する指標的機能，情報的に豊かであり得る定型的なやりとりを開始する機能がその例である．マリノフスキーは言語は考えを伝達する目的をもたずに使うことができることを指摘したが，それにもかかわらず言語・文化・認知の相互関係に非常に関心をもっていた．

　この関心はマリノフスキーと同時代の研究者であるボアズや彼より若いサピアとウォーフによって共有されていた．マリノフスキーとは反対に，サピアと特にウォーフは言語を主に思考の道具として考え，言語が思考を決定する，少なくとも影響すると主張した．これはサピア–ウォーフの仮説として知られるものである．本章の4.3節では複数の言語・文化における空間参照や空間の概念化について調べた研究プロジェクトの成果を踏まえてこの仮説を検討した．このプロジェクトの結果から非言語的な問題解決に対して言語は思考を形成するのに寄与するという仮説は支持された．しかし思考全般に影響するのが言語だけであるとは言うことはできない．スロービンは思考の特別な形式である「言語に対する思考」という概念を提唱し，クラークはサピア–ウォーフの仮説に対する見解として言語は心的活動に関して多くのほかにある共通する特徴の

り，先進国に住み，金持ちで，民主主義を信じる人々）を対象とした実験にもとづく人間の心理学や行動の一般化やその他の主張に関する考察とを比較せよ．

180

一部に過ぎず，心的活動がない場合は話すことはないが話すことがなくとも心的活動はあるという事実を強調する．スローピンの概念やクラークの見解は，言語・文化・思考の複雑な相互作用を真に理解するためにはさらなる研究が必要であることを明らかにしている．

マリノフスキー，ボアズ，サピアは，言語はその社会的コンテクストにおいて研究がなされなければいけないと指摘している．言語・文化・認知の相互関係を研究するための必要条件の1つは，研究の対象とする言語を使用する社会がどのような社会的・文化的現実を構成しているかを知ることである．研究者は彼らが研究する社会がよって立つ基盤を共有し，社会の人たちが言語使用をどのように構造化，類型化，調整するかについて理解するために社会における言語的・文化的能力を獲得しなければならない．デル・ハイムズによってつくられた言語使用の民族誌学は，この野心的な目的を追求する複雑ではあるが優れた枠組みを提供する．本章の最後の部分では，状況，参加者，目的，行為の系列，調子，道具性，規範，言語様式の領域，言語事象について探求する言語使用の民族誌学に関する簡潔な紹介を行った．言語使用を理解するこの枠組みについてジョエル・シャーザーによる『クナ語の言語使用』という影響力の大きい研究から例をとって説明を行った．言語使用の民族誌学においていままで得られた研究結果は事例研究であり一般化はきわめて難しいことを認めざるを得ない．しかし，この研究は相互行為における言語について研究を行うためには言語使用の民族誌学のような複雑な枠組みに基礎を置く必要があることを示している．

本書の序章で紹介した逸話について本章が明らかにしたことは何であろうか．私はトロブリアンド諸島における挨拶の儀礼をマリノフキーの意味での交感的言語使用と誤解していた．しかし挨拶の質問は実際に情報を引き出すことが意図されていた．この挨拶の形式に適切に応答することを学んだあとは複雑な連続動詞構文で情報を提供した．トロブリアンド諸島の人々による挨拶の言語使用に対する理解は，研究対象の社会がよって立つ基盤を共有し，研究目的を達成するために必要なコミュニケーション能力を身につけることへ向けての多くの段階の1つであった（Senft 2010a を参照）．それに対して交感的言語使用の概念を示すために韓国語からの例として取り上げた「どこかへお出かけですか？」という挨拶の質問は情報を引き出すことを意図していない．逸話で紹介したトロブリアンド諸島における挨拶の質問に対する私の最初の反応は，韓国

第 4 章　語用論と民族誌学　　　181

語話者との社会的相互行為であれば文化的に適切なものであったと言える.

4.6　課題

● 「思考を表現する手段として言語を考えることは言語の最も派生的で特殊な機能に着目する偏った見方である」というマリノフスキーの見解について議論してください.

● 少なくとも 3 組の友人，学校の仲間，知り合いが出会う場面を実験的につくり，それをビデオで記録してください（男性のみ，女性のみ，男性と女性の組をつくること）. カメラは動作させて参加者の見える場所においておき，部屋の中で参加者の 1 人は椅子に座ってもらう. 別の参加者に部屋に入ってもらい，他の参加者の近くの椅子に座ってもらうように伝える. 10 分後あなたが部屋に入って実験を終えると参加者に伝える（参加者が部屋を出るまではカメラは停止させない）. この実験で参加者がどのように相互行為を開始・終結するか，どのような種類の交感的言語使用が観察されるか，男性と女性で違うかどうかについて記述・分析してください. より自然な場所，状況での 2 人以上の人たち（知り合いでも知り合いでなくとも構いません）の出会いの開始部・終結部における交感的言語使用を調べる実験を計画しても構いません.

● 2 人が最初に出会う映画の場面を見て，交感的言語使用がなされているか，なされているならばその会話においてどのような表現が使われているかについて記述してください. 最初の出会いの場面で交感的言語使用の表現が使われていない場合それはなぜかについて説明してください.

● 言語が思考を決定すると主張する強い版のサピア–ウォーフの仮説が支持できるかどうか議論してください.

● 少なくとも弱い版のサピア–ウォーフの仮説を支持できる結果を得ることができる可能性のある空間以外の領域を考えてみてください. なぜその領域を選んだのか，あなたの仮説を検証する方法について詳しく述べてください.

- 言語使用についてあなたの母語で典型的と理解するものと，ほかの言語社会において典型的であるとあなたまたは他の人が考えるものとを比較してください．

4.7　さらに学びを深めるための文献

Auer and di Luzio (1992); Basso, K. H. (1979); Bazzanella (1990); Boroditsky (2001); Coupland (2000); Dumont (1977); Dunbar (1996, 2007); Eibl-Eibesfeldt (1968, 1971b); Frake (1980); Hunt and Agnoli (1991); Gentner and Goldin-Meadow (2003); Lucy (1997); Malotki (1983); Muhawi (1999); Niemeier and Dirven (2000); Pederson (2007); Pullum (1991); Saville-Troike (2003); Sherzer (1990); Smith (2010); Stenström and Jörgensen (2008); Werner (1998).

第5章　語用論と社会学
—— 日常における社会的相互行為 ——

5.1　はじめに

1960 年代，1970 年代，北アメリカの 3 人の社会学者による研究が日常における人間の対面相互行為全般や，コミュニケーション行動，特に言語使用，その中でも会話への理解に関して大きな影響を与えた．

　本章の 5.2 節ではアーヴィング・ゴフマン（Erving Goffman）（1922-1982）による社会的相互行為における洞察，社会的相互行為についての着想について説明する．5.3 節ではハロルド・ガーフィンケル（Harold Garfinkel）（1917-2011）による社会秩序，日常の「常識」的な知識，いかに我々が社会を理解可能なものとしているかに関するエスノメソドロジー研究を取り上げる．ガーフィンケル（Garfinkel）とゴフマン（Goffman）の影響下，ハーヴィ・サックス（Harvey Sacks）（1935-1975）はいかに会話が秩序立っていて，組織化されているかについて研究する「会話分析」（Conversation Analysis，CA）という研究領域を発展させた．5.4 節ではこの会話分析の中心的な考え方，知見とともに，最近の展開について説明する．

5.2　アーヴィング・ゴフマンによる相互行為の秩序

アーヴィング・ゴフマンは，規範的な権利や義務によって調整される社会的相互行為に着目して研究を行った．ゴフマンは対面相互行為の研究は社会学の下位領域であると理解していた．1983 年の米国社会学会における会長講演で

184

（実際講演は行われなかった），ゴフマンは社会学のこの下位領域を「相互行為の秩序」と呼ぶことを提案した．ケンドンは，ゴフマン以前の米国の社会学者は相互行為を「目的への手段」として考えていたとしている．

> 彼ら（ゴフマン以前の米国の社会学者）のアプローチは，社会学，社会心理学に対する通常関心の対象となる現象——リーダーシップ，社会階層，権威の組織化など——は，社会成員間の相互行為における特定の行為のあり方に基礎づけられなければならないと考えられていた．そのような行為は研究対象となる現象を調査するための基礎データとなるものである．しかし相互行為における行為自体は研究がなされなかった．行為の一側面が行為とは別の対象を研究する手段として取り上げられていた．ゴフマンはこのことを認識しており，彼の関心とは異なることを明確にしていた．彼の関心はそもそもいかに相互行為が可能になるかという問いを提起することにあった．
>
> (Kendon 1988c: 19)

Goffman (1967: 2) は，「相互行為に関する適切な研究は個人とその心理学ではなく，共在する異なる人々による行為間の関係についてである」ことを明確にしていた[1]．彼は，人は日常の大部分を「他の人々がいる状態で過ごす社会的動物である」というアリストテレスの洞察をもとに，「行うことはすべて社会的に状況づけられている」可能性が高いことを指摘している．(Goffman 1983a: 2)．対面相互行為は社会的な状況で行われる．その状況では人々は「互いに共在し」，「他の人々が何をしていようと（存在していることを含む），気づくほどの距離にいて，気づかれていることがわかるほどの距離にいることを理解している」(Goffman 1963: 17)．社会的状況の概念はゴフマンの研究において中心となるものである．ゴフマンは「会話のように，ある時間，認知的，視覚的注意に関して人々が単一の焦点を維持することに事実上合意している」社会的状況を「焦点の定まった集まり」（「出会い」）とし，街を歩いているときのように人々が存在することによってのみ起こる関わりから成る「焦点の定まらない相互行為」と区別している．ゴフマンは相互行為の秩序について以下のことを述べている．

個人が集中し，関与すること——それが注意だけであったとしても——が重要

---

[1] ゴフマンは相互行為の分析に関して言語学概念を比喩的に利用した．

な意味をもつ．不可避的に精神生物学的要素が関わるようになり，感情，気分，認知，体の向き，筋肉の動きが本質的に関わる．安心と不安，自己を意識しないことと用心深さが中心となる． (Goffman 1983a: 3)

街を歩くといった焦点の定まらない相互行為においてさえ人々は互いに振る舞いを調整する．ゴフマンはこの振る舞いを最小の相互行為の儀礼として「儀礼的無関心」と名付けた．この状況においてすれ違う人々は「互いにちらっと見るかもしれないが，目を合せないようにし，おびえていないこと，敵意をもっていないこと，人形とみなしていること（関心がないこと）」を互いに知らせ合う (Kendon 1988c: 25)．しかし焦点の定まった集まりはもっと複雑である．ゴフマンは以下のように説明している．

どのような理由にせよ複数の個人が互いに近くにいることになった場合，社会生活の基本的な条件（規範や判断の根拠）は大きく変わる．我々の姿，態度が地位や関係を示すだけではない．そのときに話をしているかどうかにかかわらず，視線の動き，関与の強さ，行為のあり方から直接の意図や目的の情報を得ることができる．それに対応して，我々は常に自分の情報を見せるようにしたり，見せないようにしたり，誤った情報を与え得る立場にいる．この情報を得るという性質自体は，系統的に研究されるべき一般的な過程——社会的儀礼——によって，促進され，複雑なものとなっている．社会的儀礼は社会化を通じて身体的，言語的行動が標準化されることにより，一連の行動過程において特別なコミュニケーション機能を可能にしている． (Goffman 1983a: 3)

これらの出会いにおいてそこにいる人々は「二通りの方法で情報を提供する．意図的な表出と非意図的な表出である」(Kendon 1988c: 22)．言うまでもなくこのことは人々が話をするときにも成り立つ．相互行為に参加する人々により言語的な手段で伝えられる情報に加え，付加的な情報が提供される．しかしこの情報が自発的に提供されたものかどうかは受け手が決める．ケンドンはこのゴフマンによる観察にもとづく考えが会話を含むどのような社会的相互行為を研究するときにもきわめて重要であることを強調する．

相互行為のどのような状況においても人々はあたかも何かを意図的に伝えようとしているかのように互いの行動における一部の側面にのみ着目する．会

話において通常「話の内容」と呼ばれる何かがその側面として扱われ，話の仕方，話における身体の動き，話の過程で行われるさまざまな調整はそのようには扱われない．しかしこれらの側面が相互行為の構造化において役割を果たしていないわけではない．それどころかその役割は言語事象が組織化される全体のあり方に対して重要なものである．このように相互行為を考えることができるのはゴフマンのおかげである．　　　　　　　　　　(Kendon 1988c: 23)

対面相互行為に参加する人々は「自分たちがどのように行為をするか，相手の行為をどのように読むかによって，自分たちが参加する状況を構成する」(Drew and Wootton 1988: 5)．権利や義務を調整する手続きや慣習が相互行為を行うための基本的な規則を提供する．ゴフマンはこの規則を，交通規則，言語における統語規則と比較する．社会契約，社会的合意，つまり，「社会秩序」にもとづくこれらの規則は「相互行為の秩序を共有させ，言語使用のやりとりを可能にさせる」ものである (Goffman 1983a: 6; 1971: xf. も参照)．相互行為を行う人々は自分たちが参加する相互行為の状況について共通の合意をもつ必要がある．

この規則には，知覚に関して何を関連あるものとし，何をそうしないかについての合意や，互いにどの程度まで配慮，共感するのか，意見の違いを許容するのかについての「実際的な合意」を含む．同時に，各自の行為に対する倫理的な責任感も持つようになると思われる．　　　　　(Goffman 1963: 96ff.)

「対人間の儀礼」において相互行為を行う人々は互いの社会的関係を確認し，維持する．これらの儀礼には，説明，謝罪，関係標識を含む．関係標識とは，人と人との関係，何も変わったことはなく通常通り手続きがされることを示す普通の外見のことである．(Goffman 1971: 63, 109, 194, 239)．ゴフマンは，出会いにおける相互行為を行う人々がもつ倫理的な責任感に対する認識に言及しているが，そのことは彼にとって相互行為が倫理に関して重要な側面と意味をもつと考えていることを示す．ここで，彼の「自己」と「面目 (face)」という概念が重要な役割を果たす．ゴフマンは，「面目」を以下のように定義する．

すべての人は社会的な出会いの世界に生きている．そこでは対面，もしくはメディアを利用して他の人々と交流する．この交流において，人はある振る舞い方（line と呼ばれることがある）にそって行為する．その振る舞い方とは

第 5 章　語用論と社会学　　　187

言語，非言語行為からなる様式であり，それにより状況に対する見方，参加
者，特に自分自身をどう考えているかを示す．「面目」という用語は，自分と
相手とのやりとりにおいて，相手が自分に対して仮定する振る舞い方によっ
て実質的に主張できる肯定的な社会的価値として定義され得る．「面目」はよ
いと認められた社会的属性によって規定される自己のイメージである．その
イメージは（その人だけのものではなく）その人が専門家として，あるいは宗
教家として立派に振舞うときのように他の人々と共有可能なものである．

(Goffman 1967: 5)

ゴフマンは自己を「社会的構築物」と考えている．…それは社会的状況におけ
る個人の行為が階層化社会の規範に従っているかどうかに依存する．この規範
は社会的な秩序に関する規則や儀礼から成り，自己も「社会的な儀礼の対象」
とされる (Branaman 1997: xlvi, lxiii)．しかしゴフマンにとっては自己は「儀礼
ゲームにおける一種のプレイヤー」でもあり，尊敬される／されない仕方で，
かけひきをして／せずに状況に対する判断の不確実性に対処する (Goffman
1967: 31)．このように自己は何よりもまず社会的構築物ではあるが，それにも
かかわらず個人は舞台上の役者のように社会的状況，特に相手に与える印象に
ついて戦略的に操作することができる．Branaman (1997: xlviii) はゴフマン
による自己に対する両面的理解を「自己は社会的状況において個人がつける仮
面である．しかしどの仮面をつけるかを決めるのもその個人である」と説明し
ている．また，ゴフマンの「自己」と「面目」の概念の相互関係について以下
のように簡潔にまとめている．

我々が社会に所属するのは，我々が自己という概念に関係づけられることを
通してである．我々は社会規範に従い「面目」を保つ．他の人々の尊厳に敬意
をはらうとともに肯定し，社会階層における地位に一致するように自己を呈
示する．「面目」を保つ行為 —— 社会における人々の尊厳を肯定し，守ることを
指向する相互行為 —— の主な機能は社会生活における儀礼的な秩序を維持する
ことである．

(Branaman 1997: lxiii)

『日常生活における自己呈示』においてゴフマンは社会生活と社会における出
会いの構造的性質は演劇の観点から分析できると指摘している．共演者，観
客，居合わせた人から成る観客に対してなんらかの方法により印象を与える目
的で自分の役を演ずる俳優がいる．ゴフマンは 2 人以上の社会的な出会いを

明確な始まりと終わりの局面をもった構造化された出来事として説明する.

> 典型的な始まりはそこにいる人々がそれぞれ別の方向を向いている状態から,一緒に動き,互いに身体的に注意を向ける状態によって,また終わりは近くにいる状態から物理的に離れていくことにより示される.通常,儀礼には始め,別れの挨拶のような区切りがあり,それは共同行為へ参加する／への参加を終える（離脱する）ことについて正式に認める役割を果たす（承認された参加）.出会いの過程においては,参加者は話に関わり,誰も順番をとらない沈黙が続かないようにすることを義務付られる. (Goffman 1981: 130)

ゴフマンが名付ける「話がなされるとき」においては,通常人々は聞き手と話し手を区別する.聞き手（受け手）は承認された参加者であるかどうかが区別される.出会いにおける承認された参加者は話し手から言語的,視覚的に注意が向けられ,認識される.承認されていない参加者（その場に居あわせた人）は意図せず話を聞いてしまう者,意図的に盗み聴きをする者に分けられる.ゴフマンは,話し手,注意を向けられる相手,注意を向けられない人の関係は「複雑であり重要であるが,ほとんど注目されることがない」と指摘している(Goffman 1981: 131ff.).

「話がなされるとき」における聞き手（受け手）は,会話,会議,公聴会,その他人々が集まる状況においてのみ存在するだけではない.「話」はゴフマンが「演壇上の独話」と名付ける形式もとり得る.この形式には政治演説,…,講義,演劇の上演,詩の朗読などが含まれる.この演壇上の行為はラジオやテレビでの「話」におけるように,実演の聴衆,放送に対する聴衆,想像上の受け手が想定され得る別の重要な相互行為の種類である. (Goffman 1981: 137f).ゴフマンの考えでは最も大きな相互行為の単位は「何かを祝う社会的な行事」である.集まりに誰が来るかが管理されており,そこでのすべての出来事はみんなに認められ,祝福された状況において行われるものと定義される (Goffman 1983a: 7).

話し手に関してゴフマンは,「実演者」,「作者」,「責任主体」の3種類の役割を区別した.実演者とは「話す主体であり,… 発話生成の機能を担う個人である.… 実演者は分析のレベル・方法の観点からは受け手と同じである.…十全な意味での社会的役割ではなくコミュニケーションシステムにおけるある機能を担うものである」.作者は「何を表現するか,それをどのように言語化

するかを選択する」．責任主体は「ことばによって立場が確立され，考えをことばにされたものに対して責任をもつ」．実演者は「集団，事務所，団体その他組織の成員として社会的アイデンティティまたは社会的役割をもつ者」と定義される．実演者としての個人は「『私』ではなく自己と他の人たちを含む『私たち』の名において話す」．話し手に関するこれら3種類の役割がどう構成されるかは「発話の生成形式」を決定する (Goffman 1981: 144f.)．

　ゴフマンはいわば聞き手（受け手）と話し手の概念を分解した．これらの「常識的な概念は粗く，参加者の役割に関する複雑な区別，発話を生成する形式に関する複雑な問いを隠してしまう」からである．このように分解することにより，会話における出会いの概念を分析するためには，ことばが話されたコンテクストだけでなく，全体の社会的状況（環境）を常に考慮しなければいけないことが明らかになる (Goffman 1981: 144ff.)．

　さらにゴフマンは出会いにおいて相互行為を行う人たちは非常に動的に社会的役割を交換し得ると指摘している．ジム・オドリスコル (Jim O'Driscoll) は相互行為の秩序に対するゴフマンの考えがどのようにこの動態を扱っているかについてまとめている．

　　現実に話に参加する人々の役割は常に変わるのは言うまでもない．それは誰が話し手になり誰が受け手になるかが変わり得るからではなく，より重要なのは何が話されるかが変わるからである．ゴフマンによる儀礼モデルの一部が仮定するのは，相互行為においてなされるすべては常に必然的に発話者の特徴，相互行為に関係する他の人々への評価，それらの関係についての意味を担うということである．ゴフマンはこれら潜在的に無限に変化しうる個人を取り巻く状況を捉えるためにフッティングという用語を利用した．それは，発話の生成，認識に表される自分と相手との位置取りと定義される (1981: 128)．さらに言われたことはどのようなことでも何が起こっているのか，話し手は経験をどのように理解しているかについて意味を担う．ここがゴフマンによる「フレーム」概念が関係するところである．彼にとってフレームとは「出来事とそれに対する主観的な関わりをつかさどる組織化の原理」である (Goffman 1974: 10)．フレーミングが上記と独立に起こるわけではないのは明らかである．状況がどのようなものであるかについて実質的に主張を行うことは同時にその場に関係する人々や彼らの関係について述べることになる．それゆえ「フッティングにおける変化は出来事に対するフレームにおける変化

190

について話す別の方法なのである」(1981: 128).　　　　(O'Driscoll 2009: 88)

これらの動的な過程を分析し捉えるのはきわめて難しい．ゴフマンはそれがなぜかを説明している．「戯曲家が舞台上にどのような世界も構築できるように，会話においていかなる参加枠組み，発話生成の形式も実現させることができる」(Goffman 1981: 155)．ゴフマン自身は著作の中で社会的相互作用の複雑な構造的性質を示し，分析を試みている．以下ではゴフマンが議論・分析した社会的相互作用の形式と行為の連鎖について3つの例を説明する．

　ゴフマンは顔見知りの交流に関して次のような微視的分析を行っている．互いに知っている2人が出会うと「それぞれはその場で人物の詳細とともに互いの名前を思い出さなければならない」(Goffman 1983b: 41f.)．挨拶をするときには互いにこの知識を示さないといけない．相互行為を行う人々の関係が近いほど互いの経歴に関する知識は多い．ゴフマンはこのことを以下のように述べている．

　　例えば，マーシャとマーサは大人で親しい友人だとすると，互いのほかの親しい友人について話を整理して語ることができるほど重要なことを知っている可能性が高く，また，そのことが期待される．我々の社会における挨拶や別れの儀礼では知り合いの知り合いに言及しなければいけないときが多くある．このことは質問できることは質問されなければならないことを示す例である．　　　　　　　　　　　　　　　　　　　　　　　(Goffman 1983b: 42)

親しい人たちは互いの生活環境の変化に関して情報を最新にしなければいけないとも考える．彼らはそのような情報を得られるだろうと思い，それについて質問する資格があると考えている．しかし，質問をするときには相手の情報を「参照するための気配り」が必要ないのは言うまでもない．つまり相手に情報を尋ねる状況では相手に不快感を与えず，不作法でないような表現をしなければいけない[2]．ゴフマンはこの状況を以下の例で示している．

　　道でジョンと出会ったとき，彼の友人は奥さんのマーシャはどうしているか

---

　[2] 参照に関する気配りは，相互行為を行う者がその資格を得るために義務とされる思慮深さの倫理的規範を尊重していることを明らかにする．繊細さ，礼儀正しさ，慎み深さ，丁寧さ，これらが関係する属性である (Goffman 1983b: 28).

第 5 章　語用論と社会学　　　　191

を尋ねる資格があり（実際は義務であることもよくあるが），彼女を特定する
のにファーストネームを使う．ジョンは友人がどのマーシャを言っているの
かがわかり，すぐに応えるだろう．ジョンがマーシャと破局したあとすぐ道
でジョンと会ったとすると，彼の友人はマーシャに関する質問は省略する．
それはジョンが誰について話しているかがわからないからではない．

(Goffman 1983b: 28)

ゴフマンはこれらの考察に基づいて顔見知り同士の関係を次のように定義して
いる．

我々が関係として考えるものは，一面では暗号的な表現の使用を可能にし，
節約してものごとに言及するのに必要な表現を用意する．友人について関連
する社会的事実に加え，名前を憶えておく義務は，その友人との社会的関係
を重要なものとし，更新する手段以上のものであるのは確かである．友人と
交流するときはいつでも話への共同指向性も続く．関係を確認することも話
を組織化する．

(Goffman 1983b: 42)

ゴフマンによるコンテクストに関する微視的分析に関する別の例に「サービス
をする側とサービスを受ける側とのやりとり」がある．

ある目的に対して準備された設定で「サービスをする側」は，形式的，規則的
にある種の商品を複数の顧客に提供する．通常それはお金と引き換えか，役
所における手続きの中間段階である．

(Goffman 1983a: 14)

サービスを提供する側と受ける側は互いにある特定の制度で特徴づけられる同
じ社会的状況にいることを理解している．ゴフマンはこの取引の交渉は少なく
とも 2 つの規則によって特徴づけられると指摘している．

第一に関わる人たちの間にすべての人は平等に扱われるとの基本的な理解が
ある．当然のことながらこの「平等原則」は重要な意味をもつ．

秩序立って，公平であると認識されるように一度に 1 人以上にサービスをす
るためには，順番待ちの列をつくり，最初に来た人に最初にサービスを提供
する規則で対応する可能性が高い．この規則は，この状況以外では非常に重
要な属性である社会的地位，社会的関係といったものの影響を全く持ち込ま
せない，サービスを提供する時間順序の実現を可能にする．

(Goffman 1983a: 14)

「サービスがなされている場所」に入ると，顧客は自分のためにすぐ「そこでの順番決め」がどのように行われているかを理解しなければならない．番号発行機から順番の付いた紙片をとらなければいけないのか，列に並ばなければいけないのか，すでにそこにいる人とその後すぐに入ってきた人を注意深く見ていなければいけない．サービスを提供する人が複数いて，それぞれに順番待ちの列がある場合，自分がどの列にいて，誰がサービスを提供してくれるかを知る必要がある．列の順番が守られるなら，たとえ列の誰かがサービスをする人と特別な関係にあっても，他の列に並んでいる人は列の順番に関する規律を守らなければいけない．

　第二にゴフマンはこのサービスのやりとりにおいてサービスを受ける人は丁重に扱われることを期待すると指摘する．

> 例えばサービスを提供する側はサービス要求へすぐに注意を向け，サービスを受ける人を認めたこと，取引ができる喜びを，ことば，ジェスチャー，態度で示し，サービス要求を処理する．（平等原則から）非常に小額の買い物をした顧客も非常に高額の買い物をした顧客も同じように扱われる．
>
> (Goffman 1983a: 14f.)

しかしこの2つの規則のほかにサービスのやりとりに関連して考えなければいけないことが多くある．例えば，年齢，節度，言語能力，支払能力に関する状況的に認識可能な，サービスを受ける資格に対する条件がある（Goffman 1983a: 15）．すべてのサービスのやりとりにおいて，サービスを提供する側，サービスを受ける側が対面で行われるわけではない（下記を参照）．それが，ゴフマンが「サービスにおける出会い」ではなく，「サービスにおけるやりとり」という用語を好んで使った理由である．しかしこのサービスのやりとりについては次のような指摘をしている．

> 通常，最初のやりとり（典型的には発話の始めまたは終わりの位置）においては，視線を合わせ，社会における出会いが要請する互いの義務を受け入れ，肩書が利用される．我々の社会ではこのことは男性，女性を区別する呼格が使われたり，サービスのやりとりにおいて男性，女性が両方いるときに適切であると考えられる行動がなされることを意味する．子どもにサービスを提供する場合，そのこともサービスをする側の呼格や「言語の使用域」に反映される可能性が高い．
>
> (Goffman 1983a: 15)

第5章　語用論と社会学　　　　　193

サービスを提供する側と提供される側が互いに名前を知っていたり，以前になんらかの関係がある場合にはサービスのやりとりは次のようになる．

> サービスの始まりと終わりは関係の儀礼によって開始され，終結する．個別的な名称が，問い合わせのやりとりや，顔見知りの間での通常の挨拶や別れの挨拶での健康を祈ることばにおいて使われる．サービスのやりとりにおいて，社交の始めと終わりの一時的な変更が副次的な関与である限り，また，そこにいるほかの人々が列の順番が守られていないと感じない限り，平等に扱われることに関して問題があるとは感じない．個人的な関係を維持することは考慮の対象外とされる．　　　　　　　　　　　(Goffman 1983a: 15)

ゴフマンは「サービスを構成する要素はほぼ無限のやり方で破棄され得る」と指摘している．しかしその場合，（破棄した）人が公に説明を求められたら反論し得る「否定可能な行為の形式」で行われる (Goffman 1983a: 15)．

　ゴフマンは映画館に行ってチケットを購入するという別の状況設定を使って相互行為に対する彼の研究方法を説明している．ある人が仲間と映画館に行く状況を想定する．チケット売り場に行き，財布からお金をだし，チケット販売員に「2枚お願いします」と言う．省略を含んだ発話（2枚）で話者はチケットが欲しいことを意味している．この状況においてチケット販売員は情報が不足している発話にもかかわらず，自分に向けられた発話が何を意味しているかについて十分わかっている．また，チケット販売員は映画を見に来た人にチケットを「無料で渡すこと」を頼まれているのではなく，「チケット代と交換であること」がわかっている．この相互行為は予めの話を必要としない．チケット売り場に行けば「チケットに関する発話を行う権利」がある．チケット販売員の仕事は「チケットに関する暗号的な発話（省略を含んだ発話）を理解する」ことである．それはチケット販売員がそのもとで働く制度化されたサービスのあり方による．映画館でチケットを購入するやりとりはことばも視線を合わせることさえも不要であり得る (Goffman 1983b: 34f.)．ゴフマンはこのような例を使って以下に示す彼の考えを裏づけている．

> 発話が満たさなければいけない一般的な制約——相手の考えと関係づけられるようにすることや，（相手へ）考えを伝えること——は，ことばのないコンテクストにおける非言語的な行為にも適用できる．我々が他の人と交流をするときはいつでも（守らなくてはいけない）重要な義務がある：それは自分の行動

を，他の人が何が起こっているかについて認識するものとはっきりと関連性のあるものとすることである．ほかのことはどうであれ，我々の活動は相手の心，つまり，感情，思考，意図を理解するための，ことばや行為を解釈する相手の能力に対して向けられなければならない．これにより我々のことば，行為は制限されるが，すべてを相手が理解できるものに使うことができるようになる．

(Goffman 1983b: 50f.)

まとめ：ゴフマンによる相互行為研究は，社会的状況における人間の相互行為に関する複雑な仕組みに対して深い洞察を与えてくれた．社会的相互行為は相互行為における権利や義務を決める「構造的制約」から成る，規範や秩序をもつ社会的制度のもとで行われる．ゴフマンは，これらの規則——相互行為における行為の秩序も決定する——は相互行為を行う人たちから成る社会をつくる社会秩序に基づくことを示した．相互行為はある特定のコンテクストに基礎をもち，それに基づくとともに，（新たな）コンテクストをつくる．他の人々が共在する相互行為に関わる人たちは常に互いの行動の形式を観察し，分析する．具体的には，自分と相手の動機，意図，自己呈示に関する推論を行う．また，出会いをフレーム化し，この出会いにおける相互行為の状況とともに各自の役割について，調整／再調整，構成／再構成，フレーム化／再フレーム化を行う．社会生活における儀礼的，道徳的な秩序を維持するために関わる人たちの尊厳（面目）を認め，守る．

5.3 ハロルド・ガーフィンケルによるエスノメソドロジー

ゴフマンの同僚で，友人の1人であるハロルド・ガーフィンケル（Harold Garfinkel）も社会における秩序，日常生活の社会学に関する研究を行った．しかし，その研究は自身が名付けた「エスノメソドロジー（ethnomethodology）」という枠組みの中で行われた．ガーフィンケルはこの研究方法を次のように定義している．

私は「エスノメソドロジー」という用語を，多様な（研究の）方針，方法，結果，（常識に挑戦するという意味で）危険性があり，暴挙と認識されうるプロジェクトを参照するために利用する．そのプロジェクトにより，日常生活において組織化され工夫に富んだその場その場で成し遂げられる実践として，

実践的行為の合理的な属性を解明する. (Grfinkel 1972: 309)

また，ガーフィンケルはエスノメドロジーに関して次のことを強調する.

> 「エスノメソドロジー」は，社会の成員が実際の活動に関与する時間的な過程において社会の内側のみからの知識に基づき安定的で説明可能な実践活動，すなわち，日常活動における社会的構造をいかにうみだすかについて研究する. (Garfinkel 1967: 185)

ガーフィンケルはエスノメソドロジー研究を以下の対象を分析する研究であると特徴づける.

> （分析対象は）普通の日常活動を組織化するように，すべての実践的な目的に対して明白に合理的で報告可能なものとする，つまり説明可能なものとする社会成員による方法としての日常活動である. この活動の相互反映性は，実践的な行為，実践的な状況，社会構造に関する常識，実践的な社会組織に関する推論の独特な特徴である. 社会成員による方法が実際に使われているところを同定し検討することにより，この活動の相互反映性に関する研究を可能にする. (Garfinkel 1967: vii)

ゴフマンと同様，ガーフィンケルは社会における普通の成員が実践的推論の手段・方法として「当たり前の常識的な実践」(Firth 2009: 67) をいかに利用するかについて研究を行った. その実践の利用は行為に対する共通のコンテクストや特定の状況についてだけでなく，社会的な秩序，つまり社会的な世界について，それらを構成・理解し，共通理解を得るためのものである. 社会成員による常識的な実践は，「社会についての『事実』と，社会を描くための実践的推論と常識を利用する方法との相互反映的な関係」に大きく依存している (Psathas 1994: 1162). 以下ではガーフィンケルの研究方法について彼と彼の学生による 4 つの研究を使って説明する.

　ガーフィンケルは精神科診療所の患者を分類する手続きに関する研究で診療所に働く人たちがどのようにこの分類を行い，学生がこの分類をどのように検討するかについて調査を行った. Garfinkel (1972: 311) と彼の学生たちは，診療所の分類作業者が「分類手続きによりその記述を行うことが意図された，診療所における非常に組織化された方法に関する知識を前提としていること」を示した. 明らかに「前提となる知識」は分類作業者にとって実際の作業状況に

おいて行われる分類が満足のいくものであり，分類結果が「実際に起こったこと」を表現していることを確信するのに必要なものであった．では分類作業者が分類手続きに従うとき，実際に何をしていたのであろうか．ガーフィンケルと彼の共同研究者は，「分類作業者がどのように分類をしたとしてもその手続きが正しいものとされ得る分類ゲームがある」という仮説から研究を出発させた．彼らの課題はフォルダーに記録されている分類結果を得るために分類作業者はどのような種類の分類ゲームをしているのかを明らかにすることであった．ガーフィンケルは研究結果を以下のように説明している．

> 研究を始めて間もなくわかったのは，分類作業者が分類を行うときに本質的なのは「その他」，「例外」，「大目にみる」，「行われるべきものでないものでも行われたものは正しい[3]」といった判断であった．
>
> 便宜上これらの判断を「その場その場における」と呼び，分類作業者が作業を行うときにそれを利用する場合「その場その場における判断」と呼ぶことにする．分類作業者は分類手続きと診療所における組織化された活動との関連性を認識するために，このその場その場での判断を使用している．フォルダーの内容を「実際の出来事」の報告として考えられる程度に，分類手続きによって実際のフォルダーの内容を分析できたと分類作業者が満足できる場合にのみ，この関連性は明確になる．
>
> (Garfinkel 1972: 312)

分類作業者は分類規則や分類手続きに従っていたが，特定の事例において意味をなすように規則や手続きを適応させていた．つまり与えられたデータに合うようにしていた．この研究でガーフィンケルは，タルコット・パーソンズ (Talcott Parsons) による「規則が行動の『原因である』，行動を『説明する』」という考えを否定した．彼は，「規則の本来的な『緩さ』」や規則の適用に『さまざまな資源』が利用されること」を強調し，また，「実際の状況での規則の使用についてそれ自体経験的に研究が可能であることを示した」(Firth 2009: 70)．

　別の実験で Garfinkel (1972: 316) は学生に「普通の会話について報告する」ように求めた．報告書の左側には会話をしている人たちが実際に言ったこと

---

[3] これはラテン語の格率 Quod fieri non debuit, fatum valet（行うべきでないことは行われたときに正当なものとされる）を参照している．

第 5 章　語用論と社会学　　197

を，右側には会話をしている人たちが話していることについて何を理解したか
を記録させた．（しかし）結果として学生たちはこの課題は達成不可能である
ことに気づくことになった．ガンパースとハイムズはこの結果に対するガー
フィンケルの解釈を以下のように要約している．

　　学生たちはこの課題を会話において明確になっていないところについて言語
　事象外の出来事を利用してその内容を詳細化するものであると考えた．しか
　しその結果，コンテクストを無限に後退していくことになった．彼らの誤り
　は，どのように言われたかと言ったことが分離しているという記号理論を仮
　定して内容だけを検討し，「どのように」を無視したことによる．会話（いか
　なる会話であっても）は複数の言語使用のあり方の 1 つを実現したものなので
　ある．会話に関わる人たちに内容がわかるのは，内容に関する無限の知識を
　共有しているからではなく，第一に会話のときにどのように話が行われて，
　それがどのように解釈されるかについて合意を得ているからなのである．し
　かしそのような一時的な合意が得られるという事実は会話の内容を別の条件
　のもとであとから再構成できることを意味しない．

　　　　　　　　　　　　　　　　　　　　　　　　(Gumperz and Hymes 1972: 303)

この実験は Garfinkel (1967: 4ff.)，Garfinkel and Sacks (1970) が提案した直
示表現（第 2 章を参照）だけでなく，すべての言語行動が指標的であるという考
えを支持するものであった．ガーフィンケルは指標性の概念により「会話に関
わる人たちにとって，言語と行動の意味はそのコンテクストに依存するという
事実に注意を向けさせた」(Psathas 1994: 1161)．
　ファース (Firth) はガーフィンケルの考えを次のように説明している．

　　理解は予め確立され共有されている意味を基盤にしてではなく，コンテクス
　トにおいて手続き的に達成される．それは，言われたこと（と行われたこと
　（著者注））は常に特定の時点で特定の話者により，特定の局所的なコンテクス
　トにおいて評価されるという意味である．　　　　　　　　　　(Firth 2009: 71)

ガーフィンケルは有名な「違反実験」において学生に知り合いや友人と普通の
会話を行わせた．学生には普通の会話からはずれて，相手に対して相手の発話
の意味をはっきりさせるようにすること，相手にはそのことを知らせないよう
にすることを求められた (Garfinkel 1963: 220ff.)．ここではその実験結果の報

告から2つの会話を示す（Garfinkel 1967: 42, 44 を参照）.

会話1

実験協力者（S）が同じ駐車場利用者である実験者（E）に対して，前の日仕事に行く途中（自動車の）タイヤがパンクしたことについて話をした.

S: I had a flat tire. （（自動車の）タイヤがパンクしてしまいました）

E: What do you mean, you had a flat tire?

（（自動車の）タイヤがパンクしたというのはどういう意味ですか）

実験協力者（女性）は瞬間あぜんとして，とげとげしく（質問に）答えた.

'What do you mean? What do you mean? A flat tire is a flat tire. That is what I meant. What a crazy question!'

（「どういう意味ですか？どういう意味ですか？（自動車の）タイヤがパンクしたというのは（自動車の）タイヤがパンクしたということです. それが私の意味したことです. なんてばかげた質問でしょう！」）

会話2

実験協力者が元気よく手をふる.

S: How are you? （元気ですか？）

E: How am I in regard to what? My health, my finance, my school work, my peace of mind, my ...

（私の何に関してどういう状態かを聞いているのですか？それは私の健康, お金，学業，心の平穏，私の ...）

S: (Red in face and suddenly out of control.) I was just trying to be polite. Frankly I don't give a damn how you are.

（（顔を真っ赤にして，突然抑えがきかなくなる）単に丁寧であろうとしただけです. 率直に言えばあなたがどうであるかなんて全く興味はありません）

これらの実験におけるガーフィンケルの明確な目的は，「なじみのある場面から」始めることによって「普通の場面」を見えるようにして，そのあと（普通前提となる要素を操作することにより）「問題を起こす」. この実験により，ガーフィンケルは学生に，Alfred Schütz（1960）による「相互の視点に関す

第5章　語用論と社会学　　　　　　　　　　　　　　　　　　　　　　199

る一般的な理論」のための「関連性一致の理想化」を破棄させた．ヘリテージ
(Heritage) はガーフィンケルの実験結果を以下のようにまとめている．

　　実験協力者は，実験者が「みんなの知っている」背景知識を利用し，実験協力
　　者の発話に関して意図した意味を（日常の生活において）「経験的に同一」の
　　ものとしてくれることを期待する．それぞれの場合に実験協力者は「（互いに
　　何を知っているかについて）確認しないで実験者が話していること」をわかっ
　　ていると仮定する (Garfinkel 1963: 220)．また実験協力者は自分の話を理解で
　　きるようにするために必要な明示的でない内容を，実験者が補完してくれる
　　ことを当たり前だと考えている．この要件は，… すべての相互行為について
　　成り立っている．実験者がこの要件を破ると結果としてきわめて急速かつ完
　　全に相互行為が破たんする．… さらに … 実験者の要件破りはきわめて迅速か
　　つ強力に誤りとして対応される．実験協力者は自分の話が理解できるものと
　　して扱われる事実上の権利があると考え，したがって，要件破りを正当なも
　　のではなく誤りとして対応されても仕方がないものであり，説明を必要とす
　　るものとして扱う．この実験は，（日常生活の考え方における前提の1つとし
　　ての）「視点の相互性」を維持することが認知的な課題であるだけでなく，互
　　いに社会常識を守るための必要性からその維持が期待されている課題である
　　ことを示している．　　　　　　　　　　　　　　　　　　　(Heritage 1984: 81f.)

これらの実験が示しているのは「相互行為を行う人々は彼らの状況を意味のあ
るものとする『調整行為』を自身と互いに対して社会常識の観点から説明可能
なものとしている」ことである (Heritage 1984: 84)．
　大学学部生へのカウンセリング実験では，学生はカウンセラーに自分の問題
を説明し，それをカウンセラーに Yes/No 質問で尋ねるように言われる．カウ
ンセラーと学生は隣接する部屋にいてインターコムでやりとりをするように
なっている．学生は自分の質問に対してカウンセラーの回答があったら毎回イ
ンターコムのスイッチを切って，カウンセラーの回答に対してどのように考え
るかを音声で記録するように言われる．学生に知らされていないのは，カウン
セラーの回答（Yes/No）は無作為に選ばれたものであることである．それに
もかかわらず，学生は自分の質問に対する回答を学生を支援しようとしてい
るカウンセラーによる筋の通った回答として助言を解釈しようと試みていた
(Garfinkel 1967: 76ff.)．ガーフィンケルはこの実験により「解釈に関する記録

に基づく方法」の考えを示したいと考えていた．その方法は次のものから成ると定義される．

> 実際になされた行為を，前提となる根底に，ある様式の「記録」，「参照するもの」，「その代わりを述べられたもの」として扱う．この方法は，話している人が何を意味しているかを（厳密な意味で）正確に述べないとして，その人の「話の内容」を理解するために普段必要なことを認識可能にする．
>
> (Garfinkel 1967: 78)

記録に基づく方法は，相互行為を行う人たちに，彼らの行為の共有理解の基礎を提供する．ファースはこの研究について次のように指摘している．

> 「解釈に関する記録に基づく方法」は学生にそうでなければ筋の通らない行為を意味のあるものとする資源の１つである．この方法と「自然的態度」の概念は，... 日常の認識と認知すべての行為に成り立っているとされる．ガーフィンケルは，「自然的態度」は社会的相互行為の根底にある社会成員に共有されている「常識的な仮説」と，相互行為が必要とする「調整行為」の一部であると主張する．仮説には 1.～3. が含まれる．
>
> 1. 普通の探索
>   （相手の行動について）普通と考えているものとの乖離や曖昧さがある場合，相互行為の参加者は疑問を保留し，その乖離を説明する別の「普通のあり方」を探索する．
> 2. 相手の視点に立つ
>   相互行為の参加者は立場を変えても同じ経験をするという仮説を正当化する．
> 3. 例外原則の採用
>   相互行為を行う者は社会的活動において（そこでは）観察されない情報を補完する．このように明らかでないこと，（普通から）はずれたことをあとで明らかになると考えてそのままにしておく．
>
> (Firth 2009: 74f.)

ガーフィンケルは社会的相互行為の研究に対して少なくとも３つの貢献を行った．

　１つ目は研究プロジェクトの焦点を，相互行為を行う者に対して社会における行為（社会秩序）を理解する基礎を提供する実践的な常識知に当てたことで

ある．この常識知は，個人（ガーフィンケルの用語では相互作用に参加する成員）は，行為や社会を構成し同時に行為や社会を意味あるものとし理解するため，実践的推論に関する共有された方法として常識的な実践を利用する．ガンパースとハイムズは次のように指摘する．

> ガーフィンケルにとって，社会学研究における一次的な研究対象はこれらの推論方法である．文化の基礎は共有知識ではなく解釈の共有規則であり，すでに獲得された共通の実質的な情報ではなく何が合理的，事実的，関連があるなどと見なし得るかを判断する「常識」知である．
>
> (Gumperz and Hymes 1972: 304)

2つ目は相互行為に参加する人たちがコンテクストにおいて手続き的に共通理解をつくろうとしていること，社会常識を守るための必要性から互いにこの目的を達成しようとしていること，つじつまの合わないと思われる行為を意味あるものとする資源として解釈に関する記録に基づく方法を使うことを示すことにより，「社会的活動の組織化における認知の構成的役割」を明らかにしたことである (Firth 2009: 93)．

　3つ目は，「具体的な社会的状況，人，行為を理解可能なもの，意味あるものにする，局所的，その場その場で相互反映的に行う『行為』の特徴を明らかにしたことである (Firth 2004: 94)．ガンパースとハイムズはこれをガーフィンケルの研究において基本となるものであると評価する．「日常生活の秩序，合理性，説明可能性は，ガーフィンケルによれば，『その場その場で達成されるもの』であり，『行為』の一種である」(Gumperz and Hymes 1972: 304)．

5.4　ハーヴィ・サックスと会話分析

ハーヴィ・サックス (Harvey Sacks) は，ガーフィンケルとゴフマンの学生であり，のちに同僚となった人物である．ガーフィンケルは長期間密にサックスと協力して研究をすすめ，共著で書籍も出版している (Garfinkel and Sacks 1970)．サックスは，エマニュエル・A・シェグロフ (Emanuel A. Schegloff)，ゲイル・ジェファーソン (Gail Jefferson) と密に協力をして，「会話分析」という分野を発展させた (Schegloff 1992: xv, xxii)．それはガーフィンケルとゴフマンの影響を，特に実践的推論，行為の連鎖，相互行為の単位，対面相互行為

202

における話，会話における相互行為に参加する人たちの行動に関する研究に影響を受けたものであった．本節では会話分析についてその方法と重要な特徴・洞察のいくつかを紹介する．

　サックスは彼の論文でテープに録音された会話を研究することがどのような方法論的考察に基づくかについて説明している．

　　社会学の研究を始めてこの学問が次のような条件を満足できないならば現実を扱う科学ではあり得ないと考えた．その条件とは，実際の出来事に関する詳細を扱うことができ，しかもそれを形式的にできること，そもそも実際の出来事に関する知見を直接的に得られることである．初歩的な科学の知見は誰もが見て確認できるという意味での直接性である．このことは知見を得るための大きな制約となる．問いは，社会学が実際の出来事に関する詳細にもとづいて形式的に有意義な知見を得る方法があるかということであった … 私は（そのことを）検討する資料を探していた．テープで録音した会話から始めたのは言語への関心からでも何を研究すべきかについての理論的形式化からでもなかった．それは単に実際に手に入れることができ，繰り返し調べることができたからである．またそれゆえ他の研究者が例えば分析結果に反論がある場合，もとの資料を調べ彼らが別の解釈を検討することが可能になるからであった．

(Sacks 1984: 26)

サックスは，会話——特定の状況とコンテクストにおいて現実に生起する基本的な言語使用の形式——を研究することにより「実際の出来事に関する詳細」だけでなく，会話の実践において話し手が実際の場面で利用する常識や推論についての重要な洞察が得られると確信していた．サックスが分析した最初の会話データの中にはロサンゼルスにある自殺予防センターへの電話の録音があった．サックスはこのデータより普通の他の電話会話を繰り返し分析して，「普通の会話は高度に秩序だっており，構造的に組織化された現象である」という仮説を裏付けた (Clift et al. 2009: 40)．これらの最初の分析は話者が共同で意味や社会的行為を構成する会話における順番交替（turn-taking）に関する組織化，誰がいつ次に話すかを話者がどのように調整しようとしているか，会話における社会的行為や活動の連鎖に関する順序に焦点を当てたものであった．以下に示す，会話で観察される一般的な特徴は会話分析研究にとってきわめて重要なものである (Sacks et al. 1974: 700ff. を参照).

第5章 語用論と社会学 203

- 会話に関わる話者の人数は固定されておらず，話者は交替する．
- 通常一度に1人が話す．一度に2人以上が話す場合もよく起こるが，その時間は非常に短い．
- 話者は他の話者との話の重なりを避け，順番が交替する間を短くしようとする．
- 話者の順序，発話長さは固定されていない．
- 会話の長さ，話者が何を話すか，誰が話すかの分布は予め決められていない．
- 話は続く場合もそうでない場合もあり得る．
- 話者は「順番割り当ての方法」を利用する（例：現在の話者が次話者を指名する，話者が（次話者を選択せず誰も話を始めない場合は）「自分自身を指名して」話し始める）．
- 発話は「順番構成単位 (turn-construction units (TCUs)」から成る．単位の例としては，会話の相手が意味があると認識する単語，句，1つ以上の文がある．順番構成単位の終わりで，次話者が話し始めるか，現在の話者が次の順番構成単位を発話する．つまり，順番構成単位の終わりは，「順番完了点 (turn-completion points)」であるだけではなく，「順番移行可能場所 (transition-relevance places (TRPs))」でもある．
- 会話において話すとき，聞くとき，理解するときに問題があった場合，会話に関わる人により修復される．

サックスと彼の同僚であるシェグロフ，ジェファーソンは影響力の大きい1974年の論文において会話における順番交替の現象を示し，それについて考察を行った．この論文によって会話分析は社会学の一分野としてその地位を確立した．デイビッド・ローグ (David Logue) とタニヤ・スタイバーズ (Tanya Stivers) はこの分野を次のように特徴づけている．

　社会的相互行為の理論として，会話分析は会話が行為の連鎖から成ると考える．言語は基本的に「意味」に関係するのではなく，挨拶，要求，申し出，招待，称賛，叱責，侮辱といった行為を実現することに関係している．さらにこの理論では，人々は規範に基づいた体系によって相互に社会的行為を生成し，認識すると考える．社会的相互行為が規範に基づいた体系である限り，

人々は規範の違反を説明可能なものとすることが期待される.

(Logue and Stivers 2012: 1285)

会話分析の研究者はほぼすべての種類[4] の自然に生起する会話の音声や動画の記録をもとに研究をすすめる. それらの記録は会話分析のために開発された転記(書き起こし)体系を利用して, 可能な限り精密に注意深く転記がなされる (Heritage and Clayman 2010: 283ff; Jefferson 2004 を参照).

> 転記の体系は, 話における発話の時間関係, 具体的には順番交替に関する特徴を詳細にとらえることが意図されている. ... その特徴には, 間(gaps), 休止(pauses), 重なり, 聞きとることができる吸気・呼気, 笑い, 強勢, 発音, 音調, 音の高さがあり, 相互行為において重要な役割を果たす
> ... 転記は, これらの特徴を詳細だが分析などがしやすい形に変換する. その特徴は, 会話をする人たちが協調して, 社会的相互行為を秩序だって理解可能なものとする方法を分析するのに有効であることが明らかにされている. 転記は分析とともにその正しさを調べるときにも利用される.

(Clift et al. 2009: 43)

以下の転記(Sacks et al. 1974: 702 から)の抜粋(1)はこの転記体系の要素を示している.

(1) Jeannette: Oh you know, Mittie-Gordon, eh — Gordon, Mittie's husband died.
(まあ, あの, ミッティゴードン, え, ゴードンミッティのご主人が亡くなったんですって)
(0.3)

Estelle: Oh whe::n.
(まあいつ)

Jeanette: Well it was in the paper this morning.
(ええと今朝の新聞に載っていたの)

Estelle: It wa::s,
(そうなの)

---

[4] 概要については Clift et al. (2009: 41ff.) を参照のこと.

→Jeannette:　Yeah.
　　　　　　　　（ええ）

　この例では，下線は強調，コロンは音の伸長，括弧内の数字は休止の長さ（この例の場合は 0.3 秒），矢印は分析関心のある行を示す．この行は単語から成っており，前話者の終わりと次話者の始まりに間がない．

　隣接対（adjacency pairs）(Schegloff and Sacks 1973: 295) は，「質問-応答」，「挨拶-挨拶」，「申し出-受諾／断り」，「招待-応諾／辞退」といった発話の連鎖の単位であり，順番には間がないか，非常に短い間だけがある．また，これらは近接しており，発話間に順番がある．Sack, Schegloff and Jefferson (1974) は，順番交替における発話間の時間的な関係は正確であることから，次話者（少なくとも英語話者）は，自分の発話の準備に時間が必要なため，現話者による発話の終わりを予測できなければならないと考えた．しかし，このことは英語以外の言語を話す話者について成り立つであろうか．

　話者 2 人によるオランダ語電話会話コーパス（会話分析の用語では集積 (collection)）を利用した心理言語学の分析により，話者の 45% は「順番の移行における時間差（FTO. 現話者の発話の終わりと次話者の発話の始めの差）」は –250 ～ 250ms であること，移行の 85% は FTO が –750 ～ 750ms であることを明らかにした[5]．つまり，（英語以外の言語においても）会話における話者の移行は最小限の間または重なりで行われることがわかる．このことは「聞き手は話し手の発話の終わりがわかるまで待つのではなく，終わりを予測する」ことを裏付ける (de Ruiter et al. 2006: 516f.)．

　現話者による発話の終わりを予測する能力については，語彙統語的な手がかりに基づいているとする研究や，韻律の特徴，特に音調の輪郭が決定的だとする研究がある．これらの仮説はコンピュータを使った実験で検証された．実験では録音されたオランダ語自然会話における発話の「記号（語彙統語的）内容と音調の輪郭」を変化させた．実験参加者は自然な発話，内容はなく音調の輪郭だけがある発話，内容はそのままで音調の輪郭がない発話が呈示され，「話者が話し終えると判断した時点でボタンを押す」ように求められた (de Ruiter et al. 2006: 523)．判断に際しては話し終わる時点を予測するよう促された．実

---

[5] FTO の値が負の場合，発話の重なりを示す．

験の結果は以下のようにまとめられる.

> もとの発話を聞いた場合, 実験参加者は実際の会話における発話を聞いたと
> きと同じ正確さで発話の終わりを予想できた. 音調の輪郭を完全に除いた発
> 話 (単語・構文はそのままで音調の輪郭は完全に平板) では発話の終わりの予
> 測の正確さは変化しなかった. しかし音調の輪郭はそのままで認識できる単
> 語がない発話では予測の正確さが著しく低下した. これらの結果から発話の
> 語彙統語的内容が発話の終わりを予測する, したがって, 会話における順番
> 交替を調整するのに必要 (おそらく, かつ十分) であることが示された. 意外
> にも音調の輪郭は発話の終わりの予測に対して必要でも十分でもない.
>
> (de Ruiter et al. 2006: 515)

ジャン・ピーター・ディルイター (Jan Peter de Ruiter) と彼の共同研究者は
実験では次のことを示したと主張する. 文法は「単に述語-項関係を意味的に
表現する手段であるだけでなく」,「聞き手が話し手による発話の過程を追い,
それにともない自分の発話を計画する時間を調整するための生得的な資源であ
る」. 話し手は能動的に構造の予測を可能にする情報を提供し, それにより相
互行為そのものが展開する推移を制御し, 会話の認知と行為の過程を調整する
ために, 特定のコンテクストにおける発話の語彙・構文を選択する. このこと
は言語が「社会的相互行為を円滑にすすめられるように構造的につくられてい
る」という仮説を支持する (de Ruiter et al. 2006: 532).

　ここまで紹介してきた知見や考察で示される会話分析の研究結果は程度の差
はあるが, 明示的にすべての言語に成り立つと主張されている. いままでの研
究の大部分が英語に関してなされていることは事実として, 会話分析による普
遍性の主張には根拠があるだろうか. 近年 10 言語 (デンマーク語, イタリア
語, オランダ語, 英語, 日本語, ラオ語, 韓国語, ツェルタル語, ハイコム語
(Hai//om), イェレ語 (Yélî-Dnye)) に対して, 質問応答の隣接対に関する研
究が行われた (Stivers et al. 2009). その研究により多くの言語 (すべてではな
い) で質問応答の隣接対において選好される応答とそうでない応答が区別され
ることが示された. 質問に対して選好される応答は同意であり, 応答がそうで
ない応答よりより早く伝えられる (Enfield et al. 2010: 2616 を参照). 例 (2) は
オランダ語において選好される応答を示す (オランダ語で答えた後, 英語に切
り替えている) (Heinemann 2010: 2722).

第 5 章　語用論と社会学　　207

(2)　Line: → 1　*Ska' vi ta' det her med?*
　　　　　　　Shall we take this here with
　　　　　　　'Should we take this with us?'
　　　　　　　これを持っていくべきですか？
　　Mette: → 2　*>.mJah.<　.fnnt Let's do that.*
　　　　　　　>.mPRT.<　.fnnt Let's do that.
　　　　　　　>.mYes.<　.fnnt Let's do that.
　　　　　　　＞んええ＜　　　そうしましょう

質問に対して承認しない，同意しない応答は選好されない行為であり，遅れが
あり，表現が和らげられ，再確認がなされる場合がある．例 (3) は，ツェル
タル語における選好されない応答の例である (Brown 2010: 2646)．

(3)　A:　*eej lek　me ay-Ø　　　　in　　ch'i j-tatik-*
　　　　　eh good if　EXIST-3ABS DEIC PT　HON-'sir'
　　　　　ay-Ø　　　ya x-ala　　ba-at ya'tik tz'in
　　　　　EXIST-3ABS INC ASP-DIM go-2A　today　PT
　　　　　'Eh it's good if that's the case, sir, is there somewhere you are
　　　　　going to go now?'
　　　　　（ええそうだとよいのですが，いまどこかに行かれますか？）
　　　　　(0.3)
　　N:　*ma'yuk-*（質問を否定する応答）
　　　　　'No(where)'
　　　　　（どこにも）
　　A:　*ma'yuk-ix　a　[tz'in*　（再確認）
　　　　　None＝ACS　DEIC　PT
　　　　　'There's no(where) then.'
　　　　　（ではどこにも行かれない）
　　N:　　　　　　　　　*[ma'yuk.*　（確認）
　　　　　　　　　　　'No(where).'
　　　　　　　　　　　（どこにも）

Stivers et al. (2009) は研究対象とした 10 言語のうち 9 言語で最も普通の質

問である極性（yes-no）質問に絞って比較を行っている．上記の研究でディルイターらは「オランダ語のコーパスを利用してすべての種類の発話間に関して時間関係を分析し，質問と質問以外の発話への応答時間には差がみられないことを明らかにしている」．この知見に基づき，スタイバーズのプロジェクトでは質問応答の連続を順番交替を代表するものとして分析を行った．その結果，会話における順番交替は「発話間の間，重なりが最短」という規範に沿っていることが確認された．これは順番交替が「文化による違いが最も少ない普遍的な体系」であることを支持する（Stivers et al. 2009: 10587f.）．

> 各言語の応答時間は単峰型分布であり，各言語の最頻値の差は0〜+200ms，全体の最頻値は0msであった．中央値もきわめて一様で，0ms（英語，日本語，ツェルタル語，イェレ語）から+300ms（デンマーク語，ハイコム語，ラオ語）であった．... 平均は少し変動があり，デンマーク語が最も遅く（+469ms），日本語が最も早かった（+7ms）．総てのデータに関して平均応答時間の差は+208ms，それぞれの言語の平均は約±250ms以内に収まっていた．その時間はおよそ英語の一音節を発音するのにかかる時間である．
>
> （Stivers et al. 2009: 10587f.）

応答時間の違いは語用論的に説明可能である：「デンマーク語の話者は日本語の話者と同様に沈黙を避ける．しかし沈黙はデンマーク語より日本語のほうが早く気づかれる」（Stivers: 私信）．より厳密には「遅れの主観的な認識は言語によりその絶対的長さに差がある」（Stivers et al. 2009: 10590）．いわば，この少しの違いが文化的に調整されていると考えられる．さらに，今回の研究から質問に対する応答は質問に答えていない発話（例：「知りません（I don't know）」，「おぼえていません（I can't remember)」）に比べ，より早くより多くなされることが明らかになった．承認も拒否に比べ，より早くより多くなされていた（平均100〜500ms）．これらの知見は選好される応答とそうでない応答との違いを裏付ける．うなづく，首をふる，肩をすくめる，目をしばたたかせる，眉を上げるといった動作による応答は音声よりさらに早い．しかし応答に動作が含まれる頻度はかなりの変動があることが観察されている．研究の対象となった10言語のうち9言語では話者が質問の相手を見ているときはより早く応答がなされた．しかし質問者が相手を見る頻度が言語によって異なることから，「相手を見るという行為は他の行為と比べて文化的に異なりが大き

第5章　語用論と社会学　　　209

い」と考えられる (Stivers et al. 2009: 10588)．「応答は（応答の対象となる発話に）0.5ms 以上重なることもなく遅れることもない」という結果は「言語使用の基底にある相互行為の体系に関する普遍的な特徴」をとらえていると考えられる (Stivers et al. 2009: 10590)．

　順番移行可能場所では，現話者は，順番を保持し新しい順番構成単位[6]を始めるか，次話者を選ぶか，自分の発話を終え他の話者が自ら次話者として名乗り出る機会を与えることができる．例 (4) に日本語の次話者選択を示す (Tanaka 1999: 46)．

(4)　M: (T を見ながら)

… *yappari kan　　ga　　ii　　n　　desu yo ne::*
　　after all　intuition　NOMP　good　NMLZ　COP　FP　FP

… 'after all, ((you)) have a good sense of intuition'

（やっぱり勘がいいんですよね ::）

Minasan　　　no baai
you ((plural))　P　case

'in the case of people like you'

（みなさんの場合）

dakara (.) .hh

'therefore'

（だから）

Shize::n　ni wakatte[kite
naturally　P　come to understand

'((it)) just comes naturally'

（自然にわかってきて）

　　　　　　　　　　　　　[

T:　　　　　　　*[Iya mendokusai da dake (hh) to iu oh*
　　　　　　　　[no　bothersome　DF　only　(hh)　QUOTP　say　DF
　　　　　　　　['No, it's just that ((I)) can't be bothered'

---

[6] 話者が発話を拡張する権利を確保するために使用する別の方略に「前置き」がある．例えば「言わせてもらいますが (Let me tell you something)」は，少しの間順番を保持する意図を予告する (Sidnell 2001: 1281f. を参照)．

　　　　　　　　（いや めんどくさい だ だけ と いう お）
　　S: hhh

この例で会話参加者は，操作マニュアルを読まないでコンピュータを使える T
の能力について話していた．Tanaka (1999: 46) は M がどのように次話者選択
を行っているか，ここで何が起こっているかについて説明している．

　　M は視線を向けるとともに（受け手を選択する手段），T の直観が優れている
　　ことをほめる（隣接対（ほめ‐受入れ／拒否）の第一部分）ことにより，T を
　　次話者として選択する．T は M により参照された活動をよりたいしたことの
　　ない活動として再定式化しすぐに応答している．

例 (5) はガイアナ人のクレオール化言語における，「発話開始の重なり」を示
す（重なりの箇所は [で示されている）．この重なりは 2 行目の発話で次話者
が選択されず，「認識可能な順番移行可能場所」で，パンクとナンシーが両方
とも自分を次話者として選択したことにより起こったものである（Sidnell
2001: 1273）．

(5)	1.	Pank:	suna narai dadii. en =		Suna is Narain's farther. And =
					（スナはナラインの父親である．そして）
	2.	John:	= shot yoo ass:.		= Shut your ass
					（だまりなさい）
	3.	Pank:->	joo suna		Joe Suna,
			[		（ジョー・スナ）
	4.	Nancy:->	joo. yea		Joe. Yes
					（ジョー．はい）
	5.		Joo a harii da		Joe is Harry Suna's father
					（ジョーはハリー・スナの父親である）
			[		[
	6.	Pank	Harri		Harry
					（ハリー）

第 5 章　語用論と社会学　　　　　　　　　　　　　　　211

7.　　　　　　　Suna　da　　　　　　Suna's　father.

　　　　　　　　　　　　　　　　（スナの父親.）

シドネルはこの会話を次のように解釈している.

> 例（5）ではパンクは家系について主張している．順番終了可能点（発話の韻
> 律，構文，内容により認識可能）に到達したあと，接続詞 en(and) により発
> 話の拡張を始めている．ジョンがそれに同意しないことがパンクによる発話
> の拡張を（効果的に）抑制し，順番終了可能点で真実の主張または根拠を再述
> する環境をつくる——主張に対して別の主張をすること，不同意を示すことは
> 全体の過程を議論として維持することになる．ナンシーとパンクはジョンの
> 発話によって提供された発話の位置に入ろうとし，最小限の発話の重なりが
> 起こる．パンクは発話をあきらめ，ナンシーが発話の始めを繰り返すことを
> 可能にする.

(Sidnell 2001: 1274)[7]

話し手は次話者（自分を次話者とする場合を含む）を選択できるだけでなく，
「話す，聞く，理解することに関する問題」を修復することができる（Sidnell
2009a: 3）．これらの問題はいわゆる「修復対象を含む発話（trouble source
turns (TST)）」において表示され，通常疑問の形をとる（Egbert 1997: 612 を参
照）．話し手は別のもの（人）を間違って参照してしまうといった発話の誤りに
気づくと，すぐにもしくは少しの遅れのあと自己修復をする．例（6）と（7）
はパプア諸語であるイェレ語の話者による順番交替が可能な場所における自己
修復と，他者修復を先取りした間がある自己修復を示す（Levinson 2007: 45）.

(6)　M:　*ki　D:ââkî:a u　　　lama　　　ka pyede = aa*

　　　　　That　D　　　3.POSS　knowledge　is　sitting　　er

　　　　　'That D:ââkî:a knows all about it = er'

　　　　　（D:ââkî:a はそれについてすべて知っている＝あ）

　　　　　Nteniyé　u　　　lama

　　　　　Nteniyé　3.POSS　knowledge

---

[7] 言うまでもないが，競合する重なり（割り込み）も観察される．Sidnell（2011: 1278）を
参照.

'Nteniyé knows it.'

(Nteniyé はそれを知っている)

(7)　R:　*mu*　　　　*Lêmonkê*　　　　*kêle*

This.nonvisible Lêmonkê (standing behind speaker) wasn't there then

(この見えない Lêmonkê は，そのときにそこにはいなかった)

　　　P:　(P looks around to check)

(P は確認のため，まわりを見る)

　　　R:　*ee!* (gestures 'not')

eh-

(えー)

(1.0)

Yamî'n:aa

'(I mean) Yamî'n:aa'

((そうではなくて) Yamî'n:aa だ)

　　　　　　　　　　　[

　　　P:　　　　　*Yamî'n:aa*　<- P は遅れて修復をしている

例 (8) は修復対象を含む発話 (TST) (1, 2 行目) が修復開始発話 (隣接対の第一部分 (5 行目) [1PP]) のあと，どのように修復されるかを示す．この第一部分は，別々の話者により 2 つの応答がなされている (隣接対の第二部分 (7, 8 行目) [2PP]))．この他者修復の例はドイツ人同士の会話からとったもので，1 人はヴェストファーレン (Westphalian) 方言で話をしている (Egbert 1997: 621f.)．

(8)　TST 1 M:　der mann war allerdings auch tsheche °glaub ichi.°

but the husband was czech °i believe°

(でもご主人はチェコの人だと思うけど)

　　　2　　　(0.2)

((方言))

　　　3 H:　oh　gott　[wat n düennehne

oh god　[what a mess

(ああ　　　なんてことだ)

第 5 章　語用論と社会学　　　213

```
                        [
     4 A:             [(        )
1PP  5 I:    was   war  der?
             what  was  he?
             (彼はどこの人だって？)

     6       (.)

2PP  7 H:    tscheche
             czech
             (チェコ)

2PP  8M:     gebürtiger tscheche
             a born Czech
             (チェコ生まれです)
```

修復がある特定のコンテクストできわめて重要であることは，以下で示すルー語 (Lue) (L) とサイアミーズ語 (Siamese) (S) (タイ中央部の言語．2 つの言語はタイ-カダイ (Tai-Kadai) 語族に属する) 話者間の会話からの抜粋 (少し長いもの．簡略化されている) で示される．このデータは，タイ-ルー (Thai-Lue) 村においてマイケル・モーマン (Michael Moerman) によって記録されたものである (8 行目から 32 行目 (約 30 秒) はもとの転記が省略されている)．

```
(9)   …
     3  S((L))    ma·   ãt    tî·   à·cá·n  bá·j  n ï
                  come  record CNJ  T      N     PRT
                  'They came and recorded at Acan B's'
                  (彼らが来て，Acan (敬称) B で録音をした)

     4            (.2)

     5  MM((L))   ə·[:::[
                  O[:::[h
                  (あ :::)

     6  S         á·w  á·w  bâ·  nǒ·  xá·w  xãp
                  PRV  PRV  T    N    PRN   sing
                  '… had Ba Noo sing'
```

214

(... Ba（敬称）Noo に歌わせた)

7   (.4)

8   á·w   ná·n dá· pá·j pǎ·w pǐ

           PRV T   N   PRV blow pipe

           'had Nan Daa play the pipe.'

           (Nan（敬称）Daa に管楽器を吹かせた)

...

32 DO$_{((S))}$ khon thî· nǎj   kháp

           person   where sing

           'Where was the singer from'

           (歌手はどこから来たのか)

33   (.7)

34 DO   khon bâ·n   nî· lŷ·

           person village this QPRT

           'Someone from this village?'

           (この村のものなのか)

35 S$_{((L))}$ ãn-（·）kun- ãn tí   jŭ·   honja·

           um   person um CNJ to be infirmary

           tî   põ   a·ca·n bâ·j hân nɛ

           CNJ with T   N   DEM PRT

           'Um-（·）a guy–um who stays at the infirmary at Acan

           B's there'

           (ん   男   ん そこの Acan（敬称）B の診療所に滞在している)

36   (1)

37 B$_{((L))}$ Isa·

           'What'

           (なんだって)

38   (.3)

39 B   wã kun   xàp na

           say person sing PRT

           'You talking about the singer?'

           (おまえは歌手について話をしているのか)

第 5 章　語用論と社会学　　　　　　　　　　　　　215

40 S　　　　　mεn　iε.

　　　　　　　'That's right.'

　　　　　　　(そうです)

41　　　　　　(.2)

42　　　　　　bâ nðo nân　nε.

　　　　　　　T　N　DEM PRT

　　　　　　　'That Ba Noo.'

　　　　　　　(あの Ba (敬称) Noo)

43 WS((L))　bâ nǒo Xî·　t[ŭ·t　　nε[.

　　　　　　　T　N　leper　PRT

　　　　　　　Ba Noo the　l[eper

　　　　　　　(Ba (敬称) Noo leper (名祖))

44 S　　　　　　　　　　[man　[　pin　　　kun

　　　　　　　　　　　　　PRN　　is　　　　person

　　　　　　　　　　　　　phãjā:t　　nâŋkǎw　lε:.

　　　　　　　　　　　　　sick　　　　somewhat PRT

　　　　　　　　　　　　　bâ　　　nân　　　ko

　　　　　　　　　　　　　T　　　DEM　　　CNJ

　　　　　　　　　　　　　[He[is sort of si:ck, that guy.

　　　　　　　　　　　　　(彼は少し調子が悪い　あの男は)

45 B?　　　　hmm

　　　　　　　(ふん)

46 S　　　　man há　　jŭ káp a

　　　　　　　PRN usually be with

　　　　　　　[ca·n bá·j.[

　　　　　　　T　N

　　　　　　　A [can B.

　　　　　　　(A can (敬称) B)

47 WS　　　[bâ nǒo [lŭ·k

　　　　　　　T　N　child

mɛ·thâ·w <u>mun</u>

T   N

bâ·nce·ŋbá·n

N

[Ba Noo[the son of

(Ba（敬称）Noo 息子)

Mɛthaw <u>Mun</u> of Chiengban

48   nɛ· tá·

PRT T

uncle

（おじ）

49 B   ə·::

O::h

（お::）

50 S   bâ nǒo nân

T N   DEM

'That Ba Noo.'

（あの Ba（敬称）Noo）

この例はルー村の歌を録音することについての，タイ−ルー村の住民と現地の役人（DO）との間の会話である．Moerman（1988: 20ff.）はこの会話を次のように分析している．3, 6, 8 行目で話者 S は録音をする家に住む布教者 B と音楽家（歌手，管楽器の演奏家）を紹介する．30 秒後（32 行目）DO は歌手がどこにいるかについて尋ねる．質問に対してすぐには回答がなく，DO は可能な回答を提案する修復開始質問で順番構成単位を続ける（34 行目）．S は DO に歌手は B の住居にある診療所に滞在していると伝える．話者の修復（35 行目）は村の長老のより詳しい質問により，さらなる修復が開始される（37 〜 39 行目）．S は指示詞とともに前の参照表現を繰り返す．S の自己修復のあと，彼の妻は（他者修復で）‘the leper’という歌手の名祖（一種のあだ名）を付け加える．多くの村人は同じ名前であり，そのため誰のことかをより明らかにするためにしばしば名祖を付け加えるのだとモーマンは説明する．しかし，この場合は S は妻による発話に重ねて発話を行い（44 行目），医療的な診断と誤解さ

第 5 章 語用論と社会学   217

れ得る妻の発話を「彼は少し調子が悪い」と深刻でないことを伝え修正する．
この発話により，S は妻の発話に同意せず却下し，異議をとなえ，名祖（の含
意）を曖昧にしている．モーマンは S の発話を消去する重なりと解釈する．

> 重なりが消去する性質のものである場合（この例のように話者が他者の発話を
> 消去するために発話を行う場合），発話場所の正確さは話者が発話の重なりに
> 非常に注意深く意識を向けていることを示す．この重なりは聞き誤りや会話
> へ完全に参加していないということではない．発話に対して場所を正確に特
> 定する仕組みによるものであり，不注意な状態によるものではない．
>
> (Moerman 1988: 21)

モーマンはこの例における S の介入を説明し，正当化する民族誌的背景情報
を以下のように述べている．S は歌手 Noo の面倒をみるとともに保護をする
信仰者である．その歌手は害のない皮膚病に罹っているが，ハンセン病に罹っ
ているわけではない．S は何人かの住民が前々から DO（現地の役人）に対し
て Noo について苦情を訴えているのを知っている．DO が Noo を真のハン
セン病患者とみなすと，Noo を布教者の宿舎からハンセン病患者の居住地に
移す可能性がある．そのようなわけで，S の妻が害のない Noo を名祖で参照
することは深刻な結果をもたらすかもしれなかった[8]．続く会話では S と妻は
Noo への参照表現を工夫して（46, 47 行目で重なり），DO へ Noo の居場所，
親族関係をより詳しく伝える．S は一連の話を中立的な表現である「あの Ba
Noo（'That Ba Noo'）」で終える（50 行目（42 行目の繰り返し））．モーマン
は今回の例について以下のように解説している．

> ここで起こっていること全体は 10 秒もかかっていない．特定可能な行為の単
> 位──順番，修復，隣接対，連鎖──は会話として組織化されている．しかし
> 我々は単に発話のやりとりをしているだけではない．どのような会話におい
> ても人々はそこで生き，役割を演じ，文化を成り立たせている．言語による
> 相互行為においてはすべての動機や意味に文化が反映されている．行為を理
> 解するためには文化的な知識が必要である．会話分析の技法や特徴は重要な
> 社会制度が実際にどのように動機付けられ，作動するかを正確に明らかにす

---

[8] 相互行為における人の参照に関する比較言語／比較文化研究については Enfield and Sti-
vers (2007) を参照．

る．この例において名前をつける実践，役人の権威，後援者への忠誠，同一の社会への所属が一時的かつ実質的に会話の中で取り上げられ，実現される．このことは社会制度や文化様式が言語による相互行為をつくることを意味しない．そうではなく，それらは言語による相互行為の意味に含まれるのである．実際の社会におけるすべての出来事は即時的であり複雑なため，単一の規則（例：修復，順番交替，忠誠，親族関係の規則）により，つくりだし，解釈し，説明することはできない．　　　　　　　　　　　　　　　　(Moerman 1988: 22)

会話参加者は（他者または自己）修復ができることに加え，発話連鎖における行為の調整もできる．Goodwin and Heitage (1990: 296) は，Schegloff (1992: xxix) がこの能力を「行為の『戦略的／連鎖的』次元」という用語で参照し，次のように詳細化したと指摘している．「この方法は行為の選択肢が異なった応答の可能性をかたちづくり，これらのさまざまな形式がある特定の効果を実現するためにいかに利用されるかに焦点をあてている」．上で述べたように会話分析では選好される応答とそうでない応答を区別する．会話例（3）は質問に対する選好されない応答を示している．Sidnell (2010: 78f.) による会話例 (10) は選好されない応答の一般的な特徴をより詳細に示している．

(10)　01　A　Uh if you'd care to come and visit a little while

　　　02　　　This morning I'll give you a cup of coffee.
　　　　　　　（あのもしよければ少しうちにいらっしゃいませんか？
　　　　　　　今朝はコーヒーを差し上げます）

　　　03　B　hehh Well that's awfully sweet of you. I don't

　　　04　　　think I can make it this morning. .hh uhm I'm

　　　05　　　running an ad in the paper and-and uh I have to

　　　06　　　stay near the phone
　　　　　　　（（呼気音）ええとお気遣いありがとうございます．（でも）今朝は都
　　　　　　　合をつけることができるとは思えません．（吸気音）ん新聞に広告を
　　　　　　　出稿していて，あ，電話のそばにいなくてはいけないんです）

Sidnell (2010: 78f.) は次のように指摘する．Bの応答において，「遅れ，緩和表現，選好されない応答がなされた理由の説明と正当化，この場合誘いが辞退される理由」が観察される．遅れは聞きとれる呼気音，「ええと」（間投詞），

第5章　語用論と社会学　　219

「お気遣いありがとうございます（3行目）」（発話）が当該発話の前に置かれていることにより実現される．緩和表現には，ある種の感謝，謝罪，相手の発話への表面上の肯定応答がある．会話例（10）では「お気遣いありがとうございます」という感謝や「できるとは思えません」という表現が使われ，選好されない発話がなされる理由が説明され，根拠が示される．

　クリフトらは次のように指摘する．

　　選好されない応答に関する構造の特徴は，相互行為における話において社会的つながりを維持するための資源として使われ得る．選好されない応答を「有標」とする手段は，第一話者に対して不同意または拒否を避ける（隣接対の）第一部分を修正する資源を提供する．

(Clift et al. 2009: 49)

選好されない応答を避けるために使える多くの手段がある．「今夜は忙しい？」のようないわゆる「先行連鎖」（presequences）は依頼や誘いのような行為の前に置かれる．Goodwin and Heritage（1990: 297）が指摘するように，先行連鎖は「会話参加者が，対立，不同意または拒否が現れる可能性が予期される相互行為連鎖を中止することを可能にする ... 予期される連鎖が中止されなければ（同意や承諾などのような：著者注）親和的な応答の可能性が高い」．Sidnell（2010: 80）（Levinson 1983: 320 も参照）における（11）では，話者が依頼の準備のあとの2秒間をどのようにして選好されない応答として扱い，「質問の極性を『たぶんいらっしゃらないですね』で反転させることにより先行依頼を部分的に撤回している」例を示している．

(11)　01　So I was wondering would you be in your office
　　　　　　（それで事務所にいらっしゃいますか）
　　　02　on Monday (.) by any chance?
　　　　　　（月曜日に (.) ひょっとして）
　　　03 → (2s)
　　　04　Probably not.
　　　　　　（たぶんいらっしゃらないですね）

会話分析では会話の開始・終了，会話における物語や語り（narrative）などほかにも多くの現象について研究が行われている．しかし本章では会話分析を構

成するいくつかの話題しか取り上げることができなかった．ここで概説した発話（複数の順番構成単位（TCU））と順番交替，間と重なり，修復，隣接対，行為の組織化・連鎖に関する研究は，会話は創発するものであるがきわめて規則的な活動であることを示している．「この活動では，会話に参加する人たちは時間的に非常に精緻な関係にある複数の行為において意味と社会的行為を共につくる」（マーク・ディンジマンス（Mark Dingemanse）私信）．

5.5 まとめ

ジョン・ヘリテージは本章の簡潔な要約となる，シェグロフを評価する一節を書いている．

> ゴフマンは社会的相互行為がそれ自身社会制度であると考えるべきであると主張した．制度には規範的な組織化と社会常識的な義務があり，面目（face），役割，アイデンティティにより社会における他の側面に関係づけられる．ゴフマンは社会的相互行為を社会常識的権利と儀礼の集合からつくられるものであると考えていた．ゴフマンが一時期そのように呼んだ「統語論」は，…個の心理学には還元できない．この構想がそれ自身研究の主題となる社会的相互行為の研究——のちにゴフマンによって「相互行為の秩序」と名づけられた——を要請したのである．
> 　ガーフィンケルの研究は，人と人との間の共通理解や相互了解は近似的で修正可能な，…実践的で共有化された推論の方法のみにより可能になり，その結果は不可避的に社会的行為の過程に残るものであることを明らかにした．
> 　これらの観点をもとに会話分析は，秩序だって，相互に理解可能な行為の過程を共同で構築するために，会話に参加する人々が利用する能力に焦点を当てている．オースティンによる言語行為の概念をもとに，会話分析は社会の構成員が社会的相互行為を行い，認識し，理解し，管理するための資源を明らかにすることにより研究プログラムを発展させた．その基本的な仮定は，行為の資源は高度に制度化されていながらも，特定の行為過程や特定の人やコンテクストの特徴に合った意味のある活動に対する構成要素の役割も果たすというものである．

(Heritage 2003: 3)

第 5 章 語用論と社会学 221

序章で説明した逸話について本章が言えることは何であろうか．明らかに私は
トロブリアンド諸島における相互行為の秩序，規範的な組織化，社会常識的な
義務——儀礼化された質問 Ambe?（「どこにおでかけですか？」）に対して文化
的に適切な方法で応えることを強制する——に関して気がついていなかった．
私の不適切な応答は文化的に適切でない行動の現れであった．私は知らずに，
また，不本意に違反実験を行っており，「この実験」によりこの挨拶の状況に
おいて適切に行動し，応答する方法に関する必要な内部知識をようやく得るこ
とができたのであった．トロブリアンド諸島における人々の社会常識的権利や
儀礼について理解し，人々が共有している思考法について学ぶと，自分の応答
が挨拶をしてくれた人により期待されている情報を提供する発話を構成できる
ようになった．このように質問-応答の隣接対はトロブリアンド諸島の人々に
よる相互行為の秩序におけるフレームにおいて秩序を守り，意味のある方法で
共同構築されるのである．

5.6 課題

● アイブル=アイベスフェルト（Eibl-Eibesfield）の「普遍的相互行為方略」
  と，レビンソンの「相互行為エンジン」，ゴフマンの「相互行為の秩序」
  を比較してください．これらの概念の類似性と相違点について詳しく説
  明してください．

● 「社会的出会い」の場面を見つけてきてください．それについて観察・記
  述・分析をしてください．可能であれば，その「社会的出会い」をビデオ
  で記録してください．根底にある相互行為の秩序を明らかにするととも
  に，相互行為をする人々が共有している推論方法を見つけ，記述してく
  ださい．

● 「特別な」実験に参加してくれる人を見つけてください．実験参加への同
  意が得られたら，約 10 分間程度ガーフィンケルの「違反実験」を行って
  ください．そのあと参加してくれた人にどのように感じたか，また，あ
  なたや状況に対してどのように考えたかについてインタビューをしてく
  ださい（ビデオまたは音声で記録してください）．参加者が実験状況にお
  けるストレスに耐えられないと判断したらすぐに実験をやめてください．

可能であれば，そのあとインタビューをしてください．

● 友人や家族の夕食時の様子（1.7 節）または対談番組（2.6 節，3.5 節）を
ビデオで記録してください．そのビデオ，もしくは，交感的言語使用の
実験のためにビデオで記録した 2 人の相互行為に関する資料を使うこと
にしてください．相互行為 30 秒間を会話分析の転記方法を使い，できる
だけ詳細に書き起こしてください．さらに，順番の構成，順番交替，間，
重なり，修復，隣接対，行為の連鎖の観点から転記を分析してください．

5.7 さらに学びを深めるための文献

Couper-Kuhlen and Ono (2007); Goffman (1959, 1969); C. Goodwin
(1993); M. Goodwin (2006); Reynolds (2011); Roberts et al. (2011);
Schegloff (1988, 2007); Senft (1999); Sidnell (2009b); Streeck et al.
(2011); Takanashi and Sung-Yul Park (2011).

第6章　語用論と政治

——言語，社会階級，人種，教育，言語イデオロギー——

6.1　はじめに

1960 年代は，冷戦，（武力に訴える）戦争，内戦，紛争，暴動，（核やその他の）脅威，急進的な政治変化，暗殺，学生運動の時代であっただけではない．アメリカはロシアとの宇宙競争に勝利し，アメリカ（やその他の国）でのベトナム反戦運動，市民権運動がその勢いを増していた時代でもあった．さらに，この時代は活気あふれる 60 年代としても知られている．文化的に革命が起こったともいえるときに若い世代は，どちらかといえば保守的な 1950 年代の典型的な生活様式を根本的に変化させた．特に性や女性の権利に関していままでのタブーを破壊し，すべての公的，私的な領域で正当化されない権力を問題にした．このような世の中の動きは，社会的不平等をなくし，西洋の資本主義社会における社会階級構造を乗り越えようとするマルクス主義思想やいわゆる「新左翼」などのイデオロギーに強く影響されたものであった．私的な領域，公的な領域の全面的な政治化と，特に西洋世界においていままで問題にされなかった社会規範や社会から同調（圧力）からの自由化や解放，この両方により特徴づけられる時代であった．

　この政治における空気の拡がりは学術界において，特に人文科学において何が議論されるかにも影響した．この時代に社会言語学が始められたのは偶然ではない．その起源は，主に，ユリエル・ヴァインライヒ（Uriel Weinreich），チャールズ・ファーガソン（Charles Ferguson），ジョシュア・フィッシュマン（Joshua Fishman），デル・ハイムズ（Dell Hymes），ジョン・ガンパース

223

224

(John Gumperz), ウィリアム・ラボフ (William Labov) といった研究者がいたアングロ・サクソン世界にあったのである. ノバート・ディットマー (Norbert Dittmar) は著書『社会言語学』の翻訳でこの研究分野の状況について次のように述べている.

> この10年間で社会言語学は解放を推進する強力な要因となった. 言語形式と階級構造との関係を体系的に明らかにし, ある特定の社会的コンテクストで得られた知見を応用することにより, 学校における対立を弱め, 労働者階級と周辺的な社会集団を含む全体の階層に対する明らかな機会不平等を取り除く試みが行われた.
> (Dittmar 1976: 1)

この時代の社会言語学研究において最も影響力のあったのが, 元教師で英国の社会学者バジル・バーンスティン (Basil Bernstein) と米国の言語学者ウィリアム・ラボフ (William Labov) である[1].

バジル・バースティンは, 「コード理論」を展開した. その理論は, 「異なる階級を背景にもつ子どもと教師は異なるコードで話し, そのことがコミュニケーション不全を生じさせるという主張に基づく」(Good 1999: 9). バーンスティンの研究は政治的であるだけでない. 教育に対しても影響力をもち, のちにいわゆる「補償」教育プログラムとして実施されるようになる. Bernstein (1970a, b) 自身がこのプログラムに反対していた事実にもかかわらず, 彼の理論は, Labov (1970a: 153) などの学者によって「言語的貧困理論」(「欠陥仮説」) と特徴づけられた. ラボフはバーンスティンの理論に対して「変異理論」(「差異仮説」) と言われる社会言語学的アプローチを提唱した.

6.2節, 6.3節では, バーンスティンのコード理論, ラボフの変異理論, 言語学における語用論に対して強い影響を与えたこれら2つのアプローチを支持する研究者間の論争について概観する.

バーンスティンとラボフによる社会言語学に対する貢献の議論は, 言語研究が政治に及ぼす影響に関する言語学者の意識をいかに高めるかを示す. これについては言語イデオロギーと言語学における語用論に対する役割について議論する6.4節でとりあげる. マイケル・シルヴァスティン (Michael Silverstein)

---

[1] Dittmar (1976) はバーンスティンのコード理論とその米国での受容, ラボフの変異理論と社会言語学への影響, 米国の教育政策への示唆についての議論の優れたまとめを行っている.

による影響力の大きな論文「言語構造と言語イデオロギー (Language structure and linguistics ideologies)」とジェフ・フェアシューレン (Jef Vershueren) による研究「言語使用におけるイデオロギー (Ideology in Language Use)」をもとに言語イデオロギーについて短く議論をしたあと，関連する3つの研究を説明する．

6.2　バジル・バースティンによるコード理論

バーンスティンのコード理論は言語，家族の中での社会化，社会階級，学校の相互関係を明らかにしようとする社会学の理論であった．彼は1959年に「大衆の言語」と「公式の言語」を区別する論文を公刊した．のちに彼は次のように述べている．

> コードは一般的に2種類ある … 精密コードと限定コードである．これらのコードは，言語レベルでは典型的な言語表現に対して意味を構成する統語要素を，話者が予測できる確率により定義できる．コードそのものは，社会的関係，あるいはより一般的に社会構造に対してある特定の形式がもつ機能である．
>
> 　限定コードが現れる最も一般的な条件は，（集団の）成員が自己意識的にもつ，密接に関係する（集団への）所属証明と期待の共通集合をもとにした社会的関係である … 意味は分析的，抽象的というよりはむしろ具体的，記述的，語り (narrative) 的である可能性が高い．
>
> 　精密コードは（予測はほとんど可能ではないが）次のような社会的関係で現れる可能性が高い．すなわち，（集団の）成員が自分のもつ言語資源から特定の指示対象にぴったりと合う言語表現を選ぶのに緊張するような社会的関係である．この状況はほかの人の意図をわかったものとすることができない場合に起こり，結果として意味を詳しく述べ，言語として明示化しなければいけなくなる．限定コードの場合と違い，どのような言語を使うかについて考えることは，より高度な統語構造や語彙の選択につながる．意味を（限定コードと比べて）明示化して伝えることはこのコードの主要な機能である．
>
> (Bernstein 1967: 127ff.)

子どもは社会文化的環境，第一に家族の中でコードを学ぶ．Bernstein (1972:

174）は地位を指向する家族と個人を指向する家族を区別した．Dittmar（1976）が指摘するように，地位を指向する家族ではコミュニケーション（のあり方）にほとんど選択肢はない．それゆえ「閉じた役割システム」と記述される．そのシステムは限定言語コードの始まりに特徴的である．それに対して，個人を指向する家族はコミュニケーションにおいて … 多くの選択肢がある．この「開かれた役割システム」は精密言語コードを生じさせる．限定コードはコンテクスト依存，予測可能，それゆえ「特定的」であり，精密コードはコンテクスト非依存，ほとんど予測することは不可能で，したがって「普遍的」である（Bernstein 1972: 163）．Bernstein（1967: 128）は「限定コードは必ずしも社会階級とは結びつけられるわけではない」と指摘している．しかし多くの実験[2] とともに非言語・言語知能検査（の結果）から次の仮説を根拠づける，言語コードと社会階級の相関に関する知見を得たと主張している．

> 中流階級およびそれに近い階層で社会化された子どもは精密コードと限定
> コードの両方を習得し，それに対して労働者階級，特に下層の労働者階級で
> 社会化された子どもは限定コードだけを習得すると予測される．
>
> (Bernstein 1967: 131)

このようにバーンスティンは主に限定コードで社会化した子どもはコミュニケーション技能が限られたレベルにとどまると主張する（それゆえコード理論への批判では欠陥仮説とされる）．これらの子どもは下層階級の成員であることが多い．他方，精密コードを身につけ社会化された子どもはあらゆる種類のコミュニケーション状況に対応できる言語的技能をもつようになる．これらの子どもは中流階級の家族で育つ場合が多い．

　このことは中流および下流階級の子どもが学校でどのように評価されるかに影響する．学校で評価されるためにはそこで利用されている精密コードを使う必要がある．これは下層階級の子どもには大きく不利に働く．「学校で子どもが成長する中で評価されるためには精密コードを身につけること，もしくは，少なくとも指向することが重要になる」（Bernstein 1967: 131）．この教育上の不平等――Bernstein（1961: 308）は「労働者階級がもつ教育的潜在能力の損失」と述べている――は，西洋資本主義社会における階級間の不平等を存続さ

---

[2] 批判的な議論のまとめについては Dittmar（1976: 第 2 章）を参照．

第6章　語用論と政治　　　227

せる.

> コード理論は，コミュニケーションに関する特権的な仕組みの不平等な配分
> を管理する社会階級が存在し，社会階級は，不平等な習得を促進・存続させ
> るよう学校で利用される精密コードの分類や構成に間接的に影響を与えると
> 主張する．このようにコード理論は … 巨視的な権力関係と，伝達，習得，評
> 価に関する微視的な実践との関係，およびこれらの実践が生じさせるものへ
> の位置取りに注目する.　　　　　　　　　　　　　　　　(Bernstein 1990: 118f.)

バーンスティンの研究はヨーロッパおよび特に北アメリカにおいて政治的に影
響力が大きく，教育へ影響を与えた．多くのいわゆる「補償」教育プログラム
が開発され，実施された．その例にアメリカにおける「オペレーション・ヘッ
ドスタート (Operation Headstart)」プログラムがある (Dittmar 1976: 87, 94f.
を参照)．ディットマーはこのことをマルクス主義の観点から以下のように説
明している.

> バーンスティンによる社会化理論の短期間での成功の理由は自明である．文
> 化的な蓄積の十全な利用を阻む要因を指摘し，資本主義社会における権力や
> 生産の構造を問題にせずにこの問題を修正する方法を提案している.
>
> 　　　　　　　　　　　　　　　　　　　　　　　　　　　　(Dittmar 1976: 85)

1960 年代，1970 年代，1980 年代を通して，言語，社会階級，社会化の相互
関係と補償教育プログラムに関するバーンスティンの理論と彼と追随者たちの
実証的研究は激しく批判された (Dittmar 1976 第 2 章と第 3 章を参照. Good
1999: 9 も参照)．アメリカにおける補償プログラムの失敗により——多額の財
政費用をかけたにもかかわらず——，「補償プログラムに対するアメリカの希
望と産業界の関心」は裏切られ (Dittmar 1976: 87)，これらのプログラムのもと
にある，コード理論の基礎的概念に異義を唱える研究者が支持されるように
なった．ディットマーは「欠陥仮説に関する論争は学術界，現実社会における
この理論の問題を明らかにする触媒であったと考えられる」と指摘している
(Dittmar 1976: 87)．Lavov (1970a: 180) は「言語的貧困理論の本質的誤謬は
子どもに対する教育の失敗を個人の欠陥としたことにある」と述べる．補償プ
ログラムが失敗することを運命づけられていたのは，プログラムが「学校では
なく子どもを矯正するようにつくられていた」からであると論じている．ラボ

フは彼の言語研究をもとにして，学校教育において社会階級によらずすべての子どもに等しく機会が与えられるように「学校」という制度を変えるべきであると主張した．次章では変異理論とその理論に対するウィリアム・ラボフの貢献について概観する．

6.3 ウィリアム・ラボフと変異理論

変異理論は，アメリカ，イギリス，プラハ構造主義の伝統に基礎をもち，方言学，人類言語学，言語接触に関する研究といった言語変種の分析に関する伝統的な言語研究の領域に影響を受けている．コード理論とは全く異なる理論的見解から始め，バーンスティンや専門の心理学者，教育学者である彼の追随者とは違い，言語の差異を分析するためにより適切な記述方法を使用している．差異仮説は，言語変種が「表現の可能性と分析の論理的能力に関して」機能的に等価であると仮定し，「社会的・地域的変数，これらの変数と社会構造との関係によって引き起こされるすべての言語的差異を説明」しようとする (Dittmar 1976: 103)．コード理論では，学校での話者（生徒）の成功に対して限られた数の社会的変数により，評価が異なる言語コードの役割を説明する．コード理論における一方向仮説に対して変異理論では方向性が決まっていない．変異理論の枠組みで記述される言語行動は，多くの場合学校のコンテクストにおける正式な調査の状況では観察されず，参加者の観察やデータ収集のために特別に開発された方法によって得られる自然に生起する社会的相互行為の中に観察される (Labov 1970b, 1972d)．変異理論研究の目的は微視的水準と巨視的水準において社会的に決定されている言語規範を見つけ出すことである．微視的水準では個人間の言語的相互行為の形式が分析され，巨視的水準では社会における言語変種の分布と機能が調べられる (Dittmar 1976: 103)．言語は社会的コンテクストにおいて，特にある特定の言語状況，社会的背景，コミュニケーションにおける相互行為の重要性，（コミュニケーションに関わる）話者に重点をおき調べられる．加えて言語変種に関する語用論的機能の問いが変異理論の中心にある．

　本節の目的から，ここでは特にスラム地区の学校における欠陥仮説と補償教育プログラムに異議を唱えるラボフのいくつかの論文に絞って説明する．ラボフは，「非標準英語の論理」の論文を次の観察から始める．これらの（教育）プ

ログラムでは，調査対象となる学校における黒人の子どもが小さい頃の貧しい環境の結果，文化的欠陥を示すという仮定を基礎にしている．言語に関して言えば，欠陥理論は「言語的貧困」の概念として現れる（Labov 1970a: 153）．ラボフはこのプログラムに対する評価を，バーンスティンのコード理論にもとづくこの問題についての Bereiter et al. (1996)，Bereiter and Engelman (1996) による論文からの引用で裏付けている．ラボフは以下のように述べている．

> 学力を指向する未就学児向けのベレイター（Bereiter）のプログラムは，黒人の子どもが学校で学習するための言語を身につけなければいけないという前提と，これらの子どもはそのような言語を身につけないで学校に来ているという実証的知見を基礎にしている．アーバナ（Urbana）出身の4歳の黒人の子どもに関する彼の研究では，コミュニケーションは，ジェスチャー，「単一語」，「それ僕（私）の」（They mine）や「僕（私）あるジュース」（Me got juice）といった「（文法的に）正しくつながっていない単語や句の集まり」から成っていると報告されている．黒人の子どもは質問ができず，「誇張ではなくいかなる種類の意見も述べることができない」とされている．また，これらの子どもに「本はどこにありますか」と尋ねると，答えるために本が置いてある机を見ることすらもわかっていなかった．この結果，ベレイターはこれらの子どもの言語形式は感情的なわめき声の集まりであると結論づけ，「あたかも彼らには言語は全くないかのように」扱うことにしている．彼は調査対象とした子どもの言語をバーンスティンの限定コードで解釈している．つまり，文化的に欠陥のある子どもの言語は，… 単に標準英語が十分に発達していないのではなく，基本的に表現行動の非論理的な様式なのであると考えている（Bereiter et al., 1966. p. 113）． （Labov 1970a: 156f.）

ラボフは，「言語的貧困という考えが教育心理学の現代の神話の一部であること」を明らかにし，この考えを「一掃する」プロジェクトに着手した．そして標準と非標準方言の関係を適切に記述する概念を提案した．彼は，ベレイターと共同研究者の「実証的な」知見は「言語の性質に対する貧弱な理解」によるものだとし（Labov 1970a: 154），ベレイターの分析を例示・正当化するために集められたインタビューデータは以下のことに基づいていることを指摘した．

> 対称的でない状況 …（その状況では）子どもの言うことは何でも文字通り彼らに不利に働き得る．彼らはこの状況で何かを言うことを避ける多くの手段を

学ぶ … 誰かがこのインタビューを子どもの言語能力の評価基準とするなら
ば，それは敵対的，威嚇的な状況において子どもが自分自身を守る能力を示
している可能性が高いと考えられる．子どもによって示される言語行動は，
力関係が対称的でない状況において大人と子どもに働く社会言語学的要因が
働いた結果である．   (Labov 1970a: 158)

ラボフは自身のデータや彼の研究協力者が集めたデータをもとに，「いろいろ
な意味で労働者階級の話者は中流階級の話者よりもすぐれた語り手，合理的な
思考者，討論者であること，中流階級の話者は多くの関連のない細かいことで
議論を一時しのぎのものとし，弱め，見失ってしまうこと」を示した．また標
準英語と非標準黒人英語 (Non-standard Negro English (NNE)) と彼が名付
けた言語の比較により，両方の方言は異なる文法規則とそれぞれの論理に従っ
ていることを明らかにした．NNE を研究するすべての言語学者は NNE は独
立したシステムであり，標準英語と密接に関係しているが，周りの白人の方言
とは不変の体系的な多くの違いにより区別されることを認識していると指摘す
る (Labov 1970a: 184)．NNE に関して，ラボフのような言語学者によって収
集されたデータや得られた知見が，ベレイターやエンゲルマンといった教育心
理学者の主張と大きく異なるのは，アメリカ英語の言語変種に対する理論的，
方法論的枠組みの違いに起因する．変異理論の枠組みで行われた研究によって
得られた知見は，欠陥仮説の不適切性，誤謬，その仮説が「人間の言語とそれ
を話す人間に関する最も基本的な事実」を無視していることを明らかにする
(Labov 1970a: 187)．ラボフは結論として黒人の生徒が話す非標準方言の適切
な扱いに対する嘆願を次のように行う．「教育心理学が言語に関する事実に対
して非常に誤った理論に強く影響されているのは残念なことです．しかし，子
どもがこの無知の犠牲になるのは耐えることはできません」(Labov 1970a:
187)．このような洞察は，少なくとも論争のこの時点でラボフのような学者が
彼らの研究がもつ政治的な重要性と影響を十分に意識していたことを示してい
る．

　教育的，社会的，言語的観点からアメリカにおける黒人の言語行動をどのよ
うに評価し，理解するかについて高度に政治的な論争が行われたことがきっか
けとなって，変異理論の枠組みで研究を行うラボフや他の言語学者は，アメリ
カ英語の言語変種に関する研究を継続し，力を入れるようになった．この言語

第6章　語用論と政治　　231

変種―非標準黒人英語（Non-standard Negro English（NNE））―黒人常用言語
（Black English Vernacular（BEV））―アフリカ系アメリカ人常用言語（Afro-American（Vernacular）English（AA(V)E））―アフリカ系アメリカ人英語
（African American Language（AAL）））―を参照するいくつもの名称は，長年
にわたりこの研究が政治に対してもった影響と，この言語変種を「政治的に」
正しく参照することに関してさまざまな政治，言語イデオロギーを反映してい
る．アフリカ系アメリカ英語の構造（文法規則と意味規則）についてラボフが
記述を行っている多くの研究において，例えば，なぜ

　　It ain't no cat can't get in no coop.

のような文が，

　　*There isn't any cat that cannot get into any [pigeon] coop.

　　（鳩の小屋に入れない猫はいない）

を意味せず，AAL の文法規則と意味規則によると次を意味するのかが説明
される．

　　There isn't any cat that can get into any [pigeon] coop.

　　（鳩の小屋に入れる猫はいない）

　　　　　　　　　　　　　　　　　　　　　　　　　　　　　　（Labov 1972a: 130）

さらに，ラボフは，儀礼的な侮辱（3.3.1 節を参照），個人的な経験の語り
（Dittmar 1976: 226-235 も参照）に関して AAL の使用について調べ，ニューヨー
クにおける特定の社会的状況における AAL を分析した．ラボフは，南セント
ラルハーレムの黒人が話す英語における文法の創造的な力だけではなく，彼ら
が示す「すぐれた言語技能」を印象的に説明している．例えば，儀礼的侮辱は，
「黒人の成人間における言語的相互行為の中でよくなされる秩序立った言語事
象であり，彼らの時間の中で長く継続する」（Labov 1972b: 305）．学校での成
績は低いにもかかわらず，儀礼的侮辱を行う黒人の成人は仲間との相互行為の
様式では高度に発達した能力を示す．このように詳細で綿密な研究は，多くの
場合コード理論の支持者と変異理論を基礎に議論をする非支持者の激しく，観
念的な議論を終わらせるのに貢献した．論争の結果，最終的に良い理論が悪い
理論を駆逐することとなった[3]．

――――――――――――――――

　[3] このことは，いわゆアン・アーバー判決（Ann Arbor Decision）においても認められてい

このイデオロギーがハーレムの黒人成人による言語行動を研究した言語学者だけでなく，黒人成人自身に対しても役割を果たしたことは，「弱者の言語的帰結（'The linguistic consequence of being a lame'）」の論文でラボフにより示されている．ハーレムの若者は，「地元の仲間とならずに育った孤立した子ども」を「弱者」と呼んだ．「弱者」と呼ばれる子どもは仲間と適切にやりとりをする文法能力，言語技能をもっていない．Labov (1972c: 84) が指摘するように，彼らは固有の文化の中でいかなる（言語）ゲームをするのに必要な知識に欠けている．このように，「言語は弱者の立場を表す最も顕著な象徴の１つである」(Labov 1972c: 108)．このことは，AAL 話者が固有の文化で話される黒人英語（Black English (BE)）よりも標準英語（Standard English (SE)）により近い黒人英語の言語変種を話す個人を排除し，差別し，非難する言語イデオロギーを作り上げたことを明らかにする．ラボフの研究は次の洞察をもたらしている．

> 黒人英語の範疇，準範疇規則は，「弱者」により可変の規則に弱められる．黒人英語においてよく使われる変異規則は「弱者」により低いレベルにされる．標準英語と黒人英語との対比があるときはいつでも「弱者」の英語は劇的に標準英語に変わる．多くの場合，このことは「弱者」の英語が白人の非標準英語に対応することにつながっている．
> (Labov 1972c: 98)

しかしラボフが指摘するように，「弱者」は言語学者や文化人類学者の情報提供者になることがよくある．それはこれらの境界人が（研究の）関心や，言語，課題，研究者の先入観への接近可能性の観点を満足させる程度に彼ら自身の社会から十分に切り離されているためである．弱者は情報提供者として「固有の文化について不正確または誤解を招く説明」しかできない (Labov 1972c: 110)．このことが文化人類学，言語学，語用論の研究に対して重要な洞察であることは明らかである．

る．「1979 年 7 月米国地方裁判所のチャールズ・W・ジョイナー（Charles W. Joiner）判事は，アン・アーバー（Ann Arbor）教育委員会の責任として，教員に対して，多くの黒人学生にとって家庭と地域社会における言語である「黒人英語」の存在について学ぶように指示・支援し損ね，また，黒人の子どもに標準英語を読むためのコードスイッチング技能を教える際にその知識を使う方法と手段を示し損ねたという判決を下した．その判決ではこの問題に関する既存の知識に照らして黒人英語と標準英語との関係に目を向けないことは合理的ではないとしている」(Monteith 1980: 556)．Romaine (1995: 495) も参照．

言語の正確な記述には言語使用者の社会構造に関する知識が必要とされる．最も均一で整合的な形式の文法を探し出すためには，通常の不均一な社会においてさまざまに交差する様式を通して自分たちの方法を見つけることができなければいけない．言語変種の理解にはそれに付随する変化しないものを現実的に評価することが要請されるからである．　　　　(Labov 1972c: 108)

この知識は社会的相互行為における実際の言語使用を調べることによってのみ得られるものである．

　欠陥仮説と差異仮説の論争は革新的な方法論的道具と理論的で実践的な洞察をもたらした．この洞察は，危機言語に関する現在の研究，危機言語を復興する取り組みに対してきわめて重要な役割を果たしている．危機言語を記録し，復興するプロジェクトにおいて，言語が危機状態になった理由，その過程が言語話者の態度にどのような影響があるのかについて洞察を得るためには，記述能力と社会言語学――民俗誌学，語用論――に関する専門知識を必要とする．この知識によりプロジェクトに関わる言語学者は言語の変化を逆にできるかどうか（そうしなければ消滅してしまう）について判断する立場に置かれる．危機言語話者の態度は彼ら自身と他の人々がもつ言語イデオロギーに大きく影響される（Senft 2010c を参照）．次節では言語イデオロギーと語用論研究に対するその影響を詳細に検討する．

6.4　言語イデオロギー

Michael Silverstein (1979: 193) は，「言語構造と言語イデオロギー（Language structure and linguistic ideologies）」に関する先駆的な論文において，「言語についてのイデオロギー／言語イデオロギー」を，言語の話者が認識する言語の構造や使用を正当化するあらゆる信念の集合であるとした．これらの言語イデオロギーは「言語使用を正当化するものとして母語によるメタ語用論／民族メタ語用論で表現される」(Silverstein 1979: 207f.)．キャスリン・ウーラード (Kathryn Woolard) とバンビ・シェフェリン (Bambi Schieffelin) は，言語イデオロギーと言語への態度に関するまとめの論文（1994）で，研究者が考えるあらゆる種類のイデオロギーの概念について概説した．そこでは，表面的には中立的な言語文化概念から社会的権力を維持するための戦略，言語実践から分

析者によって読み取られる無意識なイデオロギーから適切な言語行動に関する最大限意識的な母語話者の説明まで取り上げられている (Woolard and Schieffe-lin 1994: 58). ジェフ・フェアシューレンは,『言語使用におけるイデオロギー (*Ideology in Language Use*)』という最近の著書でイデオロギーの概念を次のように詳細化している.「イデオロギーは意味の基本にある様式,解釈の枠組み,世界観,日常の思考と説明の様式に関係する」.フェアシューレンにとって言語イデオロギーは,話者の言語に関する一般的な思考様式を表す「完全に統合された社会文化-認知現象」である.その思考様式は感情や態度と同様にある特定の種類の間主観性に関係する (Vershueren 2012: 7ff.).フェアシューレンはイデオロギー概念(一般)を次の4つの命題(原文では太字)で定義する.

> イデオロギーは社会的「現実」(特に公的領域における社会関係において)の側面に関係する意味の基本様式または解釈枠組みで定義できる.それは常識にかなっていると感じられ,多くの場合規範的に機能する.
>
> (Verschueren 2012: 10)

さらにこの命題に対して次のような付加的な注釈を行う.

> 常識 ... イデオロギー的意味の本質はほとんど問題にされることがないという事実として現れる.問題にされることがないということは関係する意味が多くの場合,明示的に形式化されるのではなく,非明示的に伝えられることを意味する.
> (Verschueren 2012: 12f.)

残りの3つの命題は次の通りである.

> イデオロギーは経験や観察に影響されない度合いが高い可能性がある.
>
> (Verschueren 2012: 14)

> イデオロギーの最も明らかな現れの1つは言語使用または談話である.それはイデオロギーの様式を反映,構築,維持し得る.
>
> (Verschueren 2012: 17)

> 談話的に内省,構築,支持されたイデオロギー的意味は,適用可能な領域において態度,事態,行為を枠づけ,正当化し,説明をする目的を果たし得る.
>
> (Verschueren 2012: 19)

第6章　語用論と政治　　235

フェアシューレンは 19 世紀後半から 20 世紀までの歴史教科書に関するコーパスを使って，言語使用におけるイデオロギーの定義を示した．以下ではソロモン島，ラパ・ヌイ（Rapa Nui）島（イースター島）からの例，敬語に関する言語使用の根底にあるイデオロギーを使って，言語イデオロギーの概念について説明する．

6.4.1　太平洋地域における 2 つの言語共同体の言語イデオロギー

Miki Makihara and Bambi B. Schieffelin（2007）（Senft 2010b を参照）による「接触の帰結：言語イデオロギーと太平洋諸島の社会における社会文化的変容（Consequences of Contact: Language Ideologies and Sociocultural Transformations in Pacific Societies）」では，なぜ太平洋諸島が現代において言語，文化，政治，社会に関してきわめて多様な地域であるかについて説明が試みられている．この多様性の大部分は，太平洋諸島の社会が経験した，過去・現在における植民地・植民地独立後の権力，政府，宗教団体との様々な接触状況と，国際化，都市化，軍事化，環境変化によって説明できる．太平洋諸島で話されている先住民の言語についての体系的研究は 19 世紀末までは行われてこなかった．現在では社会学，認知科学の研究者は，太平洋諸島の社会の人々による言語実践が自己をどのようなものとして構成するかにおいて，また，集団の社会的，政治的現実に対して中心的な役割を果たしていることを認識している．言語の多様性は社会において自分が何者であるかを示すものとして理解される．しかし，接触語，通商語，共通語（大部分は現在クレオール語となっている）が発達したという事実はその地域における共通の地域間言語も必要であることを示している．太平洋諸島で話されている言語に対して接触の歴史がもつ影響は根本的である．それは不運なことにきわめて多くの場合破壊的でもあった．太平洋諸島で話されている固有の言語はヨーロッパの言語との最も古い接触以来消滅し続けている．宣教師と役人は聖書（の一部）に対する初版の翻訳を使って，読み書きの技能と西洋文字を大抵の場合，無作為に選んだ 1 つの現地語のさまざまな言語変種に導入した．これにより，消滅することはなくとも，ほかの方言，選ばれた現地語だけでなくしばしば隣接する言語についても周縁化され，ラパ・ヌイ語（Rapa Nui）のロンゴロンゴ（Rongorongo）文字のような非常に少ない現地語文字が廃棄された．書き言葉は突然話し言葉より権威のあるものとなった．言語に関する新しい考え方は，さまざまな言語

社会に新しい言語イデオロギーも導入した．（その結果）現地の人々の言語について感覚，思考，話し方を作り変えた．マキハラとシェフェリンの論文集における次の代表的な論文2本は，太平洋諸島における2つの言語社会の接触状況において言語過程と文化過程の強い相互関係を適切に理解するために言語イデオロギーが重要であることを示している．

6.4.1.1 ソロモン島ホニアラにおける言語イデオロギー

Christine Jourdan（2007）は，「植民地後のソロモン諸島における都会的自己への言語学的接近」（Linguistic paths to urban self in postcolonial Solomon Islands）の小論で，言語接触が都会における自己とアイデンティティの定義にどのように影響を与えるかを明らかにするために，ソロモン諸島の首都であるホニアラ（Honiara）の住民による言語使用の様式を記述・分析した．多言語が使用されているホニアラ——ソロモン諸島における70種類以上の言語が話されている——では，文化的，言語的接触は，変化と発展のイデオロギーとともに，都会におけるアイデンティティを定義する必要性を生み出した．アイデンティティは伝統，慣習，近代化，社会的役割と選択のイデオロギーにより育まれ，言語選択と言語実践を通して明らかにされるものである．言語選択は話者のアイデンティティと主体性の表現であるだけではない．話者が言語選択に向ける注意は社会性を絶えず再定義する必要性と，文化的接触状況における社会的自己の位置付けについても多くを明らかにする．ジョーダンは，植民地化以前，植民地下のソロモン諸島と植民地独立後のホニアラにおける言語状況への接触の影響についての背景情報を提供している．ジョーダンは多言語使用は昔からソロモン島における社会の特徴であったと指摘している．植民地時代の支配的な言語イデオロギーは言語の覇権と階層によって特徴づけられていたが，近年この多言語状況における言語的，社会的要因は変化しているとする．英語——公式言語——が最上位，現地語・ソロモン島のピジン英語（共通語）が最下位という植民地における社会言語的階層が再編された[4]．ジョーダンは，ホ

---

[4] Jourdan and Maebiru（2002: xxii）からの以下の文章の一節——行間訳文に構成されている——は，ソロモン島のピジン化言語の雰囲気を伝えている．

Taem wa, Merika hemi landim longo Solomone, ia hem nao, oloketa
（戦争中アメリカ人がソロモン諸島に上陸したとき，それでおしまいだった．すべての

第 6 章　語用論と政治　　237

ニアラ人が都会における自分の地位，民族のアイデンティティ，社会的洗練の
度合いを示すため異なった言語の種類を使用すると指摘している．このように
言語選択は社会的自己の位置付け，コンテクストがどのように構築されるかを
明らかにする．現在のホニアラでは言語は民族性だけではなく，社会階級，年
齢層，都市における自己のアイデンティティを示す．ホニアラ人は次に示すコ
ンテクストに依存する言語の階層をつくりあげた．

- 自身の民族性を強調したい場合，現地語が最上位の言語となる．
- 自身の性別を示したい場合，ピジン英語と現地語が最上位の言語となる．
- 自身が若く都会人であることを示したい場合，日常のやりとりに関して
  はピジン英語，社会的に高い地位を示すものとして英語が使われる．

相互多言語主義によって特徴づけられる植民地時代以前において支配的な言語
イデオロギー，言語的覇権と階層によって特徴づけられる植民地時代において
支配的な言語イデオロギーは両方とも，互いに競合する複数のイデオロギーに
とって代わられた．これらの洞察はホニアラにおける言語使用の適切な分析に
は不可欠である．

6.4.1.2　ラパ・ヌイ語における言語イデオロギー

Miki Makihara (2004) は，「ラパ・ヌイ語 (Rapa Nui) の政治的談話におけ
る言語純粋主義 (Linguisic purism in Rapa Nui political discourse)」の小論
で，二言語を話すラパ・ヌイ（イースター島）のポリネシア先住民社会におけ
る政治的談話に埋め込まれたコード選択のイデオロギーと言語の復興について
検討している．チリはラパ・ヌイを 1888 年に併合した．それ以来ラパ・ヌイ
語はチリの公用語であるスペイン語の普及により周縁化され，消滅の危機にさ
らされてきた．しかし，ラパ・ヌイの政治指導者はまずラパ・ヌイ語とスペイ
ン語を融合した言語様式を公的で政治的な領域に展開することにより，この状

---

waetemane mifala wawaka longo oloketa bifoa, oloketa givim onda fo mifala tuu.
我々と一緒に働いていた白人が我々に指図をした）

Mifala kamu, ia, mifala baeleke kam fo'Aoke Momoa. Wokabaoti nomoa long loti fo
'Aoke
（我々は来た，そう，我々ははるばる Auki まで歩いてきた．Auki への道を歩いてき
た）

238

況に異議を申し立てた．最近になって彼らは自分たちが使うポリネシア語の価値を再度強調し，チリの中で民族的自己アイデンティティを表明するために，言語純粋主義イデオロギーを発展させ，政治的談話のための純粋ラパ・ヌイ言語コードをつくりあげた．マキハラはこれらの発展の歴史的，社会言語的，政治的コンテクストを島に特有の接触に関する歴史に関連づけながら概観したあと，ラパ・ヌイ民族法について議論する公開討論会と大陸の政府関係者との打合せからの2つの会話例を提示し，分析する．次に示す最初の会話例 (Makihara 2007: 55) は，融合したラパ・ヌイ語とスペイン語の使用を示している．この言語使用は個々の発話内，発話間において複数の種類のラパ・ヌイ語とスペイン語が同時に存在することにより特徴づけられる (Makihara 2007: 50)．以下は自称長老たちの会議の議長 (C) とラパ・ヌイの統治者 (G) による民族法に関する討論からの抜粋である（話者がラパ・ヌイ語からスペイン語へ切り替える発話は強調されている）．

C. E tiaki ena a mātou, ki tũ compromiso
'We (EXCL) are waiting for the commitment'

era o te gobierno pe nei ẽ he aŋa mai e
'by the government that they would elaborate'

rãua i te declaración. Ko kĩ ána ho 'i e
'a declaration. A (his fellow participant) told'

A. ko garo 'a 'ā koe pe nei ē, mot u 'u
'You and you heard that when the'

mai o ra decracione (declaración), ki
'Declaration arrives, and when we (excl.) see'

u 'i atu e mātou 'ana titika he buka (busca)
'that is is correct, we (incl) would look for'

a tātou i te manera, he aŋa te
'the way to make a new'

第 6 章　語用論と政治　　239

rey (*ley*) *āpī, o que se yó, o he junta*
law, or what do I 'know, or combine'

ararua rey no sé.
'two laws, I don't know.'

（われわれ（政府側を除く）は政府により宣言が詳細化されるのを待っている．宣
言が到着し，われわれ（政府側を含まない）が宣言を認めたとき，新しい法律をつ
くる（私が知っているもの），あるいは，2つの法律を組みあわせる（私が知らない
もの）方法をわれわれ（政府側を含む）が模索することについてあなたがたは聞い
ているとА（仲間の参加者）は述べた．）

…

G:　*No, ko acuerdo 'āpa 'i a tātou*
G:　No, (it's that) we (INCL) agreed

Mira, el problema i te hora nei to 'oku mana' u
'Look, the problem of the moment in my opinion'

es el siguiente …
'is the following …'

Te me'e o te subsecretario i pia mai ki a au
'(This is) what the under-secretary asked me;'

'mire señor, usted vaya a la Isla de Pascua y
'look sir, you go to Easter Island and'

materialize este acuerdo
'materialize this agreement'

（そうではない．われわれ（住民側を含む）は合意している．
私の意見では現在の問題は次のようである …
次官が私に要請したのは，イースター島に行き，合意を具体化することである．）

(Makihara 2007: 55)

マキハラは，ラパ・ヌイ語とスペイン語の頻繁な文内／文間のコードスイッチ
ング，ラパ・ヌイ語が混ざること，スペイン語の借用が現れているこの例は，

政治的議論における融合言語として典型的であるだけではなく，日常のラパ・ヌイ語と非常に似ていると指摘する (Makihara 2007: 56).

次に示す 2 番目の例からの会話は純粋ラパ・ヌイ語の使用を示す (Makihara 2007: 58). 今度は上と同じ長老たちによる会議の議長が純粋ラパ・ヌイ語でスペイン語だけを話すチリの上院議員に話しかける．その内容は会議のほかの指導者によってスペイン語に翻訳される.

C: *Te mātou me'e haŋa, ke hakanoho i te*
C: 'What w (EXCL) want is to stop all that is'

me'e ta 'ato a nei o te <u>hora</u> nei e makenu
'moving at this <u>moment</u>, that we don't'

mai ena, 'ina he aŋiaŋi mai. Te rua, te
'understand. Secondly, the land'

henua ko hape 'a. <u>Tiene que</u> hakatitika
(arrangement) 'is incorrect. They <u>have to</u>'

rāua te rāua me'e, he hakahoki mai i te tātou henua
'straignten out their deed and return our (INCL) land.'

（我々の希望は，我々が理解できない現在の動きをすべて止めることである．第二の希望は，土地の所有権が正しくないので証書通り土地を返還すべきということである．）

会議の指導者によるこの部分の言語は次のように長老会議のほかの指導的構成員によりスペイン語に翻訳された（というよりは変換された）.

T: *Nosotros solicitamos como legitimos representantes del pueblo de Rapa Nui,*
T: 'We solicit as legitimate representatives of the Rapa Nui people,'

que por intermedio de ustedes, ver la posibilidad da parar todo proyecto que
'that through your intermediation, to see the possibility of stopping ev-

第6章 語用論と政治　　　241

ery project that'

esté destinado al desarrollo de Isla de Pascua. Pues nos falta una cosa muy

'is destined for the development of Easter Island. Because we need one very'

principal que es la tierra, por eso estamos aqui para que ustedes transmitan

'principal thing, which is the land, that is why we are here so that you transmit'

al supreme gobierno nuestra inquietud, para que vean la solución de

'to the supreme government, so that they see the solution to'

reconocer y restituir nuestra propiedad a la tierra que es la base de todo

'recognize and return our [title（著者注）] to the land, which is the base for all'

el desarrollo de la isla. Sin la tierra no podemos hacer nada.

'development of the island. Without the land we cannot do anything'

(Makhara 2007: 58)

（我々はラパ・ヌイの人々の正式な代表として（次のことを）嘆願する．あなたの仲介によりイースター島開発のすべてのプロジェクトを停止することを考えてもらうこと．なぜなら，我々は重要な所有物，つまり，土地が必要であるからである．我々がここに来たのは嘆願を本国政府に伝えてもらい，開発が計画されている土地が我々のものであることを認識し，返還してもらうための解決策を考えてもらうためである．我々は土地がなければ何もできない．）

　ラパ・ヌイ言語とスペイン語の翻訳には，チリの上院議員とラパ・ヌイの参加者2種類の聞き手が存在する．マキハラは，この話の間，実際に何が起こっていたかを説明する．

　純粋なラパ・ヌイ語での上院議員へのメッセージはきわめて象徴的である．

チリの代表とラパ・ヌイの人々との文化的違いを強調し，自分たちの代表権と土地に対する祖先の権利に関するラパ・ヌイの主張に重きを置くことを目的としている．しかしながらラパ・ヌイの中心的な指導者による話の命題内容は明示的なメッセージの受け手としてラパ・ヌイの仲間も対象としている．話者はラパ・ヌイの人々を参照するために頻繁に包括的一人称代名詞 tatou（「我々は」「我々の」（相手を含む））を使い（1つの機会を除いて …［上記の会話例の1行目を参照（著者注）]），上院議員とチリ人一般を，rāua（「彼ら」）で参照する．ラパ・ヌイ人に説明しながらチリ人に対する主張と要求を表明し，ラパ・ヌイ人の団結を呼びかける［別のところで話されたことで会話例には含まれていない］… 他のラパ・ヌイ指導者は，関係者のアイデンティティと彼らの関係を確立する点でもとの話以上にうまく翻訳している：話者は「ラパ・ヌイ人の正当な代表」，相手はラパ・ヌイ人の懸案事項を政府の最高レベルへ伝えてくれる仲介人としての名誉ある上院議員，… コンテクストの手がかりと丁寧さの標識の使用を通して翻訳者はチリ人とラパ・ヌイ人の水平的な配置を巧みに確立している …

話者と翻訳者，2種類の明確に異なる言語を並べること，特に純粋なラパヌイ語を並べることは，このコミュニケーションを有効なものにすることに大きく貢献している．

(Makihara 2007: 60)

この会議における純粋ラパ・ヌイ語の使用には2つの重要な機能がある．（1）チリ人とラパ・ヌイ人との間の民族的，政治的，言語的境界の強調．（2）ラパ・ヌイ人に対する重要な結束機能．純粋言語の使用はラパ・ヌイ人の結束と，チリからの島社会の独立前後に関する歴史的統一性の象徴であるからである．純粋ラパ・ヌイ語の存在は，言語の復興と維持のプロジェクトへの支えになり得る．しかし融合したラパ・ヌイ語は日常生活と政治的談話の実質に関する現実の議論における中心的な言語である．ラパ・ヌイ語に関して政治的な活動家によって発展させられた純粋言語の使用域は，外部者に対して象徴的にラパ・ヌイ人が先住社会を統合し，自身の民族的アイデンティティを表明する手段としてのみ使われる．

6.4.2 敬語の言語イデオロギー

Michael Silverstein (1979: 216ff.) は，言語イデオロギーに関する影響力の大

第6章 語用論と政治　　243

きい論文において彼の言語イデオロギーの概念を説明するために，クリフォード・ギアツ（Clifford Geertz）による民族誌研究における最高傑作『ジャワの宗教（The Religion of Java）』（1976［＝1960］）にもとづいて「ジャワ語のいわゆる言語作法」の分析を示している．1998 年にジュディス・アーバイン（Judith Irvine）は「敬語のイデオロギー」に関する論文（1992 年）の修正・拡張版を出版している．その論文では「敬語表現と関連する社会的，文化的枠組みに関してジャワ語のウォロフ語（Wolof），...，ズールー語（Zulu），....とベンバ語（ChiBemba）」の比較を行っている（Irvine 1992: 251）．アーバインは，敬語を「特別に慣習化された形式」（Irvine 1998: 51）によって「敬意（または敬意を欠くこと）を表現する手段」として定義している．この形式は表現の意味と語用論的に意味し得ることについてさらなる共有理解をも必要とする方法で「敬意」を伝える（Irvine 1998: 53）．彼女の研究は敬語が生起する言語システムに付随する文化的要素を認識できるかの問いに答えることを目的としている（Irvine 1998: 51）．

　いままで対象とした言語——ジャワ語は西オーストロネシア語族であるのに対し，ウォロフ語，スールー語，ベンバ語はニジェール-コンゴ語族である——の分析により，敬語は関係をもたない言語社会において世界中で存在することが明らかにされた．4 つの言語社会における社会構造をよく調べると，「宮廷生活と固定された階級的格差の両方または一方が敬語の存在に対する必要十分条件である」という広くゆきわたった仮説を反駁することができる．アーバインは「社会的形式と言語的形式の分布関係は言語の文化イデオロギー，特に言語に関する概念と，社会階級，敬意，適切な行動を関係づける言語イデオロギーによくみることができる」と主張する．彼女は「社会秩序において中心的である権力関係，利害関係とのつながり」を強調する．それは敬語に関連する特徴としてイデオロギー概念を言外に含む（Irvine 1998: 52）．

　彼女はジャワ語の敬語に関する最初の分析で，敬意表現は語彙交替の複雑な体系を通して機能することを明らかにした．また次に示す，Joseph Errington（1988: 90f.）（Irvine1992: 253 を参照）からの例を使って，ジャワ語には，4 つのより高いレベルのクロモ（Krama）とマディオ（Madya）と，2 つのより低いレベルのヌゴコ（Ngoko）の 6 つの言語レベルがあることを示した．

KRAMA:	1.	*menapa*	*nandalem*	*mundhut*	*sekul*	*semanten*
	2.	*menapa*	*panjenengan*	*mendhet*	*sekul*	*semanten*
MADYA:	3.	*napa*	*sampeyan*	*mendhet*	*sekul*	*semonten*
	4.	*napa*	*sampeyan*	*njupuk*	*senga*	*semonten*
NGOKO:	5.	*apa*	*sliramu*	*mundhut*	*sega*	*semono*
	6.	*apa*	*kowe*	*njupuk*	*sega*	*semono*
説明		Question marker you		take	rice	that much

（あなたはそんなにたくさん米を食べたのですか？）

南アフリカで話されているニジェール-コンゴ言語であるズールー語には，hlonipha として知られる敬意を表現する語彙がある．Irvine（1992: 253）は，Doke and Vilakazi（1958）による，常体と hlonipha（敬体）の語彙交替の例を示している．それらのいくつかを以下に示す（c と x の記号は，舌打ち音を表している）．

	常体	敬体
放牧する，機を織る	*aluka*	*acuka*
拒否される	*jaba*	*gxaba*
家	*indlu*	*incumba*
私たちの	*-ithu*	*-itšu*
汝の	*-kho*	*-to*

hlonipha の敬意表現に加え，ズールー語には bonga（称賛）という別の敬意表現がある．アーバインは，これら２種類の表現はイデオロギー的に異なった社会的コンテクスト（家族と宮廷）[5] と使用者（男性と女性）に関係していると指摘する．昔ズールーの女性は hlonipha の表現を使って，義父の名前と，その名前と同じような発音の単語を口に出すのを避けることができた．またその慣習は男性に対しては女性ほど厳密ではないが，男性が義母の名前を使うのを避けるためにも使われる．hlonipha を使用するときには視線を合わせないこ

---

[5] 敬意を表現する語彙は状態に関してではなく，ズールー族の家族と姻戚関係の権力関係によって使われるとする Irvine（1998: 61）による指摘に注意すること．

第6章　語用論と政治　　　245

と，感情を抑制すること，体を覆うことなど特定の行動様式も要求される.

　bonga の敬意表現は感謝を表現するために使われ，通常公の場における重要な政治家に向けた，男性による公的な演説の熱狂的な詩的様式による生き生きとして詳細にわたる修辞表現と自然発生的な情熱の感覚に特徴づけられる称賛を行う，男性の職業称賛詩人がいる (Irvine 1998: 59). しかし bonga は同じ意味をもつ形式の交替での敬語に依らない.

　アーバインはズールー語の敬意表現を次のように要約する.

> ズールー語における表出型の体系には，敬語をともなわない，話者中心，熱狂的，高感情的，没入的な様式と，敬語をともなう，発話相手または傍観者中心，低感情的，非没入的，回避的な様式がある.　　　　(Irvine 1998: 59)

　ザンビアで話されているニジェール-コンゴ語族であるベンバ語は名詞分類の体系によって敬意を表現する (Irvine 1992: 254). 名詞分類の体系をもった言語において，名詞は動詞，形容詞，所有代名詞，数量詞等に対して異なる一致標識を要求するさまざまな種類に分類される. ベンバ語の体系では，人に関する名詞の大部分は単数形は分類 1，複数形は分類 2 に属する. 分類 1 の単数形の名詞は，分類 2 へ形式と一致を変化させることにより敬語化できる（例えばフランス語では二人称単数形 tu の代わりに複数形の尊敬語として使われ得る二人称複数代名詞 vous があるのと同様）. しかしこの事実からは単数形の敬語化に対応する複数形の敬語化の方法はわからない. このことは次の例で示される.

　(a)　敬意を示さない

　　Umo umukalamba waandi aleelya　　　isabi
　　1　　1　　　　　　1　　　1　　　　　　9a
　　one　older-sibling　my　　subject-tense-eat　fish
　　'One of my older siblings is eating fish.'
　　（私の兄（姉）の 1 人が魚を食べている）
　　［より逐語的には（著者注）］私の 1 人の兄（姉）が魚を食べている.

　(b)　敬意を示す

　　Bamo abakalamba baandi baaleelya　　　isabi
　　2　　2　　　　　　2　　　2　　　　　　9a

one   older-sibling my   subject-tense-eat fish

'One of my older siblings is eating fish.'

（私の兄（姉）の1人が魚を食べている）

［より逐語的には（著者注）］（私の1人の兄（姉）が魚を食べている）

(c)　敬意を示しているかどうか曖昧

babili abakalamba baandi baaleelya   isabi

2   2   2   2   9a

two   older-sibling my   subject-tense-eat fish

'Two of my older siblings are eating fish.'

（私の兄（姉）2人が魚を食べている）

［より逐語的には（G. S.）］（私の2人の兄（姉）が魚を食べている）

このように慣習的に敬語化する名詞がある．それらの名詞を分類1に割りあ
てると，敬意を示さない，もしくは侮辱するという解釈が生じる．Irvine
(1992: 254) は，名詞の語幹 -kaši（妻）をもとにした次のような例を示す．

		名詞の類	経緯の値
abakaši　（敬意を示す）　妻		2	敬語
			（複数形のため（著者注））
umukaši　妻		1	敬意を示さない
akakaši　（重要ではない）妻		12	侮辱
ičikaši　（大まかな意味）妻		7	侮辱
ilikaši　ひどい [?] 妻		5	少し軽蔑的

　ガンビア，セネガルといくつかの西アフリカの国々で話されている，ニ
ジェール-コンゴ語族のウォロフ語には，他の言語と同等の語彙交替の体系は
ないが，異なる韻律様式で特徴づけられる2つの言語使用域により尊敬と敬
意を示す．これらの様式は「分割不能（非分節的）で，文の意味のレベルでよ
りも発話の意味のレベルで機能する」．これらの2つの言語使用域は，waxu
géér（貴族の言語）と，waxu gewel（語り部の言語）と呼ばれる[6]．Irvine (1992:
255) はこれら2種類の言語使用域を次のように特徴づけている．

---

[6] Griot とは，西アフリカにおける語り部，称賛をする歌手，詩人等を参照する表現である．

	waxu géér	waxu gewel
	貴族の言語	語り部の言語
音高	低	高
音量	穏やかな	大きい
速度	ゆっくり	速い
声	気息音がまじる	気息音がまじらない
音調曲線	音調核最後	音調核最初
ダイナミックレンジ	狭い	広い

この2つの言語使用域を区別するほかの特徴には意味的なものと修辞的な精緻化がある.

　敬語に関するこの4種類の体系の根底にある言語イデオロギーは何であろうか. ジャワ語における伝統的な上流階級（priyai）の概念は一方で繊細さと優雅さ，他方で暴力と怒りについての概念により特徴づけられる.

> 「より高い」レベルは適切な秩序，友好性，冷静さに基づく規範によって決定されていると考えられている.「より低いレベル」はかっとなるときに使われる言語である. 重要なのは自分の怒りに対してではなく，相手に対するということである. 言語レベルは相手を中心としたものである. 尊敬されるべき相手への丁寧な振る舞いは，定型化，非人格化，感情の平板化がされている. … しかし「高い」敬意を表現する様式を使用することは，感情を目立たなくさせる能力，他者の安定に対する神経の細やかさ，現実に対する気配りを示すことにより話者の優雅さをも意味する.　　　　　　(Irvine 1992: 256)

ウォロフ語の言語イデオロギーは，ジャワ語の伝統的な上流階級（priyayi）に対するイデオロギーと同様な考えにより特徴づけられる. しかし2種類の言語——貴族言語と語り部言語——の使用は異なっている.

> これらの言語の使用は由来する社会階級に限定されない. 両方の言語は場合によってほぼ誰によっても使われる. しかし，その使用は，比喩的であるとしても，言語状況への参加者が対比的な階級に生きていることを常に伝える. 規範的には「語り部の言語」は低い階級の語り部が高い階級の貴族に話をするための手段である. 誰でも相手にお世辞を言うためにこの言語を使うことができるが，そうすることは話者は語り部のような，つまり低い階級の振る舞

いをすることである．ウォロフ言語イデオロギーは基本的に話者で言語使用域を確認する … 言外の意味によってのみ相手を高める … ウォロフの貴族は公的，形式的な場では「語り部言語」を使うのを避ける．その代わりに彼らはより低い階級の代理人，彼らの代理で話す語り部を雇う．貴族を代弁する言語は相手を喜ばせるようにするが，それにもかかわらず感情的な言語の使用を避けることにより彼または彼女の高い階級を示す …　　　　　　　(Irvine 1998: 58)

Irvine (1998: 59) は，ウォルフ語の「語り部言語」はズールー語の称賛-修辞様式の 1 つを思い出させると指摘している．それは「両方とも大げさで，高ぶった感情，意味的に詳細化された談話により称賛を伝える」ことによる．しかし，ウォルフ語とズールー語を比較すると，ズールー言語イデオロギーでは称賛行動はカースト制度における低い階層，特定の低い階級には関係していない点で異なっていることを強調している．Bonga を話すことは話者の地位をおとしめない．アーバインは次のことも指摘する．

ズールー語の hlonipha とジャワ語のより高いレベルには論理的な対応がある．両方とも抑えた感情，婉曲表現，対比に対する中立化，明確な慣習化に関係している．ズールー語の体系はウォルフ語とジャワ語の両方の様式を含んでいる．　　　　　　　(Irvine 1998: 59)

アーバインは 4 種類の言語の敬語体系についての比較を次のようにまとめている．

文法化した敬語は，（自分自身の階級を示すのではなく）他者に敬意を示すための方法として，平板化した感情，慣習化，具体的，感覚的なことへの関与の回避を規定する言語イデオロギーを伴っている．言い換えれば，敬語は感情を高ぶらせない様式が他の人々を高めるというイデオロギーに埋め込まれている．感情性と慣習性の管理，それらが階級と権力に関係する様式に関係づけられている．どのような階級と権力が関係づけられるかは体系によって異なる．　　　　　　　(Irvine 1992: 261)

アーバインは 1998 年版の論文を言語イデオロギーは非インド・ヨーロッパ語とされる言語の中にだけではなく，実際どこにでも——言語学において「さえ」見つけることができるという警告で終えている．

第 6 章 語用論と政治　　　249

　数世代前，言語学者はアフリカとアジアの敬語を誤った自尊心，退廃的な過
洗練化，もしくは東洋の専制政治への奴隷的な服従と彼らが考えるものを示
すものとして嘲りや批判の的にした．彼らがそのようにしたことは，対象と
なる言語や文化的コンテクストについてではなく，先住民の社会階級への言
語学者の態度を示している．　　　　　　　　　　　　　　　　(Irvine 1998: 64)

6.5　まとめ

本章では社会言語学の台頭を 1960 年代の歴史的コンテクストの中で見てきた．
その時代，社会的不平等をうみだす資本主義社会の階級構造に関する議論が政
治的談話だけでなく，特に人文科学における科学的論争を支配していた．バー
ンスティンのコード理論とラボフの変異理論の支持者間における論争は社会階
級と言語形式との関係を主題化した典型であった．差異仮説の枠組みにおける
研究は，下層階級の言語を「限定」コードと分類するのはデータ収集の方法が
不適切であったり，言語の専門性が欠如しているからだけではなく，（上流）
中流階級の成員である研究者の言語イデオロギーに基づいているとする．彼ら
は，明らかだとする下層階級に属する子どもの言語能力の欠陥を補償教育プロ
グラムで改善しようと試みた．そのプログラムは子どもを「矯正する」ことを
目的としたものであり，中流階級の利益を代表し，大きくすることを第一とす
る制度としての学校を正そうとするものではなかった．この問題に対する不適
切な取り組みに対して変異理論の支持者は政治的な活動を行うようになった．
変異理論の支持者は下層階級の子ども，特に米国の都会にいる黒人の子どもの
言語技能を適切に理解・評価するためには，彼らが社会的コンテクストの中で
どのように言語を使用しているかについての研究が必要であることを明らかに
した．参与観察にもとづいた適切な文化的知識と，そうした子どもたち特有の
言語における規則に支配された文法構造の発見を言語学者たちに可能にさせる
正確な言語データの収集ができるのは，そこだけなのである．語用論と社会言
語学の境界が曖昧になるのはおそらくこのところである（Foley 1997: 29 を参
照）．社会言語学は，語用論と同様，実際の言語使用とさまざまな社会的コン
テクストにおける話者間の言語的相互行為に関心がある．変異理論の支持者は
コード理論の支持者に対する論争に勝った．このことは裁判所の判断によって
も認められ，最終的に米国の教育政策に影響した．

しかし，これらの研究は言語変種が中流階級の成員だけでなく，ラボフと共同研究者によって調査された黒人の成人にとっても重要な地位の象徴であることも明らかにした．彼らは仲間言葉とその言葉に対する考えを，一方で集団のアイデンティティを構成する手段として，他方で彼らの言語的相互行為に特徴的な言語を適切に使用することができない人たちを差別する手段として利用する．このように言語使用と言語イデオロギーは社会文化的アイデンティティをつくるのにきわめて重要である．また，これらの社会言語的様式を理解することは，言語学者にとって特に研究対象となる言語社会の適切な相談者を選ぶため／際には欠かせない．

他の言語社会における言語イデオロギーを詳細に検討してみると，イデオロギーは公の場における相互行為について言語集団間の社会的関係を調整するための規範であることがわかる．社会的なアイデンティティの象徴として集団の帰属関係と連帯を示す，すなわち，重要なつながりをつくる機能をもつだけでなく，社会階級に関して言語集団における話者の地位をも示す．さらに言語イデオロギーは言語社会における成員間の権力関係と社会全体として権力の分布を正当化する機能ももつ．このように言語イデオロギーは言語社会における政治的条件，成員の行動，行動を支配する．社会に関する言語イデオロギーの理解は，言語的相互行為と言語社会における集団関係で観察される現象についての正しい理解と適切な言語分析にきわめて重要である．

本書の序章で説明した逸話について本章から何が言えるだろうか．トロブリアンド諸島の人たちは明らかに挨拶行動を調整する言語イデオロギーをもっていた．Ambe?（どこにおでかけですか？）という質問で挨拶された人は誰であれ，この言語的相互行為の規範を決めるイデオロギーに従い，敬意をもって誠実に応答しなければいけない．イデオロギーは，トロブリアンド諸島の高度に階層化された社会における階級の違いにかかわらず，この応答が集団におけるすべての各成員から期待されることを規定する．この挨拶様式の階級水平化機能——同時に結束を強める機能をもつ——を理解できるようになると，たばこをあげたりもらったりするといった，村で観察される他のちょっとした儀礼も理解できるようになった．たばこと紙を私にせがみ，手巻きたばこを吸うのを楽しみにしている人が，出しゃばらないで待っている人から働きかけられ一服をせがまれるということが頻繁にあった．手巻きたばこを吸うのを楽しみにしている人は当惑しながら，自分のものだと思っているたばこを3，4回吸って，

第 6 章　語用論と政治　　251

一服をせがんだ人にそのたばこを渡している場面が見られた．この行動も文化的なものではあるが，規範的なイデオロギーに基づくものであり，部族の境界をも超えてすべての人を再び結束させるものである：イデオロギーは，たばこといった何かをせがんだ人にほとんどすぐに渡すことを規定している．この規範はちょっとした日常の相互行為において集団特有のイデオロギーの正当性を繰り返し試すことにより集団の結束とアイデンティティを強める．集団としての連帯の継続性に貢献し，集団内の社会的調和を高め，地域社会の成員間の社会的つながりを強める．したがって政治的に非常に重要なものである (Senft 1995: 281f. を参照)．

6.6　課題

● コード理論と差異仮説の基本となる言語イデオロギーの主な特徴は何でしょうか．

● 多言語社会における単一言語話者と多言語話者の良い点と悪い点を議論してください．

● 「標準言語」とは何でしょうか．誰が標準を決めるのでしょうか．なぜある言語の話者は，「標準言語」に対して異なる言語変種，方言，言語使用域，技術的言語等を発達させるのでしょうか．

● 言語的洞察に基づくどのような言語政策を異なった水準にある学校の言語教育の指針とすべきでしょうか．その指針の根拠を示してください．

● 外国語または方言アクセントをもつ話者（3 人またはそれ以上）の音声データを収集してください．（次に）言語学を専門としない人たちの集団を探して，収集した音声データの一部を聞いてもらい，話者の特徴について尋ねてください．そのあと，判断の理由を尋ね，その判断の指針となった言語イデオロギーの特徴について分析してください．

● 大学における公式，非公式な状況で使用される呼称について調査する参与観察と短いインタビューに基づく小規模な研究プロジェクトを行ってください．学生同士，学生と講師・教授間，講師・教授同士の呼称はど

うなっているでしょうか．呼称体系の基底にある言語イデオロギーはどのようなものでしょうか．そのイデオロギーは大学内の階層構造を推測するのに利用できるでしょうか．呼称形式の基底にある言語イデオロギーはどのようなものでしょうか．

● 言語イデオロギーを反映しているデータ（演説，TV スポット，ニュース放送，新聞，記事，広告等）を収集してください．収集したデータについて言語イデオロギーを明らかにし，そのデータを選んだ理由について根拠を述べてください．

6.7 さらに学びを深めるための文献

Basso, K. (1970); Baugh (1983); Blommaert (1999, 2011); Çap (2010); Fairclough (2001); Fenigsen (2003); Finegan (1980); Garland (2008); Giles et al. (1987); Haviland (2011); Kroskrity, Schieffelin and Woolard (1992); McElhinny (2003); Morgan (1994); Mufwene (1992); Schieffelin, Woolard and Kroskrity (1998); Webster (2008); Wodak (1997).

第7章 語用論を理解する
── まとめと展望 ──

7.1 はじめに

本章では，第1章で取り上げた3つの基本的な考え方を取りあげ，それにより，本書を構成する6章が全体としていかにまとめられるかを示す．「語用論の中心的な課題は社会的行為としての言語の記述である」(Clift et al. 2009: 50) という主題を指針とした，語用論の中心的な関心をまとめた後，欧米の言語や言語使用から導かれた言語観支配からの解放を目指した (Hanks et al. 2009a: 1) 語用論における最近の展開について概観する．

7.2 まとめ

第1章で指摘したように，本書は，次の3つの基本的な考え方によりすべての章が1つにまとめられる．

1. 言語は社会的相互行為において話者により使用される．言語は何よりもまず社会的なつながりおよび社会常識における責任関係をつくる道具である．言語がどのようにつながりと関係をつくるかは，言語や文化によって異なる．
2. 発話は，それがなされる状況におけるコンテクストの一部である．言語は本質的に語用論的な特徴をもち，「意味は発話の語用論的機能に存在する」(Bauman 1992: 147)．

253

- 言語の話者は，社会的相互行為の中の言語使用において，慣習，規範，規則に従う．
- 単語，句，文の意味は，ある特定の状況におけるコンテクストにおいて伝えられる．
- 言語使用は，話者のコミュニケーション行動において／のためのある特定の機能を果たす．
3. 語用論は，言語使用における言語および文化特有の形式について研究をする超領域的な学問分野である．

　序章の冒頭にある逸話は，「語用論を理解する」ための例として取り上げた．それは，この超領域的な学問分野の中心的な課題を導入するためであった．語用論に最も関連するとして取り上げた6分野の観点から，すべての章の終わりで，この逸話を利用して，言語使用・理解における文化的な違いだけではなく，文化的，状況的，対人的なコンテクストや文化特有の慣習がどのように実際の言語使用における意味に貢献しているかを示した．

　これらの基本的な洞察を基礎として，第1〜6章の内容を以下にまとめる．

　第1章では，語用論に関わる哲学者，言語学者による言語の理解について述べた．

- 言語は，ある特定のコンテクストにおける行為の遂行である．これらの行為は意味と力を持ち，社会的現実を共同で構成し創造するある特定の効果を達成する．
- 言語は，主に「社会常識における責任関係を創造するための道具」である (Seuren 2009: 140)．
- 言語の基本的な機能の1つは，社会的なつながりをつくることである．その結果として作られた契約または「社会契約」は，慣習や話者の社会的能力に基づいている．

　第2章では，語用論に関わる心理学者，言語学者が強調する点を明らかにした．

- 発話における直示参照表現（の理解と生成）は，相互行為を行う話し手と聞き手の協働的な課題である．
- 発話をともなうジェスチャーは，特に聞き手を考慮して行われている．

第 7 章 語用論を理解する   255

その目的は，社会的なつながりを確立するだけではなく，社会的相互行為における複雑な付加的情報を伝えることにある.

● これらの参照表現とジェスチャーは，言語と文化によって異なる.

第 3 章では，語用論に関わる人間行動学者，言語学者が明らかにしたことを説明した.

● 人間は複雑な行動様式を発展させてきた. それは，儀礼化の過程を経て，コミュニケーション行動における記号に分化したものである.

● これらの記号は，他の人間との社会的な接触を発達させ，社会的相互行為における送り手と受け手の間の社会的なつながりを確立し，維持するために使用された.

● より複雑な記号のいくつかは，社会的慣行となった. それは，人間行動の予測可能性を高め，人間同士の相互行為において安全と秩序を提供した. それゆえ，これらの記号は集団維持にきわめて重要であった.

● 人間は，調和，共感，信頼，連帯を伝える社会的なつながりをつくる重要な機能をもった非常に複雑で文化特有な儀礼を発達させてきた.

● 儀礼行動の形式をよく知っていることは，その集団に参入するための必須条件である. 集団の成員と適切に相互行為を行うためには，すべての成員が「基盤を共有している」必要があるからである.

● 記号・慣習・儀礼を考えると，言語は重要なものではあるが，本来マルチモーダルである人間の相互行為においては単なる一要素にしか過ぎないことがわかる.

● 記号・慣習・儀式には非常に多くの種類がある. しかし，これらは，慣習化された基本的な相互行為に関する有限の方略パターン（普遍的である可能性がある）を基礎にしていると仮定することができる.

第 4 章では，語用論に関わる民族誌学者，言語学者の知見をまとめた.

● 言語を，発話の意味がある特定のコンテクストにおける機能によって構成される行動・行為の様態として理解する.

● 言語の基本的な形式の 1 つは，交感的言語使用，主に社会的なつながりをつくる言語使用の形式において実現される.

● 状況的コンテクストと共通の文化的知識は，会話参加者間の関係を確立

するための手段としての交感的言語使用を理解するための必要な情報を提供する.

- したがって,発話の意味は,それが埋め込まれている言語事象に関連させて理解することができる.

- 特定の言語社会における成員のコミュニケーション行動に関する指針となる規則は,大きく異なり得る.その規則は,社会の中でコミュニケーションを円滑に行うために学ばれる必要がある.

- ある言語社会において,言語的・文化的に適切な行動ができるようになるためには,言語的・文化的能力が言語様式をどのように組織化・形成・調整をするかについて理解する必要がある.

- 言語・文化・認知の相互関係に関する研究は,主に言語を思考の手段として捉える.言語は非言語的な問題解決に対する思考を形成することに貢献するが,言語だけが思考一般に影響するという議論には問題がある.

第5章では,語用論に関わる社会学者,言語学者が合意する考えについて述べた.

- 社会的相互行為は,会話参加者の行為・行動を規定・調整する規範,権利,義務により制度的な秩序を構成する.

- 会話参加者に対して,相互行為の「ゲーム」を「する」ための規則や儀礼をもたらす,権利,義務を調整する手続き,慣習がある.それらは,社会契約や合意を基礎とする.

- 会話参加者は,社会における義務的な規範と,社会生活における儀礼的,社会常識的な「相互行為秩序」の維持に協力することを認識している.

- 相互行為の研究は,全体的な社会的状況,参加者が基盤とし依存する特定のコンテクストを考慮する必要がある.

- 社会の成員は,彼らの社会世界を構成し,理解し,意味あるものする実践的推論の手段として常識的な慣習や共有された解釈規則を利用する.

- 相互行為における会話は,高度に――そしておそらく普遍的に――秩序立てられた,構造的に組織化された活動である.その活動の中で,参加者は,連鎖するコミュニケーション行為をきわめて精緻に順序づけて意味と社会的行為を共同で構成する(Mark Dingemanse 私信).しかし特定の言語コミュニティにおけるこれらの行為の意味を理解するには,文化的な

第 7 章 語用論を理解する 257

知識を必要とする.

第 6 章では，政治的に意識の高い言語学者の知見を示した.

- 言語の適切な記述には，話者（が生きる）社会の構造に関する知識を必要とする．したがって，言語は，特定の言語状況，社会的背景，言語的相互行為の意味，関与する話者を重視した社会的コンテクストにおいて研究がなされなければならない.
- 言語変種は社会的アイデンティティの象徴である．それらは，集団の帰属関係と連帯を示し，したがって重要な社会的つながりをつくる機能をもっているだけでなく，言語社会における社会階級の地位を示す指標となる．さらに，集団成員の言語的相互行為に対して特徴的な言語技能を適切に使用できない人たちを差別する.
- 言語使用と言語イデオロギーは，社会文化的アイデンティティをつくるために重要であり，公の相互行為において特定の言語集団間の社会的関係を調整する規範となる.
- 言語イデオロギーは，集団成員間の権力関係と言語社会全体における権力の分布を正当化する機能ももつ．また，言語社会における政治的条件，（社会の）成員の適切な行為・行動を統制する.
- 社会の言語イデオロギーを理解するには，言語社会の成員間で観察される，多くの言語的相互行為と現象についての正しい理解と適切な言語分析が重要である.

語用論の核となるいくつかの領域の特徴は，言語的語用論は人文科学における他の領域をまとめ，また相互に影響を与え合う超領域的学問である，という事実に対する十分な証拠を提供している．これらの領域は，人間の社会的相互行為と意味の共同構築への基本的関心を語用論と共有する．語用論は超領域的であるだけでなく，複数の言語・文化を考える指向ももつ．それゆえ，実際の言語使用と理解において文化と言語に特有な違いに焦点をあてる．ここでは，文化的，状況的，対人的コンテクストと言語特有の規範と慣習が実際の言語使用においてどのように意味の構築や理解に貢献するかに関する問いが中心的なものとなる.

　語用論の複数の言語，複数の文化への指向は，この分野で発展してきた理論

が主に西ヨーロッパおよびアングロ・サクソンアメリカの伝統に根ざしていることを明らかにする．第1章で取りあげたサールとグライスの理論のような普遍的妥当性をもつと主張する理論は非インド・ヨーロッパ言語に対しては反証される．このことは，語用論における「理論や知見の普遍性に関するさらなる懐疑的な見方」につながっており，それは最近の「解放的語用論」への動きとして現れている．解放的語用論は，分析概念が文化に埋め込まれていることに的確に焦点をあて，理論構築や実証的研究において言語使用に関する特定の非西洋概念を自覚的に適用する（Verschueren 2011: 5）．本書の最終節では，語用論の将来展望についての概観としてこの新しい動きに関するいくつかの基本的な概念を説明する．

7.3 解放的語用論：語用論における将来の展開に関する概観

「解放的語用論へ向けて」という論文において，ウィリアム・ハンクス，井出祥子，片桐恭弘は，刺激的な問いを投げかける．

> 日本の「わきまえ」のような概念を，ユカテコ語（Yukatec Maya）や英語に適用したらどうなるだろうか．われわれは，日本語，タイ語，ラオ語，グイ語（IGui）を記述するために，iknal という話者の身体空間に関するマヤ語の概念を生産的に使うことができるだろうか．タイ語や日本語の敬語使用や解釈から，英語やフィンランド語についてわかることはあるだろうか．これらの問いは最初突拍子もないものに思えるかもしれない．それは，取り上げた概念がそれぞれの文化に深く根ざしたものであり，異なる文化に直接適用するのは不適切であると思われることがその理由である．しかし，情報交換，発語内の力といった欧米の概念がマヤ語，タイ語，日本語などに適用されるときには，それらの概念は適切であるとみなされる．この相違は，受容された理論と記述が，大部分欧米から他の世界への一方向の流れとなっていることを示唆する．その結果，複数の非欧米言語は，厳として欧米的であるメタ言語においてのみ比較・並置される傾向にある．標準理論を個別化するための一方向の流れは，究極には世界に対する歴史的に特定の見方を投影していることを示しているのではないだろうか．
>
> (Hanks et al. 2009a: 2)

解放的語用論の動きにより，これらの研究者や大きくなりつつあるその他の研究者の集団は，「確立された研究枠組みの制約から自由になり，理論の源泉を増やしたい」と考えている (Hanks et al. 2009a: 2). 彼らは語用論への自分たちの研究の取り組みを，「支配的な思考と実践に基礎づけられた理論的正当性の制約から分析を自由にするという意味で解放的」と認識している (Hanks et al. 2009a: 2)[1]. この研究プロジェクトは，——必然的に——学際的，超領域的なものであり，言語使用における複数の言語，複数の文化の違い，調査対象となる言語社会の成員間のマルチモーダルな相互行為に焦点をあてる. *Journal of Pragmatics* における特別号 2 冊の中の論文は，語用論におけるこの新しい方向性についての，興味深く，有望な例を提供している.

---

[1] 「解放的語用論」という用語の議論については Mey (2012: 705f.) を参照.

参 考 文 献

＊がついている文献は「さらに学びを深めるための文献」に挙げたものである.

Abercrombie, David. 1956. *Problems and Principles*. London: Longmans.

Agar, Michael. 1994. *Language Shock—Understanding the Culture of Conversation*. New York: William Morrow.

Ameka, Felix and James Essegbey. 2006. Elements of the grammar of space in Ewe. In: Stephen C. Levinson and David Wilkins (eds.), *Grammars of Space*, 359–399. Cambridge, UK: Cambridge University Press.

Anderson, Stephen R. and Edward L. Keenan. 1985. Deixis. In: Timothy Shopen (ed.), *Language Typology and Syntactic Description. Volume III. Grammatical Categories and the Lexicon*, 259–308. Cambridge, UK: Cambridge University Press.

Anscombe, Gertrude Elizabeth M. 1957. *Intention*. Oxford, UK: Basil Blackwell.

＊Antonopoulou, Eleni and Kiki Nikiforidou. 2002. Deictic motion and the adoption of perspective in Greek. *Pragmatics* 12: 273–295.

＊Auer, Peter and Aldo di Luzio (eds.). 1992. *The Contextualization of Language*. Amsterdam: John Benjamins.

Austin, John L. 1961. *Philosophical Papers*. Oxford, UK: Oxford University Press.

—— 1962. *How to Do Things with Words*. The William James Lectures at Harvard University in 1955. Edited by J. O. Urmson and Marina Sbisa. Oxford, UK: Clarendon Press [= 1976, Oxford University Press].

Ayer, Alfred J. 1936. *Language, Truth and Logic*. London: Victor Gollancz Ltd.

＊Baker, Anne, B. van den Bogaerde and Onno Crasborn (eds.). 2003. *Cross-linguistic Perspectives in Sign Language Research*. Hamburg, Germany: Signum.

＊Baron-Cohen, Simon. 2003. *Mind Reading, the Interactive Guide to Emotions*. Cambridge, UK: University of Cambridge, Jessica Kingsley Publishers.

Basso, Ellen B. 1985. *A Musical View of the Universe: Kalapalo Myth and Ritual Performances*. Philadelphia, US: University of Pennsylvania Press.

＊—— 2008. Epistemic deixis in Kalapalo. *Pragmatics* 18: 215–252.

Basso, Ellen B. and Gunter Senft. 2009. Introduction. In: Gunter Senft and Ellen B. Basso (eds.), *Ritual Communication*. Oxford, UK: Berg.

＊Basso, Keith H. 1970. "To give up on words"—Silence in western Apache culture. *Southwestern Journal of Anthropology* 26: 213–230.

—— 1979. *Portraits of "the Whiteman": Linguistic Play and Cultural Symbols among the Western Apache*. Cambridge, UK: Cambridge University Press.

*Batic, Gian Claudio (ed.). 2011. *Encoding Emotions in African Languages*. Munchen, Germany: Lincom.

*Baugh, John. 1983. *Black Street Speech. Its History, Structure and Survival*. Austin, US: University of Texas Press.

Bauman, Richard. 1992. Text and discourse in anthropological linguistics. In: William Bright (ed.), *International Encyclopedia of Linguistics*, 145-147. New York: Oxford University Press.

Bauman, Richard and Joel Sherzer (eds.). 1974. *Explorations in the Ethnography of Speaking*. Cambridge: Cambridge University Press.

*Bazzanella, Carla. 1990. Phatic connectives as interactional cues in contemporary spoken Italian. *Journal of Pragmatics* 14: 629-647.

Bell, Charles. 1806. *Essays on the Anatomy of Expression in Painting*. London: Longman, Reese, Hurst & Orme.

Bennardo, Giovanni. 2002. *Representing Space in Oceania—Culture in Language and Mind*. Canberra: Pacific Linguistics.

Bereiter, Carl and Siegfried Engelmann. 1966. *Teaching Disadvantaged Children in the Preschool*. Englewood Cliffs, US: Prentice Hall.

Bereiter, Carl, Siegfried Engelmann, Jean Osborn and P. A. Reidford. 1966. An academically oriented preschool for culturally deprived children. In: Fred M. Hechinger, (ed.), *Pre-school Education Today*, 105-137. New York: Doubleday.

Berger, Peter L. and Thomas Luckmann. 1966. *The Social Construction of Reality: A Treatise in the Sociology of Knowledge*. New York: Doubleday.

Bernstein, Basil. 1959. A public language. Some sociological implications of a linguistic form. *British Journal of Sociology* 10: 311-326.

—— 1961. Social class and linguistic development: a theory of social learning. In: Albert Henry Halsey, Jean Floud and C. Arnold Anderson (eds.), *Education, Economy and Society*, 288-314. New York: Free Press.

—— 1967. Elaborated and restricted codes: An outline. In: Stanley Lieberson (ed.), *Explorations in Sociolinguistics*, 126-133. Bloomington, US: Indiana University Press [fourth edition; 1973].

—— 1970a. A critique of the concepts of 'compensatory education'. In: David Rubinstein and Colin Stoneman (eds.), *Education for Democracy*, 110-121. Harmondsworth: Penguin.

—— 1970b. Education cannot compensate for society. *New Society*, 26 February: 344-347.

—— 1972. Social class, language and socialization. In: Pier Paolo Giglioli (ed.), *Language and Social Context*, 157-178. Harmondsworth: Penguin.

—— 1990. *Class, Code and Control Vol. 4: The Structuring of Pedagogic Discourse*. London: Routledge.

Birdwhistell, Ray L. 1970. *Kinesics and Context*. Philadelphia, US: University of

Pennsylvania Press.

*Blanco Salgueiro, Antonio. 2010. Promises, threats, and the foundation of speech act theory. *Pragmatics* 20: 213-228.

Bloch, Maurice. 1976. Review of Richard Bauman and Joel Sherzer (eds.), 1974. *Explorations in the Ethnography of Speaking*. Cambridge, UK: Cambridge University Press. *Language in Society* 5: 229-234.

*Blommaert, Jan. 1999. *Language Ideological Debates*. Berlin: Mouton de Gruyter.

*—— 2011. The long language-ideological debate in Belgium. *Journal of Multicultural Discourses* 6: 241-256.

Blum-Kulka, Shoshona, Juliane House and Gabriele Kasper (eds.). 1989. *Cross-Cultural Pragmatics: Requests and Apologies*. Norwood, NJ: Ablex.

Boas, Franz. 1911. Introduction. In: Franz Boas (ed.), *Handbook of American Indian Languages*. Bureau of American Ethnology, Bulletin 40, Part 1, 1-83. Washington DC: Government Printing Office.

Bohnemeyer, Jurgen. 2001. Deixis. In: Neil J. Smelser and Paul B. Baltes (eds.), *International Encyclopedia of the Social and Behavioral Sciences*. Vol 5, 3371-3375. Amsterdam: Elsevier.

Bohnemeyer, Jurgen and Christel Stolz. 2006. Spatial reference in Yucatek Maya: A survey. In: Stephen C. Levinson and David Wilkins (eds.), *Grammars of Space*, 273-310. Cambridge, UK: University of Cambridge Press.

*Boroditsky, Lera. 2001. Does language shape thought? Mandarin and English speakers' conceptions of time. *Cognitive Psychology* 43: 1-22.

Boroditsky, Lera and Alice Gaby. 2010. Remembrances of times east: Absolute spatial representations of time in an Australian Aboriginal community. *Psychological Science*. http://pss.sagepub.com/content/ 21/11/1635.full.

Branaman, Ann. 1997. Goffman's social theory. In: Charles Lemert and Ann Branaman (eds.), *The Goffman Reader*, xlv-lxxxii. Oxford: Blackwell.

Brown, Penelope. 2010. Questions and their responses in Tzeltal. *Journal of Pragmatics* 42: 2627-2648.

Brown, Penelope and Stephen C. Levinson. 1978. Universals in language usage: Politeness phenomena. In: Esther N. Goody (ed.), *Questions and Politeness: Strategies in Social Interaction*, 56-311. Cambridge, UK: Cambridge University Press.

—— 1993. *Linguistic and Nonlinguistic Coding of Spatial Arrays: Explorations in Mayan Cognition*. CARG Working paper No. 24. Nijmegen, The Netherlands: MPI for Psycholinguistics.

Bühler, Karl. 1934. *Sprachtheorie: Die Darstellungsfunktion der Sprache*. Jena, Germany: Fischer. [= 1965. Stuttgart, Germany: Gustav Fischer Verlag].

—— 1990. *Theory of Language: The Representational Function of Language*. Translated by Donald Fraser Goodwin. Amsterdam: John Benjamins. [Translation of Bühler (1934)].

*Burenhult, Niclas. 2003. Attention, accessibility, and the addressee: The case of the Jahai demonstrative 'ton'. *Pragmatics* 13: 363–379.

*Çap, Piotr. (2010) *Legitimisation in Political Discourse: A Cross-Disciplinary Perspective on the Modern US War Rhetoric.* (second revised edition). Newcastle, UK: Cambridge Scholars Publishing.

*Castelfranchi, Cristiano and Marco Guerini. 2007. Is it a promise or a threat? *Pragmatics & Cognition* 15: 277–311.

Chagnon, Napoleon. 1968. *Yanomamö—the Fierce People.* New York: Holt, Rinehart and Winston.

*Charnock, H. Ross. 2009. Overruling as a speech act: Performativity and normative discourse. *Journal of Pragmatics* 41: 401–426.

Chen, Rong. 1993. Responding to compliments. A contrastive study of politeness strategies between American English and Chinese speakers. *Journal of Pragmatics* 20: 49–75.

Cheepen, Christine. 1988. *The Predictability of Informal Conversation.* London: Continuum International Publishing.

Chomsky, Noam. 1965. *Aspects of the Theory of Syntax.* Cambridge, Mass., US: MIT Press.

Chu, Mingyuan and Sotaro Kita. 2011. The nature of gestures' beneficial role in spatial problem solving. *Journal of Experimental Psychology: General* 140: 102–115.

Church, R. Breckinridge and Susan Goldin-Meadow. 1986. The mismatch between gesture and speech as an index of transitional knowledge. *Cognition* 23: 43–71.

Clark, Herbert H. 1973. Space, time, semantics, and the child. In: Timothy E. Moore (ed.), *Cognitive Development and the Acquisition of Language*, 27–63. New York: Academic Press.

—— 1979. Responding to indirect speech acts. *Cognitive Psychology* 11: 430–477.

—— 1996a. *Using Language.* Cambridge, UK: Cambridge University Press.

—— 1996b. Communities, commonalities and communication. In: John Gumperz and Stephen C. Levinson (eds.), *Rethinking Linguistic Relativity*, 324–355. Cambridge, UK: Cambridge University Press.

*Clark, Herbert H. and Thomas B. Carlson. 1982. Hearers and speech acts. *Language* 58: 332–373.

Clark, Herbert and Deanna Wilkes-Gibbs. 1986. Referring as a collaborative process. *Cognition* 22: 1–39.

Clift, Rebecca, Paul Drew and Ian Hutchby. 2009. Conversation analysis. In: Sigurd D'hondt, Jan-Ola Östman and Jef Verschueren (eds.), *The Pragmatics of Interaction*, 40–54. Amsterdam: John Benjamins.

Connolly, Bon and Robin Anderson. 1987. *First Contact.* New York: Viking.

Corazza, Eros. 2010. Indexicals and Demonstratives. *Handbook of Pragmatics Online.* 19 pp. Amsterdam: John Benjamins. http://www. benjamins.com/online/hop/

参考文献 265

Coulmas, Florian. 1981. "Poison to your soul"—Thanks and apologies contrastively viewed. In: Florian Coulmas (ed.), *Conversational Routine. Explorations in Standardized Communication Situations and Prepatterned Speech*, 69-91. The Hague: Mouton.

*Couper-Kuhlen, Elizabeth and Tsuyoshi Ono (eds.). 2007. Turn continuation in cross-linguistic perspective. *Pragmatics* (special issue) 17: 505-660.

*Coupland, Justine (ed.). 2000. *Small Talk*. London: Longman.

*Crary, Alice. 2002. The happy truth: J. L. Austin's *How to Do Things with Words*. *Inquiry* 45: 59-80.

Daikuhara, Midori. 1986. A study of compliments from a cross-cultural perspective: Japanese vs. American English. *The PENN Working Papers in Educational Linguistics*—Fall 1986: 87-106.

Darnell, Regna. 2009. Franz Boas. In: Gunter Senft, Jan-Ola Östman and Jef Verschueren (eds.), *Culture and Language Use*, 41-49. Amsterdam: John Benjamins.

Darwin, Charles. 1872. *The Expression of Emotion in Man and Animals*. London: Murray.

*Davis, Wayne A. 1998. *Implicature: Intention, Convention and Principle in the Failure of Gricean Theory*. Cambridge, UK: Cambridge University Press.

De Jorio, Andrea. 2000. *Gesture in Naples and Gesture in Classical Antiquity*. A translation of *La mimica degli antichi investigata nel gestire napoletano*—Gestural Expression of the Ancients in the Light of Neapolitan Gesturing (1832), and with an Introduction and Notes by Adam Kendon. Bloomington, US: Indiana University Press.

de León, Lourdes. 1990. *Space games in Tzotzil: creating a context for spatial reference*. Berlin, Nijmegen (The Netherlands): Mimeo.

de Ruiter, Jan Peter, Holger Mitterer and Nick Enfield. 2006. Projecting the end of a speaker's turn: A cognitive cornerstone of conversation. *Language* 82: 515-535.

*Demir, Özlem Ece, Wing-Chee So, Asli Özyurek and Susan Goldin-Meadow. 2011. Turkish- and English-speaking children display sensitivity to perceptual context in the referring expressions they produce in speech and gesture. *Language and Cognitive Processes*. Available online 25 October 2011. DOI: 10.1080/01690965. 2011.589273.

Denny, J. Peter. 1978. Locating the universals in lexical systems for spatial deixis. *Papers from the Parasession on the Lexicon, Chicago Linguistic Society. April 14-15, 1978*, 71-84. Chicago, US: Chicago Linguistic Society.

—— 1985. Was ist universal am raumdeiktischen Lexikon? In: Harro Schweizer (ed.), *Sprache und Raum*, 111-128. Stuttgart, Germany: Metzler.

Deutsch, Robert. 1977. *Spatial Structurings in Everyday Face-to-Face Behavior*. New York: Orangeburg (The Association for the Study of Man-Environment Relations,

Inc.).

*Diessel, Holger. 1999. *Demonstratives. Form, Function and Grammaticalization*. Amsterdam: John Benjamins.

Dittmar, Norbert. 1976. *Sociolinguistics—A Critical Survey of Theory and Application*. London: Arnold. [originally published 1973 in German, translated by Peter Sand, Pieter Seuren and Kevin Whiteley].

Dixon, Robert M. W. 2003. Demonstratives. A cross-linguistic typology. *Studies in Language* 27: 61–112.

Doke, Clement and B. W. Vilakazi. 1958. *Zulu-English Dictionary*. (second edition). Johannesburg: Witwatersrand University Press.

Drew, Paul and Anthony Wootton. 1988. Introduction. In: Paul Drew and Anthony Wootton (eds.), *Erving Goffman—Exploring the Interaction Order*, 1–13. Cambridge, UK: Polity Press.

*Drew, Paul and John Heritage (eds.). 2006. *Conversation Analysis* (4 volumes). London: Sage.

Duchenne, Guillaume B. A. 1876. *Mécanisme de la physiognomie humaine ou analyse électro-physiologique de l'expression des passions*. Paris: J. B. Baillière et Fils.

*Dumont, Jean-Paul. 1977. From dogs to stars: The phatic function of naming among the Panare. In: Ellen B. Basso (ed.), *Carib-Speaking Indians: Culture, Society and Language*, 89–97. Tucson, US: The University of Arizona Press.

Dunbar, Robin. 1993. Coevolution of neocortex size, group size and language in humans. *Behavioral and Brain Sciences* 16: 681–735.

—— 1996. *Grooming, Gossip and the Evolution of Language*. London: Faber and Faber.

*—— 2007. Mind the bonding gap: constraints on the evolution of hominin societies. In: Stephen Shennan (ed.), *Pattern and Process in Cultural Evolution*, 223–234. Berkeley, US: University of California Press.

—— 2009. Why only humans have language. In: Rudolf Botha and Chris Knight (eds.), *The Prehistory of Language*, 12–35. Oxford: Oxford University Press.

Duncan, Susan D. 2005. Gesture in signing: A case study from Taiwan Sign Language. *Language and Linguistics* 6: 279–318.

*Duncan, Susan D., Justine Cassell and Elena T. Levy (eds.). 2007. *Gesture and the Dynamic Dimension of Language—Essays in Honor of David McNeill*. Amsterdam: John Benjamins.

Dundes, Alan, Jerry W. Leach and Bora Özkök. 1972. The strategy of Turkish boys' verbal dueling rhymes. In: John Gumperz and Dell Hymes (eds.), *Directions in Sociolinguistics: The Ethnography of Communication*, 130–160. New York: Holt, Rinehart and Winston.

Duranti, Alessandro. 1988. Ethnography of speaking: toward a linguistics of the praxis. In: Frederick J. Newmeyer (ed.), *Linguistics: The Cambridge Survey. Volume*

参 考 文 献 267

IV Language: The Socio-Cultural Context, 210-228. Cambridge, UK: Cambridge University Press.

—— (ed.). 2004. *A Companion to Linguistic Anthropology.* Oxford, UK: Blackwell.

Duranti, Alessandro and Charles Goodwin (eds.). 1992. *Rethinking Context. Language as an Interactive Phenomenon.* Cambridge, UK: Cambridge University Press.

Egbert, Maria M. 1997. Some interactional achievements of other-initiated repair in multiperson conversation. *Journal of Pragmatics* 27: 611-634.

*Egner, Inge. 2006. Intercultural aspects of the speech act of promising: Western and African practices. *Intercultural Pragmatics* 3: 443-464.

Ehlich, Konrad. 1993. Deixis. In: Helmut Glück, (ed.), *Metzler Lexikon Sprache,* 123-124. Stuttgart, Germany: Metzler.

Ehrich, Veronika. 1992. *Hier und Jetzt: Studien zur lokalen und temporalen Deixis im Deutschen.* Tübingen, Germany: Niemeyer.

*Eibl-Eibesfeldt, Irenäus. 1968. On the ethology of the human greeting behavior. I. Observations on Bali natives, Papuans and Samoans along with comparative remarks. *Zeitschrift für Tierpsychologie* 25: 727-744.

—— 1971a. Eine ethologische Interpretation des Palmfruchtfestes der Waika (Venezuela) nebst einigen Bemerkungen über die bindende Funktion von Zwiegesprächen. *Anthropos* 66: 767-778.

*—— 1971b. Ethology of human greeting behavior. II. Greeting behavior and some other patterns of friendly contact in the Waika (Yanomama). *Zeitschrift für Tierpsychologie* 29: 196-213.

—— 1973a. The expressive behaviour of the deaf-and-blind-born. In: Mario von Cranach and Ian Vine (eds.), *Social Communication and Movement. Studies of Interaction and Expression in Man and Chimpanzee*, 163-194. London: Academic Press.

—— 1973b. Das Palmfruchtfest der Waika. In: Irenäus Eibl-Eibesfeldt (ed.), *Der vorprogrammierte Mensch. Das Ererbte als bestimmender Faktor im menschlichen Verhalten*, 223-241. Vienna: Fritz Molden.

*—— 1979. Human ethology: concepts and implications for the sciences of man. *Behavioural and Brain Sciences* 2: 1-57.

—— 1989. *Human Ethology.* New York: Aldine de Gruyter [second edition (paperback) 2008].

*—— 1996. *Love and Hate.* New York: Aldine de Gruyter.

Eibl-Eibesfeldt, Irenäus and Gunter Senft. 1987. Studienbrief "Rituelle Kommunikation"—Kommunikation-Wissen-Kultur. Hagen, Germany: Fernuniversität-Gesamthochschule Hagen, Fachbereich Erziehungs und Sozialwissenschaften.

Ekman, Paul. 1973. Cross-cultural studies of facial expressions. In Paul Ekman (ed.), *Darwin and Facial Expression—A Century of Research in Review*, 169-222. New York: Academic Press.

—— 1979. About brows: emotional and conversational signals. In: Mario von Cranach, Klaus Foppa, Wolfgang Lepenies and Detlev Ploog (eds.), *Human Ethology—Claims and Limits of a New Discipline*, 169-202. Cambridge, UK: Cambridge University Press.

—— 1994. Strong evidence for universals in facial expressions: A reply to Russell's mistaken critique. *Psychological Bulletin* 115: 268-287.

Ekman, Paul and Wallace V. Friesen. 1975. *Unmasking the Face. A Guide to Recognizing Emotions from Facial Expressions*. Englewood Cliffs, US: Prentice Hall.

—— 1978. *Facial Action Coding System*. Palo Alto, US: Consulting Psychologists Press.

Emmorey, Karen. 2001. *Language, Cognition and the Brain. Insights into Sign Language Research*. Hillsdale, US: Erlbaum.

Endicott, Kirk M. 1991. *An Analysis of Malay Magic*. Singapore: Oxford University Press.

Enfield, Nicholas J. 2001. Lip pointing: A discussion of form and function with reference to data from Laos. *Gesture* 1: 185-212.

—— 2003. Demonstratives in space and interaction: Data from Lao speakers and implications for semantic analysis. *Language* 79: 82-117.

Enfield, Nicholas J. and Tanya Stivers (eds.). 2007. *Person Reference in Interaction: Linguistic, Cultural, and Social Perspectives*. Cambridge, UK: Cambridge University Press.

*Enfield, Nicholas J., Sotaro Kita and Jan Peter de Ruiter. 2007. Primary and secondary pragmatic functions of pointing gestures. *Journal of Pragmatics* 39: 1722-1741.

Enfield, Nicholas J., Tanya Stivers and Stephen C. Levinson. 2010. Question-response sequences in conversation across ten languages. An Introduction. *Journal of Pragmatics* 42: 2615-2619.

Erickson, Frederick. 1975. One function of proxemic shifts in face-to-face interaction. In: Adam Kendon, Richard M. Harris and Mary Ritchie Key (eds.), *Organization of Behavior in Face-to-Face Interaction*, 175-187. The Hague: Mouton.

Errington, J. Joseph. 1988. *Structure and Style in Javanese*. Philadelphia, US: University of Pennsylvania Press.

Evans, Nicholas and Stephen C. Levinson. 2009a. The myth of language universals: Language diversity and its importance for cognitive science. *Behavioral and Brain Sciences* 32: 429-492.

—— 2009b. With diversity in mind: Freeing the language sciences from universal grammar [Author's response]. *Behavioral and Brain Sciences* 32: 472-484.

*Fairclough, Norman. 2001. *Language and Power* (second edition). London: Longman.

Feld, Steven. 1982. *Sound and Sentiment. Birds, Weeping, Poetics and Song in Kaluli*. Philadelphia, US: University of Pennsylvania Press.

参考文献 269

*Fenigsen, Janina. 2003. Language ideologies in Barbados: Processes and paradigms. *Pragmatics* 13: 457-481.

Fillmore, Charles J. 1975. *Santa Cruz Lectures on Deixis 1971*. Bloomington, US: Indiana University Linguistics Club.

—— 1982. Towards a descriptive framework for spatial deixis. In: Robert Jarvella and Wolfgang Klein (eds.), *Speech, Place, and Action*, 31-59. Chichester, UK: John Wiley.

*Finegan, Edward. 1980. *Attitudes Toward English Usage: A History of the War of Words*. New York: Teacher's College Press.

Firth, Alan. 2009. Ethnomethodology. In: Sigurd D'hondt, Jan-Ola Östman and Jef Verschueren (eds.), *The Pragmatics of Interaction*, 66-78. Amsterdam: John Benjamins.

Fitch, Kristine L. and Gerry Philipsen. 1995. Ethnography of speaking. In: Jan Blommaert, Jan-Ola Östman and Jef Verschueren (eds.), *Handbook of Pragmatics—Manual*, 263-269. Amsterdam: John Benjamins.

Foley, William. 1997. *Anthropological Linguistics—An Introduction*. Oxford: Blackwell.

*Frake, Charles O. 1980. *Language and Cultural Description. Essays by Charles O. Frake*. Selected and introduced by Anwar S. Dil. Stanford, US: Stanford University Press.

French, David. 1963. The relationship of anthropology to studies in perception and cognition. In: S. Koch (ed.), *Psychology: A Study of a Science*, Vol 6, 388-428. New York: McGraw-Hill.

Garber, Philip, Martha W. Alibali and Susan Goldin-Meadow. 1998. Knowledge conveyed in gesture is not tied to hands. *Child Development* 69: 75-84.

Garfinkel, Harold. 1963. A conception of, and experiments with, 'trust' as a condition for stable concerted actions. In: O. J. Harvey (ed.), *Motivation and Social Interaction*, 187-238. New York: Ronald Press.

—— 1967. *Studies in Ethnomethodology*. Englewood Cliffs, US: Prentice Hall.

—— 1972. Remarks on ethnomethodology. In: John J. Gumperz and Dell Hymes (eds.), *Directions in Sociolinguistics—The Ethnography of Communication*, 309-324. New York: Holt, Rinehart and Winston.

Garfinkel, Harold and Harvey Sacks. 1970. On formal structures of practical actions. In: John C. McKinney and Edward A. Tiryakian (eds.), *Theoretical Sociology: Perspectives and Developments*, 337-366. Appleton-Century-Crofts.

*Garland, Jennifer N. 2008. The importance of being Irish: National identity, cultural authenticity, and linguistic authority in an Irish language class in the United States. *Pragmatics* 18: 253-276.

Gazdar, Gerald. 1979. *Pragmatics. Implicature, Presupposition, and Logical Form*. New York: Academic Press.

Geertz, Clifford. 1976. *The Religion of Java*. Chicago, US: University of Chicago Press [first published in 1960: Glencoe, US: The Free Press].

*Gentner, Dedre and Susan Goldin-Meadow (eds.). 2003. *Language in Mind: Advances in the Study of Language and Thought*. Cambridge, US: MIT Press.

*Giles, Howard, Miles Hewstone, Ellen B. Ryan and Patricia Johnson. 1987. Research on language attitudes. In: Ulrich Ammon, Norbert Dittmar, Klaus J. Mattheier (eds.), *Sociolinguistics: An International Handbook of the Science of Language and Society*, Vol. 1: 585–597. Berlin: Mouton de Gruyter.

*Goffman, Erving. 1959. *The Presentation of Self in Everyday Life*. New York: Doubleday Anchor.

—— 1961. *Encounters: Two Studies in the Sociology of Interaction*. Indianapolis, US: Bobbs-Merrill.

—— 1963. *Behavior in Public Places: Notes on the Social Organizations of Gatherings*. New York: Free Press.

——1967. *Interaction Ritual: Essays on Face-to-Face Behavior*. New York: Doubleday.

*—— 1969. *Strategic Interaction*. Philadelphia, US: University of Pennsylvania Press.

—— 1971. *Relations in Public: Microstudies of the Public Order*. New York: Harper and Row.

—— 1974. *Frame Analysis—An Essay on the Organization of Experience*. New York: Harper and Row.

—— 1981. *Forms of Talk*. Oxford, UK: Basil Blackwell.

—— 1983a. The interaction order. *American Sociological Review* 48: 1–17.

—— 1983b. Felicity's condition. *The American Journal of Sociology* 89: 1–53.

*Goldin-Meadow, Susan. 2003. *Hearing Gesture: How Our Hands Help Us Think*. Cambridge, MA, US: Harvard University Press.

—— 2006. Nonverbal communication: The hand's role in talking and thinking. In: William Damon and Richard M. Lerner (eds.), *Handbook of Child Psychology. Sixth Edition. Volume Two: Cognition, Perception and Language* edited by Deanna Kuhn and Robert Siegler, 336–369. New York: John Wiley.

Good, David A. 1999. Communicative success vs. failure. *Handbook of Pragmatics Online*. Amsterdam: John Benjamins.

*Goodwin, Charles. 1993. Recording human interaction in natural settings. *Pragmatics* 3: 181–209.

Goodwin, Charles and John Heritage. 1990. Conversation analysis. *Annual Review of Anthropology* 19: 283–307.

*Goodwin, Marjorie H. 2006. *The Hidden Life of Girls: Games of Stance, Status, and Exclusion*. Malden, US: Blackwell.

Gossen, Gary H. 1974. *Chamulas in the World of the Sun: Time and Space in a Maya Oral Tradition*. Cambridge, US: Harvard University Press.

参考文献　　　　　　271

Grammer, Karl, Wulf Schiefenhovel, Margret Schleidt, Beatrice Lorenz and Irenäus Eibl-Eibesfeldt. 1988. Patterns of the face: The eyebrow flash in crosscultural comparison. *Ethology* 77: 279-299.

Green, Keith. 1995. Deixis: A re-evaluation of concepts and categories. In: Keith Green (ed.), *New Essays in Deixis. Discourse, Narrative, Literature*, 11-25. Amsterdam: Rodopi.

Greenwood, John D. 2003. Wundt, Volkerpsychologie, and experimental social psychology. *History of Psychology* 6: 70-88.

*Grenoble, Lenore. 1998. *Deixis and Information Packaging in Russian Discourse*. Amsterdam: John Benjamins.

Grice, H. Paul. 1967. *Logic and Conversation*. Unpublished MS. of the William James Lectures, Harvard University.

—— 1975. Logic and conversation. In: Peter Cole and Jerry L. Morgan (eds.), *Syntax and Semantics. Vol. 3: Speech Acts*, 41-58. New York: Academic Press.

—— 1978. Further notes on logic and conversation. In: Peter Cole (ed.), *Syntax and Semantics. Vol. 9: Pragmatics*, 113-127. New York: Academic Press.

*—— 1981. Presupposition and conversational implicature. In: Peter Cole (ed.), *Radical Pragmatics*, 183-197. New York: Academic Press.

*—— 1989. *Studies in the Way of Words*. Cambridge, MS, US: Harvard University Press.

*Guidetti, Michèle and Jean-Marc Colletta (eds.). 2010. Gesture and multimodal development. Special Issue *Gesture* 10 (2).

*Gullberg, Marianne and Kees de Bot (eds.). 2010. *Gestures in Language Development*. Amsterdam: Benjamins.

Gumperz, John J. 1979. The sociolinguistic basis of speech act theory. In: J. Boyd and S. Ferra (eds.), *Speech Acts Ten Years After*, 101-121. Milan, Italy: Versus.

—— 1982. *Discourse Strategies*. Cambridge, UK: Cambridge University Press.

Gumperz, John J. and Dell Hymes (eds.). 1964. The ethnography of communication. *Special Issue of American Anthropologist* 66 (6) Part II.

—— (eds.). 1972. *Directions in Sociolinguistics: The Ethnography of Communication*. New York: Holt, Rinehart and Winston.

*Habermas, Jurgen. 1984. *The Theory of Communicative Action. Reason and the Rationalization of Society* (translated by Thomas McCarthy). Boston, US: Beacon Press.

*—— 1987. *The Theory of Communicative Action. Lifeworld and System* (translated by Thomas McCarthy). Boston, US: Beacon Press.

Haiman, John. 1998. *Talk is Cheap. Sarcasm, Alienation and the Evolution of Language*. New York: Oxford University Press.

Hall, Edward T. 1968. Proxemics. *Current Anthropology* 9: 83-95, 106-108.

Hanks, William F. 1987. Markedness and category interactions in the Malagasy deictic system. *University of Chicago Working Papers in Linguistics*, Vol. 3 (January 1987): 109–136.

*—— 2009. Fieldwork on deixis. *Journal of Pragmatics* 41: 10–24.

Hanks, William F., Sachiko Ide and Yasuhiro Katagiri. 2009a. Towards an emancipatory pragmatics. Introduction to the Special Issue. *Journal of Pragmatics* 41: 1–9.

Hanks, William F., Sachiko Ide and Yasuhiro Katagiri (eds.). 2009b. Towards an Emancipatory Pragmatics Part One. Special Issue. *Journal of Pragmatics* 41: 1–196.

—— (eds.). 2012. Towards an Emancipatory Pragmatics. Part Two. Special Issue. *Journal of Pragmatics* 44: 563–708.

*Harnish, Robert M. (ed.). 1994. *Basic Topics in the Philosophy of Language*. New York: Harvester Wheatsheaf.

*—— 2009. Internalism and externalism in speech act theory. *Lodz Papers in Pragmatics* 5: 9–31.

*Harré, Rom (ed.). 1988. *The Social Construction of Emotion*. Cambridge, UK: Cambridge University Press.

Harris, Stephen G. 1984. *Culture and Learning: Tradition and Education in North-East Arnhem Land*. Canberra: Australian Institute of Aboriginal and Torres Strait Islander Studies.

*Hassall, Tim. 1999. Request strategies in Indonesian. *Pragmatics* 9: 585–606.

*Haugh, Michael. 2002. The intuitive basis of implicature: Relevance theoretic implicitness versus Gricean implying. *Pragmatics* 12: 117–134.

Haviland, John B. 1979. Guugu Yimidhirr. In: Robert W. W. Dixon and Berry J. Blake (eds.), *Handbook of Australian Languages*, Vol I, 27–180. Amsterdam: John Benjamins.

—— 1993. Anchoring, iconicity, and orientation in Guugu Yimithirr pointing gestures. *Journal of Linguistic Anthropology* 3: 3–45.

—— 1998. Guugu Yimidhirr cardinal directions. *Ethos* 26 (1): 7–24.

*—— 2000. Pointing, gesture space and mental maps. In: David McNeill (ed.), *Language and Gesture*, 13–46. Cambridge, UK: Cambridge University Press.

—— 2009. Little rituals. In: Gunter Senft and Ellen B. Basso (eds.), *Ritual Communication*, 1–19. Oxford, UK: Berg.

*—— 2011. Ideologies of language: Some reflections on language and U.S. law. In: Bambi B. Schieffelin and Paul B. Garrett (eds.), *Anthropological Linguistics— Critical Concepts in Language Studies Vol 3: Talking about Language*, 172–194. London: Routledge.

Heeschen, Volker. 1982. Some systems of spatial deixis in Papuan languages. In: Jürgen Weissenborn and Wolfgang Klein (eds.), *Here and There. Cross-linguistic Studies on Deixis and Demonstration*, 81–109. Amsterdam: John Benjamins.

—— 1998. *An Ethnographic Grammar of the Eipo Language Spoken in the Central*

Mountains of Irian Jaya (West New Guinea), Indonesia. Berlin: Dietrich Reimer.

Heeschen, Volker, Wulf Schiefenhovel and Irenaus Eibl-Eibesfeldt. 1981. Requesting, giving and taking: The relationship between verbal and nonverbal behavior in the speech community of the Eipo, Irian Jaya (West New Guinea). In: Mary Ritchie Key (ed.), *The Relationship between Verbal and Nonverbal Communication*, 139–165 (+ 21 plates). The Hague: Mouton.

Heinemann, Trine. 2010. The question-response system of Danish. *Journal of Pragmatics* 42: 2703-2725.

Henrich, Joseph, Steven J. Heine and Ara Norenzayan. 2010a. The weirdest people in the world? *Behavioral and Brain Sciences* 33: 61-83.

—— 2010b. Beyond WEIRD: Towards a broad-based behavioral science. *Behavioral and Brain Sciences* 33: 111-135.

Heritage, John. 1984. *Garfinkel and Ethnomethodology.* Cambridge, UK: Polity Press.

—— 2003. Presenting Emanuel Schegloff. In: Carlo L. Prevignano and Paul J. Thibault (eds.), *Discussing Conversation Analysis. The Work of Emanuel Schegloff*, 1-10. Amsterdam: John Benjamins.

Heritage, John and Steven Clayman. 2010. *Talk in Action. Interaction, Identities and Institutions.* Chichester, UK: Wiley-Blackwell.

Hjortsjö, Carl-Herman. 1969. *Man's Face and Mimic Language.* Malmo, Sweden: Studentlitteratur.

Hockett, Charles F. 1973. *Man's Place in Nature.* New York: McGraw-Hill.

*Holler, Judith and Katie Wilkin. 2009. Communicating common ground: How mutually shared knowledge influences speech and gesture in narrative talk. *Language and Cognitive Processes* 24: 267-289.

*Holzinger, Katharina. 2004. Bargaining through arguing: An empirical analysis based on speech act theory. *Political Communication* 21: 195-222.

Hookway, C. J. 1998. Charles Sanders Peirce. In: Jacob L. Mey and R. E. Asher (eds.), *Concise Encyclopedia of Pragmatics*, 1084-1086. Amsterdam: Elsevier.

*Horn, Laurence R. 2004. Implicature. In: Laurence R. Horn and Gregory Ward (eds.), *The Handbook of Pragmatics*, 3-28. Oxford, UK: Blackwell.

Huang, Yan. 2007. *Pragmatics.* Oxford, UK: Oxford University Press.

Hudson, Joyce. 1985. Selected speech act verbs in Walmatjari. In: G. Hutter and K. Gregerson (eds.), *Pragmatics in Non-Western Practice*, 63-83. Dallas, US: Summer Institute of Linguistics.

*Hunt, Earl and Franca Agnoli. 1991. The Whorfian hypothesis: A cognitive psychology perspective. *Psychological Review* 98: 377-389.

Hymes, Dell H. [1962] 1978. The ethnography of speaking. In Joshua Fishman (ed.), *Readings in the Sociology of Language*, 99-138. The Hague: Mouton [first published in 1962 in: T. Gladwin and W. C. Sturtevant (eds.), *Anthropology and Human Behavior.* 13-53. Washington DC, US: Anthropological Society of Washington].

—— 1972a. Models of the interaction of language and social life. In: John J. Gumperz and Dell Hymes (eds.), *Directions in Sociolinguistics: The Ethnography of Communications*, 35–71. New York: Holt, Rinehart and Winston.

—— 1972b. On communicative competence. In. J. B. Pride and Janet Holmes (eds.), *Sociolinguistics*, 269–293. Harmondsworth, UK: Penguin.

—— 1974. Ways of speaking. In: Richard Bauman and Joel Sherzer (eds.), *Explorations in the Ethnography of Speaking*, 433–451. Cambridge, UK: Cambridge University Press.

Hyslop, Catriona. 1993. *Towards a Typology of Spatial Deixis*. BA (honours)-thesis. Canberra: Australian National University.

Irvine, Judith. 1992. Ideologies of honorific language. *Pragmatics* 2: 251–262.

—— 1998. Ideologies of honorific language. In: Bambi B. Schieffelin, Kathryn A. Woolard and Paul Kroskrity (eds.), *Language Ideologies*, 51–67. New York: Oxford University Press. [revised and expanded reprint of Irvine (1992)]

Iverson, Jana M. and Susan Goldin-Meadow. 2005. Gesture paves the way for language development. *Psychological Science* 16: 368–371.

Izard, Carroll E. and Patricia M. Saxton. 1988. Emotions. In Richard C. Atkinson, Richard J. Herrnstein, Gardner Lindzey and R. Duncan Luce (eds.), *Stevens' Handbook of Experimental Psychology. Second Edition, Volume 1: Perception and Motivation*. 627–676. New York: John Wiley & Sons.

Jahoda, Gustav. 1995. In pursuit of the emic-etic distinction: Can we ever capture it? In: Nancy Rule Goldberger and Jody Bennett Veroff (eds.), *The Culture and Psychology Reader*, 128–138. New York: New York University Press.

Jakobson, Roman. 1960. Linguistics and poetics. In: Thomas A. Sebeok (ed.), *Style in Language*, 350–377. Boston, US: MIT Press.

Jefferson, Gail. 2004. Glossary of transcript symbols with an introduction. In: Gene H. Lerner (ed.), *Conversation Analysis: Studies from the First Generation*, 13–31. Amsterdam: John Benjamins.

Jourdan, Christine. 2007. Linguistic paths to urban self in postcolonial Solomon Islands. In: Miki Makihara and Bambi B. Schieffelin (eds.), *Consequences of Contact: Language Ideologies and Sociocultural Transformations in Pacific Societies*, 30–48. New York: Oxford University Press.

Jourdan, Christine and Ellen Maebiru. 2002. *Pijin—A Trilingual Cultural Dictionary (Pijin-English-French)*. Canberra: Pacific Linguistics.

*Jucker, Andreas. 2009. Speech act research between armchair, field and laboratory: The case of compliments. *Journal of Pragmatics* 41: 611–635.

*Kasher, Asa (ed.). 1998. *Pragmatics: Critical Concepts Vol. 2: Speech Act Theory and Particular Speech Acts*. London: Routledge.

*Kataoka, Kuniyoshi. 2004. Co-construction of a mental map in spatial discourse: A case of Japanese rock climbers' use of deictic verbs of motion. *Pragmatics* 14: 409-438.

Keenan (Ochs), Elinor. 1976. The universality of conversational postulates. *Language in Society* 5: 67-80.

Kelly, Spencer D. 2001. Broadening the units of analysis in communication: Speech and nonverbal behaviours in pragmatic comprehension. *Journal of Child Language* 28: 325-349.

Kelly, Spencer D., Asli Ozyurek and Eric Maris. 2010. Two sides of the same coin: Speech and gesture mutually interact to enhance comprehension. *Psychological Science* 21: 260-267.

Kendon, Adam. 1972. Some relationships between body motion and speech. In: Aron W. Siegman and Benjamin Pope (eds.), *Studies in Dyadic Communication*, 177-210. New York: Pergamon Press.

—— 1977. Spatial organization in social encounters: The F-formation system. In: Adam Kendon (ed.), *Studies in the Behavior of Social Interaction*, 179-208. Bloomington, US: Indiana University Press.

—— 1980. Gesticulation and speech: Two aspects of the process of utterance. In: Mary Ritchie Key (ed.), *The Relationship of Verbal and Nonverbal Communication*, 207-227. The Hague: Mouton.

—— 1988a. How gestures can become like words. In: Fernando Poyatos, (ed.), *Cross-Cultural Perspectives in Nonverbal Communication*, 131-141. Toronto: Hogrefe.

*—— 1988b. *Sign Languages of Aboriginal Australia: Cultural, Semiotic and Communicative Perspectives.* Cambridge, UK: Cambridge University Press.

—— 1988c. Goffman's approach to face-to-face interaction. In: Paul Drew and Anthony Wootton (eds.), *Erving Goffman: Exploring the Interaction Order*, 14-40. Cambridge, UK: Polity Press.

—— 1995. Gestures as illocutionary and discourse structure markers in Southern Italian conversation. *Journal of Pragmatics* 23: 247-279.

—— 2000. Language and gesture: unity or duality? In: David McNeill, (ed.), *Language and Gesture*, 47-63. Cambridge, UK: Cambridge University Press.

—— 2004. *Gesture: Visible Action as Utterance.* Cambridge, UK: Cambridge University Press.

Kendon, Adam and Cornelia Muller. 2001. Introducing GESTURE. *Gesture* 1: 1-7.

Key, Mary Ritchie. 1977. *Nonverbal Communication. A Research Guide and Bibliography.* Metuchen, US: Scarecrow.

Kiefer, Ferenc. 1979. What do conversational maxims explain? *Linguisticae Investigationes* 3: 57-74.

Kita, Sotaro. 2009. Cross-cultural variation of speech accompanying gesture: A review. *Language and Cognitive Processes* 24: 145-167.

Kita, Sotaro and James Essegbey. 2001. Pointing left in Ghana—How a taboo on the use of the left hand influences gestural practice. *Gesture* 1: 73–95.

Kita, Sotaro and Sachiko Ide. 2007. Nodding, aizuchi, and final particles in Japanese conversation: How conversation reflects the ideology of communication and social relationships. *Journal of Pragmatics* 39: 1242–1254.

Kita, Sotaro and Asli Özyürek. 2003. What does cross-linguistic variation in semantic coordination of speech and gesture reveal? Evidence for an interface representation of spatial thinking and speaking. *Journal of Memory and Language* 48: 16–32.

Koerner, E. F. Konrad. 2000. Towards a 'full pedigree' of the Sapir-Whorf hypothesis: From Locke to Lucy. In: Martin Putz and Marjolijn H. Verspoor (eds.), *Explorations in Linguistic Relativity*, 1–23. Amsterdam: John Benjamins.

*Krauss, Robert M. 1998. Why do we gesture when we speak? *Current Directions in Psychological Science* 7: 54–59.

Kroskrity, Paul V., Bambi B. Schieffelin and Kathryn Woolard (eds.). 1992. Special Issue on Language Ideologies. *Pragmatics* 2: 235–453.

Kuipers, Joel C. 1998. *Language, Identity and Marginality in Indonesia. The Changing Nature of Ritual Speech on the Island of Sumba.* Cambridge, UK: Cambridge University Press.

Labov, William. 1970a. The logic of nonstandard English. In: Frederick Williams (ed.) *Language and Poverty—Perspectives on a Theme*, 153–189. Chicago, US: Markham.

——1970b. The study of language in its social context. *Studium Generale* 23: 30–87.

—— (ed.), 1972a. *Language in the Inner City: Studies in the Black English Vernacular.* Philadelphia, US: University of Pennsylvania Press.

——1972b. Rules for ritual insults. In: William Labov (ed.), *Language in the Inner City: Studies in the Black English Vernacular*, 297–353. Philadelphia, US: University of Pennsylvania Press.

—— 1972c. The linguistic consequences of being a lame. In: William Labov (ed.), *Language in the Inner City: Studies in the Black English Vernacular*, 255–292. Philadelphia, US: University of Pennsylvania Press.

—— 1972d. Some principles of linguistic methodology. *Language in Society* 1: 97–120.

Lakoff, Robin T. 1995. Conversational logic. In: Jef Verschueren, Jan-Ola Ostman and Jan Blommaert (eds.), *Handbook of Pragmatics*, 190–198. Amsterdam: John Benjamins.

Laver, John. 1975. Communicative functions of phatic communion. In: Adam Kendon, Richard M. Harris and Mary Ritchie Key (eds.), *Organization of Behavior in Face-to-Face Interaction*, 215–238. The Hague: Mouton.

—— 1981. Linguistic routines and politeness in greeting and parting. In: Florian Coulmas (ed.), *Conversational Routine. Explorations in Standardized Communi-*

参 考 文 献   277

cation Situations and Prepatterned Speech, 289–304. The Hague: Mouton.

Lee, Penny. 1996. *The Whorf Theory Complex: A Critical Reconstruction*. Amsterdam: John Benjamins.

—— 2010. Benjamin Lee Whorf. In: Jan-Ola Ostman and Jef Verschueren (eds.), *Handbook of Pragmatics Online*. Amsterdam: John Benjamins. URL: http://www.benjamins.com/online/hop/

Levelt, Willem J. M., Graham Richardson and Wido La Heu. 1985. Pointing and voicing in deictic expressions. *Journal of Memory and Language* 24: 133–164.

Levinson, Stephen C. 1983. *Pragmatics*. Cambridge, UK: Cambridge University Press.

*—— 1989. A review of Relevance [book review of Dan Sperber and Deirdre Wilson, *Relevance: Communication and Cognition*]. *Journal of Linguistics* 25: 455–472.

—— 1997. Deixis. In: Peter V. Lamarque (ed.), *Concise Encyclopedia of Philosophy of Language,* 214–219. Oxford, UK: Elsevier.

—— 2000. *Presumptive Meanings. The Theory of Generalized Conversational Implicature*. Cambridge, MA, US: The MIT Press.

—— 2003. *Space in Language and Cognition*. Cambridge, UK: Cambridge University Press.

—— 2006. On the human 'interaction engine'. In: Nicholas J. Enfield and Stephen C. Levinson (eds.), *Roots of Human Sociality: Culture, Cognition and Interaction*, 39–69. Oxford, UK: Berg.

—— 2007. Optimizing person reference—perspectives from usage on Rossel Island. In: Nicholas J. Enfield and Tanya Stivers (eds.), *Person Reference in Interaction. Linguistic, Cultural and Social Perspectives*, 29–72. Cambridge, UK: Cambridge University Press.

Levinson, Stephen C. and Nicholas Evans. 2010. Time for a sea-change in linguistics: Response to comments on 'The myth of language universals'. *Lingua* 120: 2733–2758.

*Levinson, Stephen C. and Pierre Jaisson (eds.). 2006. *Evolution and Culture*. Cambridge, US: MIT Press.

Levinson, Stephen C., Eric Pederson and Gunter Senft. (1997). Sprache und menschliche Orientierungsfähigkeiten. In: *Jahrbuch der Max-Planck-Gesellschaft*, 322–327. München: Generalverwaltung der Max-Planck-Gesellschaft.

Levy, Robert I. (ed.). 1983. Self and emotion. Special Issue of *Ethos* 11.

Liddell, Scott. 2003. *Grammar, Gesture and Meaning in American Sign Language*. Cambridge, UK: Cambridge University Press.

*Liebal, Katja, Cornelia Muller and Simone Pika (eds.). 2005. Gestural communication in nonhuman and human primates. Special Issue. *Gesture* 5.

*Liszkowski, Ulf. 2010. Deictic and other gestures in infancy. *Acción psicológica* 7: 21–33.

Logue, David M. and Tanya Stivers. 2012. Squawk in interaction: a primer of conversation analysis for students of animal communication. *Behaviour* 149: 1283-1298.

*Lorenz, Konrad. 1977. *Behind the Mirror—A Search for a Natural History of Human Knowledge*. New York: Harcourt Brace Jovanovich.

*Lucy, John A. 1997. Linguistic relativity. *Annual Review of Anthropology* 26: 291-312.

Lyons, John. 1977. *Semantics*. Vol. 1. Cambridge, UK: Cambridge University Press.

—— 1982. Deixis and subjectivity: Loquor, ergo sum? In: Robert Jarvella and Wolfgang Klein (eds.), *Speech, Place, and Action*, 101-124. Chichester, UK: John Wiley.

Makihara, Miki. 2007. Lingustic purism in Rapa Nui political discourse. In: Miki Makihara and Bambi B. Schieffelin (eds.), *Consequences of Contact: Language Ideologies and Sociocultural Transformations in Pacific Societies*, 49-69. New York: Oxford University Press.

Makihara, Miki and Bambi B. Schieffelin (eds.). 2007. *Consequences of Contact. Language Ideologies and Sociocultural Transformations in Pacific Societies*. New York: Oxford University Press.

Malinowski, Bronislaw. 1920. Classificatory particles in the language of Kiriwina. *Bulletin of the School of Oriental Studies*, London institution, Vol. I, part IV: 33-78.

—— 1922. *The Argonauts of the Western Pacific. An Account of Native Enterprise and Adventure in the Archipelagoes of Melanesian New Guinea*. London: Routledge & Kegan Paul.

—— 1935. *Coral Gardens and their Magic*. 2 Vols. London: Allen & Unwin.

—— 1936. The problem of meaning in primitve languages. In: C. K. Ogden and I. A. Richards, *The Meaning of Meaning. A Study of the Influence of Language upon Thought and of the Science of Symbolism*. Supplement I, 296-336. London: Kegan Paul, Trench, Trubner. [fourth revised edition; first edition: 1923]

—— 1974. *Magic, Science and Religion and Other Essays*. London: Souvenir Press.

*Malotki, Ekkehart. 1983. *Hopi Time: A Linguistic Analysis of the Temporal Concepts in the Hopi Language*. Berlin: Mouton de Gruyter.

Margetts, Anna. 2004. Spatial deixis in Saliba. In: Gunter Senft (ed.), *Deixis and Demonstratives in Oceanic Languages*, 37-57. Canberra: Pacific Linguistics.

Markus, Hazel R. and Shinobu Kitayama. 1991. Culture and self: Implications for cognition, emotion and motivation. *Psychological Review* 98: 224-253.

*Martinez-Flor, Alicia and Esther Usó-Juan (eds.), 2010. *Speech Act Performance: Theoretical, Empirical and Methodological Issues*. Amsterdam: John Benjamins.

Maynard, Senko K. 1993. *Kaiwabunseki* [conversation analysis]. Tokyo: Kurosio.

*McElhinny, Bonnie. 2003. Fearful, forceful agents of the law: Ideologies about language and gender in police officers' narratives about the use of physical force. *Pragmatics* 13: 253-284.

参 考 文 献   279

McNeill, David. 1985. So you think gestures are nonverbal? *Psychological Review* 92: 350-371.

—— 1992. *Hand and Mind. What Gestures Reveal about Thought.* Chicago, US: Chicago University Press.

—— 2000. Introduction. In: David McNeill, (ed.), *Language and Gesture*, 1-10. Cambridge, UK: Cambridge University Press.

—— 2005. *Gesture and Thought.* Chicago, US: Chicago University Press.

—— 2006. Gesture and communication. In: Keith Brown (ed.-in-chief), *Encyclopedia of Language and Linguistics* (second edition), 58-76. Amsterdam: Elsevier.

Metraux, Rhoda. (1968). Bronislaw Malinowski. In *International Encyclopedia of Social Sciences* Vol. 9, 541-549. New York: Crowell Collier and Macmillan.

Mey, Jacob L. 1993. *Pragmatics—An Introduction.* Oxford, UK: Blackwell.

—— 1994. Pragmatics. In: R. E. Asher and J. M. Y. Simpson (eds.), *The Encyclopedia of Language and Linguistics*, Vol. 6, 3260-3278. Oxford, UK: Pergamon Press.

—— 2012. Anticipatory pragmatics. *Journal of Pragmatics* 44: 705-708.

Moerman, Michael. 1988. *Talking Culture: Ethnography and Conversation Analysis.* Philadelphia, US: University of Pennsylvania Press.

Monteith, Mary K. 1980. Implications of the Ann Arbor decision: Black English and the reading teacher. *Journal of Reading* 23: 556-559.

*Morgan, Marcyliena. 1994. Theories and politics in African American English. *Annual Review of Anthropology* 23: 325-345.

Morris, Charles W. 1938. Foundations of the theory of signs. In: Otto Neurath, Rudolf Carnap and Charles W. Morris (eds.), *International Encyclopedia of Unified Science*, 77-138. Chicago, US: University of Chicago Press.

Morris, Desmond. 1978. *Manwatching—A Field Guide to Human Behaviour.* London: Triad Granada.

Morris, Desmond, Peter Collett, Peter Marsh and Marie O'Shaughnessy. 1979. *Gestures, their Origins and Distribution.* New York: Stein and Day.

*Mufwene, Salikoko S. 1992. Ideology and facts on African American English. *Pragmatics* 2: 141-166.

*Muhawi, Ibrahim. 1999. The Arabic proverb and the speech community: Another look at phatic communion. In: Yasir Suleiman (ed.), *Language and Society in the Middle East and North Africa. Studies in Variation and Identity*, 259-290. Richmond, UK: Curzon.

*Mulamba, Kashama. 2009. Social beliefs for the realization of the speech acts of apology and complaint as defined in Ciluba, French and English. *Pragmatics* 19: 543-564.

*Naruoka, Keiko. 2006. The interactional functions of the Japanese demonstratives in conversation. *Pragmatics* 16: 475-512.

280

Neumann, Ragnhild. 2004. The conventionalization of the Ring Gesture in German discourse. In: Cornelia Müller and Roland Posner (eds.), *The Semantics and Pragmatics of Everyday Gestures*, 217–224. Berlin: Weidler.

Newman, Stanley S. 1964. Linguistic aspects of Yokuts style. In: Dell Hymes (ed.), *Language in Culture and Society*, 372–377. New York: Harper and Row.

*Niemeier, Susanne and Rene Dirven (eds.). 2000. *Evidence for Linguistic Relativity*. Amsterdam: John Benjamins.

Nunez, Rafael E. and Eve Sweetser. 2006. With the future behind them: Convergent evidence from Aymara language and gesture in the crosslinguistic comparison of spatial construal of time. *Cognitive Science* 30: 401–450.

O'Driscoll, Jim. 2009. Erving Goffman. In: Sigurd D'hondt, Jan-Ola Ostman and Jef Verschueren (eds.), *The Pragmatics of Interaction*, 79–95. Amsterdam: John Benjamins.

Östman, Jan-Ola. 1988. Adaptation, variability, and effect: Comments on IPrA Working Documents 1 & 2. *IPrA Working Document* 3: 5–40.

Özyürek, Asli. 1998. An analysis of the basic meaning of Turkish demonstratives in face-to-face conversational interaction. In: S. Santi, I. Guaitella, C. Cave and G. Konopczynski (eds.), *Oralité et Gestualité: Communication multimodale, Interaction*, 609–614. Paris: L'Harmattan.

—— 2000. The influence of addressee location on spatial language and representational gestures of direction. In: David McNeill (ed.), *Language and Gesture*, 64–83. Cambridge, UK: Cambridge University Press.

—— 2002. Do speakers design their co-speech gestures for their addressees? The effects of addressee location on representational gestures. *Journal of Memory and Language* 46: 688–2002.

Özyurek, Asli and Sotaro Kita. 1999. Expressing manner and path in English and Turkish: Differences in speech, gesture, and conceptualization. In: Martin Hahn and Scott C. Stoness (eds.), *Proceedings of the 21st Annual Conference of the Cognitive Science Society*, 507–512. Mahwah, US: Lawrence Erlbaum. [Özyurek and Özyürek are variants of writing the name of the same person].

—— 2001. *Interacting with demonstratives: Encoding of joint attention as a semantic contrast in Turkish and Japanese demonstrative systems*. Istanbul, Nijmegen (The Netherlands): Mimeo.

*Özyurek, Asli, Sotraro Kita, Shanley Allan, Amanda Brown, Reyhan Furman and Tomoko Ishizuka. 2008. Development of cross-linguistic variation in speech and gesture: Motion events in English and Turkish. *Developmental Psychology* 44: 1040–1054.

Pagliai, Valentina. 2009. The art of dueling with words: Toward a new understanding of verbal duels across the world. *Oral Tradition* 24: 61–88.

Park, Duk-Soo. 2006. Phatic expressions in Korean. In: Ho-Min Sohn (ed.), *Korean*

Language in Culture and Society, 155–163. Honolulu: University of Hawai'i Press.

Parker, Dorothy. 1944. *The Portable Dorothy Parker*. New York: Viking Press.

Payrató, Lluis. 2004. Notes on pragmatic and social aspects of everyday gestures. In: Cornelia Müller and Roland Posner (eds.), *The Semantics and Pragmatics of Everyday Gestures*, 103–113. Berlin: Weidler.

Pederson, Eric. 2006. Spatial language in Tamil. In: Stephen C. Levinson and David Wilkins (eds.), *Grammars of Space*, 400–436. Cambridge, UK: Cambridge University Press.

*—— 2007. Cognitive linguistics and linguistic relativity. In: Dirk Geeraerts and Hubert Cuyckens (eds.), *The Oxford Handbook of Cognitive Linguistics*, 1012–1044. Oxford, UK: Oxford University Press.

Pederson, Eric and David Wilkins. 1996. A cross-linguistic questionnaire on 'demonstratives'. In: Cognitive Anthropology Research Group (eds.), *Manual for the 1996 Field Season*, 1–13. Nijmegen, The Netherlands: Mimeo.

Pederson, Eric, Eve Danziger, David G. Wilkins, Stephen C. Levinson, Sotaro Kita and Gunter Senft. 1998. Semantic typology and spatial conceptualization. *Language* 74: 557–589.

*Perniss, Pamela, Roland Pfau and Markus Steinbach (eds.). 2007. *Visible Variation: Comparative Studies on Sign Language Structure*. Berlin: Mouton de Gruyter.

Pike, Kenneth L. 1954. *Language in Relation to a Unified Theory of the Structure of Human Behaviour*. Part I. Glendale, US: Summer Institute of Linguistics.

Pinker, Steven. 1989. *Learnability and Cognition. The Acquisition of Argument Structure*. Cambridge, US: MIT Press.

Ploeg, Anton. 2004. The German Eipo Research Project. *Le Journal de la Société des Océanistes* 118: 35–79. [URL: http://jso.revues.org/263].

Psathas, George. 1994. Ethnomethodology. In: R. E. Asher and J. M. Y. Simpson (eds.), *The Encyclopedia of Language and Linguistics*, Vol. 3, 1160–1164. Oxford, UK: Pergamon Press.

*Pullum, Geoffrey K. 1991. *The Great Eskimo Vocabulary Hoax and Other Irreverent Essays on the Study of Language*. Chicago, US: University of Chicago Press.

Putnam, Hilary. 1975. The meaning of 'meaning'. In: K. Gunderson (ed.), *Language, Mind and Knowledge*, 131–193. Minneapolis, US: The University of Minnesota Press.

Reiss, Nira. 1985. *Speech Act Taxonomy*. Amsterdam: John Benjamins.

*Reynolds, Edward. 2011. Enticing a challengeable in arguments: Sequence, epistemics and preference organisation. *Pragmatics* 21: 411–430.

*Roberts, Felicia, Piera Margutti and Shoji Takano. 2011. Judgements concerning the valence of inter-turn silence across speakers of American English, Italian and Japanese. *Discourse Processes* 48: 331–354.

Romaine, Suzanne. 1995. Sociolinguistics. In: Jef Verschueren, Jan-Ola Östman and Jan Blommaert (eds.), *Handbook of Pragmatics—Manual*, 489-495. Amsterdam: John Benjamins.

Rosaldo, Michelle Z. 1983. The shame of headhunters and the autonomy of self. *Ethos* 11: 135-151.

—— 2011. The things we do with words. Ilongot speech acts and speech act theory in philosophy. In: Bambi B. Schieffelin and Paul B. Garrett (eds.), *Anthropological Linguistics—Critical Concepts in Language Studies. Volume II: Thinking about Language: Part II*, 78-115. London: Routledge. [first published 1982 in *Language in Society* 11: 203-237].

Rousseau, Jean-Jacques. 1762. *Du Contrat Social ou Principes du Droit Politique*. Amsterdam: Marc Michel Rey.

Russell, Bertrand. 1905. On denoting. *Mind*, N.S. 14: 479-93.

Russell, James A. 1994. Is there universal recognition of emotion from facial expression? A review of the cross-cultural studies. *Psychological Bulletin* 115: 102-141.

*Russell, James A. and José M. Fernández-Dols (eds.). 1997. *The Psychology of Facial Expressions*. Cambridge, UK: Cambridge University Press.

Sacks, Harvey. 1984. Methodological remarks. In: J. Maxwell Atkinson and John Heritage (eds.), *Structures of Social Action: Studies in Conversation Analysis*, 21-27. Cambridge, UK: Cambridge University Press.

Sacks, Harvey and Emanuel A. Schegloff. 1979. Two preferences in the organization of reference to persons in conversation and their interaction. In: George Psathas (ed.), *Everyday Language: Studies in Ethnomethodology*, 15-21. New York: Irvington.

Sacks, Harvey, Emanuel A. Schegloff and Gail Jefferson. 1974. A simplest systematics for the organization of turn-taking in conversation. *Language* 50: 696-735.

Sadock, Jerrold M. 1978. On testing conversational implicature. In: Peter Cole (ed.), *Syntax and Semantics. Vol. 9: Pragmatics*, 281-297. New York: Academic Press.

*—— 2004. Speech acts. In: Laurence R. Horn and Gregory Ward (eds.), *The Handbook of Pragmatics*, 394-406. Oxford, UK: Blackwell.

Sandler, Wendy and Diane Lillo-Martin. 2006. *Sign Language and Linguistic Universals*. Cambridge, UK: Cambridge University Press.

Sapir, Edward. 1929. The status of linguistics as a science. *Language* 5: 207-214.

—— 1931. Conceptual categories in primitive languages. *Science* 74: 578.

*Sauter, Disa A., Frank Eisner, Paul Ekman and Sophie K. Scott. 2010. Cross cultural recognition of basic emotions through nonverbal emotional vocalizations. *PNAS* 107 (6): 2408-2412. 9 February 2010.

*Sauter, Disa A., Olivier Le Guen and Daniel B. M. Haun. 2011. Categorical perception of emotional expression does not require lexical categories. *Emotion* 11: 1479-1483.

参考文献　　　283

Saville-Troike, Muriel. 2003. *The Ethnography of Communication*. Oxford: Blackwell.
Sbisà, Marina. 1995. Speech act theory. In: Jef Verschueren, Jan-Ola Ostman and Jan Blommaert (eds.), *Handbook of Pragmatics—Manual,* 495-506. Amsterdam: John Benjamins.
*—— 2001. Illocutionary force and degrees of strength in language use. *Journal of Pragmatics* 33: 1791-1814.
—— 2007. How to read Austin. *Pragmatics* 17: 461-473.
—— 2010. John L. Austin. In: Jef Verschueren and Jan-Ola Ostman (eds.), *Handbook of Pragmatics Online*. Amsterdam: John Benjamins. URL: http://www.benjamins.com/online/hop/
*Scheflen, Albert E. 1964. The significance of posture in communication systems. *Psychiatry* 27: 316-331.
*Schegloff, Emanuel A. 1988. Goffman and the analysis of conversation. In: Paul Drew and Anthony Wootton (eds.), *Erving Goffman—Exploring the Interaction Order*, 89-135. Cambridge, UK: Polity Press.
—— 1992. Introduction. In: Gail Jefferson (ed.), *Lectures on Conversation Volume I —Harvey Sacks*, ix-lxii. Oxford, UK: Blackwell Publishers.
*—— 2007. *Sequence Organization in Interaction: a Primer in Conversation Analysis*. Vol 1. Cambridge, UK: Cambridge University Press.
Schegloff, Emanuel A. and Harvey Sacks. 1973. Opening up closings. *Semiotica* 8: 289-327.
Schieffelin, Bambi B. and Elinor Ochs (eds.). 1986. *Language Socialization Across Cultures*. Cambridge, UK: Cambridge University Press.
Schieffelin, Bambi B., Kathryn Woolard and Paul V. Kroskrity (eds.). 1998. *Language Ideologies—Practice and Theory*. New York: Oxford University Press.
*Schmitt, Alain, Klaus Atzwanger, Karl Grammer and Katrin Schäfer (eds.). 1997. *New Aspects of Human Ethology*. New York: Plenum Press.
Schütz, Alfred. 1962. *Collected Papers. Vol. I.* The Hague: Martinus Nijhoff.
Searle, John R. 1965. What is a speech act? In: M. Black (ed.), *Philosophy in America*, 221-239. New York: Cornell University Press [reprinted 1972].
*—— 1968. Austin on locutionary and illocutionary acts. *The Philosophical Review* 77: 405-424.
—— 1969. *Speech Acts—An Essay in the Philosophy of Language*. Cambridge, UK: Cambridge University Press.
—— 1972. What is a speech act? In: Pier Paolo Giglioli (ed.) *Language and Social Context*, 136-154. Harmondsworth, UK: Penguin.
—— 1975. Indirect speech acts. In: Peter Cole and Jerry L. Morgan (eds.), *Syntax and Semantics Volume 3: Speech Acts*, 59-82. New York: Academic Press.
—— 1976. A classification of illocutionary acts. *Language in Society* 5: 1-23.
*—— 1979. *Expression and Meaning: Studies in the Theory of Speech Acts*. Cam-

bridge, UK: Cambridge University Press.

*—— 1999. *Mind, Language and Society: Doing Philosophy in the Real World*. London: Weidenfeld and Nicolson.

—— 2006. What is language: Some preliminary remarks. Berkeley: Mimeo [downloadable from John Searle's website: http://socrates.berkeley. edu/~jsearle/articles. html]

*Searle, John R., Ferenc Kiefer and Manfred Bierwisch (eds.). 1980. *Speech Act Theory and Pragmatics*. Dordrecht, The Netherlands: Reidel.

*Searle, John R., Herman Parret and Jef Verschueren (eds.). 1992. *(On) Searle on Conversation*. Amsterdam: John Benjamins.

Senft, Gunter. 1991. Network models to describe the Kilivila classifier system. *Oceanic Linguistics* 30: 131-155.

—— 1994. Ein Vorschlag, wie man standardisiert Daten zum Thema "Sprache, Kognition und Konzepte des Raumes" in verschiedenen Kulturen erheben kann. *Linguistische Berichte* 154: 413-431.

—— 1995. Notes from the field: Ain't misbehavin'? Trobriand pragmatics and the field researcher's opportunity to put his (or her) foot in it. *Oceanic Linguistics* 34: 211-226.

—— 1996a. *Classificatory Particles in Kilivila*. New York: Oxford University Press.

—— 1996b. Phatic communion. In: Jef Verschueren, Jan-Ola Ostman and Jan Blommaert (eds.), *Handbook of Pragmatics, 1995 loose leaf installment*, 1-10 Amsterdam: John Benjamins.

—— 1997a. Introduction. In: Gunter Senft (ed.), *Referring to Space—Studies in Austronesian and Papuan Languages*. Oxford, UK: Clarendon Press.

—— 1997b. Bronislaw Kasper Malinowski. In: Jef Verschueren, Jan-Ola Ostman, Jan Blommaert and Chris Bulcaen (eds.), *Handbook of Pragmatics: 1997 loose leaf installment*, 1-20. Amsterdam: John Benjamins.

—— 1998. Body and mind in the Trobriand Islands. *Ethos* 26: 73-104.

*—— 1999. The presentation of self in touristic encounters. A case study from the Trobriand Islands. *Anthropos* 94: 21-33.

—— 2001. Frames of spatial reference in Kilivila. *Studies in Language* 25: 521-555.

—— 2004a. Introduction. In: Gunter Senft (ed.), *Deixis and Demonstratives in Oceanic Languages*. 1-13. Canberra: Pacific Linguistics.

—— 2004b. Aspects of spatial deixis in Kilivila. In: Gunter Senft (ed.), *Deixis and Demonstratives in Oceanic Languages*. 59-80. Canberra: Pacific Linguistics.

—— 2005. Bronislaw Malinowski and linguistic pragmatics. In: Piotr Çap (ed.), *Pragmatics Today*, 139-155. Frankfurt am Main: Peter Lang.

—— 2006. A biography in the strict sense of the term. Review article of the book by Michael Young (2004): *Malinowski: Odyssee of an Anthropologist 1884-1920*, vol. 1. New Haven, US: Yale University Press. *Journal of Pragmatics* 38: 610-

参考文献 285

637.

—— 2007. The Nijmegen space games: Studying the interrelationship between language, culture and cognition. In Jurg Wassmann and Katharina Stockhaus (eds.), *Person, Space and Memory in the Contemporary Pacific: Experiencing New Worlds*, 224-244. New York: Berghahn Books.

—— 2008. The case: The Trobriand Islanders vs H. P. Grice: Kilivila and the Gricean maxims of quality and manner. *Anthropos* 103: 139-147.

—— 2009a. Sind die emotionalen Gesichtsausdrucke des Menschen in allen Kulturen gleich? In Max Planck Society (ed.), *Max-Planck-Gesellschaft Jahrbuch 2008/09 Tätigkeitsberichte und Publikationen* (DVD) (pp. 1-4). Munchen, Germany: Max Planck Society for the Advancement of Science.

—— 2009b. Trobriand Islanders' forms of ritual communication. In: Gunter Senft and Ellen B. Basso (eds.), *Ritual Communication*, 81-101. Oxford, UK: Berg.

—— 2009c. Introduction. In: Gunter Senft, Jan-Ola Ostman and Jef Verschueren (eds.), *Culture and Language Use*, 1-17. Amsterdam: John Benjamins.

—— 2009d. Bronislaw Kasper Malinowski. In: Gunter Senft, Jan-Ola Ostman and Jef Verschueren (eds.), *Culture and Language Use*, 211-225. Amsterdam: John Benjamins.

—— 2009e. Phatic communion. In: Gunter Senft, Jan-Ola Ostman and Jef Verschueren (eds.), *Culture and Language Use*, 226-233. Amsterdam: John Benjamins.

—— 2010a. *The Trobriand Islanders' Ways of Speaking*. Berlin: de Gruyter Mouton.

—— 2010b. Review of Makihara, Miki and Bambi B. Schieffelin (eds.). 2007. *Consequences of Contact. Language Ideologies and Sociocultural Transformations in Pacific Societies*. Oxford, UK: Oxford University Press. *Paideuma* 56: 308-313.

—— 2010c. Introduction. In: Gunter Senft (ed.), Endangered Austronesian and Australian Aboriginal Languages: Essays on Language Documentation, Archiving and Revitalization, 1-13. Canberra: Pacific Linguistics.

—— 2012. Expressions of Emotions—and Inner Feelings—in Kilivila, the Language of the Trobriand Islanders: A Descriptive and Methodological Critical Survey. Talk presented at Le Centre d'Etudes des Langues Indigènes d'Amérique, CNRS. Villejuif, Paris. 1 January 2012.

Senft, Gunter and Ellen B. Basso (eds.). 2009. *Ritual Communication*. Oxford, UK: Berg.

Seuren, Pieter A. M. 1994. Presupposition. In: R. E. Asherand and J. M. Y. Simpson (eds.), *The Encyclopedia of Language and Linguistics*, Vol. 6, 3311-3320. Oxford, UK: Pergamon Press.

—— 1998. *Western Linguistics. An Historical Introduction*. Oxford, UK: Blackwell.

—— 2009. *Language from Within Vol. I.: Language in Cognition*. Oxford, UK: Oxford University Press.

—— 2013. *From Whorf to Montague. Explorations in the Theory of Language*. Oxford, UK: Oxford University Press.

Seyfeddinipur, Mandana. 2004. Meta-discursive gestures from Iran: Some uses of the 'Pistol Hand'. In: Cornelia Muller and Roland Posner (eds.), *The Semantics and Pragmatics of Everyday Gestures*, 205–216. Berlin: Weidler.

Sherzer, Joel. 1977. The ethnography of speaking: A critical appraisal. In: Muriel Saville-Troike (ed.), *Linguistics and Anthropology. Georgetown University Round Table on Languages and Linguistics 1977*, 43–57. Washington DC, US: Georgetown University Press.

—— 1983: *Kuna Ways of Speaking. An Ethnographic Perspective*. Austin, US: University of Texas Press.

*—— 1990. *Verbal Art in San Blas. Kuna Culture Through its Discourse*. Cambridge, UK: Cambridge University Press.

Sherzer, Joel and Greg Urban (eds.), 1986. *Native South American Discourse*. Berlin: Mouton de Gruyter.

Sidnell, Jack. 2001. Conversational turn-taking in a Caribbean English Creole. *Journal of Pragmatics* 33: 1263–1290.

—— 2009a. Comparative perspectives in conversation analysis. In: Jack Sidnell (ed.), *Conversation Analysis: Comparative Perspectives,* 3–28. Cambridge, UK: Cambridge University Press.

*—— 2009b. Participation. In: Sigurd D'Hondt, Jan-Ola Ostman and Jef Verschueren (eds.), *The Pragmatics of Interaction*, 125–156. Amsterdam: Benjamins.

—— 2010. *Conversation Analysis. An Introduction*. Oxford, UK: Wiley-Blackwell.

Silverstein, Michael. 1979. Language structure and linguistic ideologies. In: P. Clyne, W. Hanks and C. Hofbauer (eds.), *The Elements. A Parasession on Linguistic Units and Levels*, 193–247. Chicago, US: Chicago Linguistic Society.

Skeat, Walter W. 1984. *Malay Magic—Being an Introduction to the Folklore and Popular Religion of the Malay Peninsula*. Singapore: Oxford University Pess.

Slobin, Dan I. 1991. Learning to think for speaking: native language, cognition, and rhetorical style. *Pragmatics* 1: 7–25.

—— 1996. From "thought and language" to "thinking for speaking", In: John Gumperz and Stephen C. Levinson (eds.), *Rethinking Linguistic Relativity*, 70–96. Cambridge, UK: Cambridge University Press.

*Smith, Anja. 2010. Phatic expressions in French and German telephone conversations. In: Sanna-Kaisa Tanskanen, Marja-Liisa Helasvuo, Marjut Johansson and Mia Raitaniemi (eds.), *Discourse in Interaction*, 291–311. Amsterdam: John Benjamins.

*Smith, Barry C. (ed.). 2003. *John Searle*. Cambridge, UK: Cambridge University Press.

*Sperber, Dan and Deidre Wilson. 1995. *Relevance: Communication and Cognition*. Oxford, UK: Blackwell (second edition; first published 1986).

参考文献 287

*Stam, Gale and Mika Ishino (eds.). 2011. *Integrating gesture: The interdisciplinary nature of gesture*. Amsterdam: John Benjamins.

*Stenström. Anna-Brita and Annette Myre Jörgensen. 2008. A matter of politeness? A contrastive study of phatic talk in teenage conversation. *Pragmatics* 18: 635-657.

Stivers, Tanya, Nicholas J. Enfield, Penelope Brown, Christina Englert, Makoto Hayashi, Trine Heinemann, Gertie Hoymann, Federico Rossano, Jan Peter de Ruiter, Kyung-Eun Yoon and Stephen C. Levinson. 2009. Universals and cultural variation in turn-taking in conversation. *PNAS* 106: 10587-10592.

Strawson, Peter F. 1950. On referring. *Mind*, N.S. 59: 320-344.

*Streeck, Jurgen, Charles Goodwin and Curtis LeBaron (eds.). 2011. *Embodied Interaction: Language and Body in the Material World*. Cambridge, UK: Cambridge University Press.

*Takanashi, Hiroko and Joseph Sung-Yul Park (eds.). 2011. Reframing framing: Interaction and the constitution of culture and society. *Pragmatics* (special issue) 21: 185-286.

Tanaka, Hiroko. 1999. *Turn-Taking in Japanese Conversation. A Study in Grammar and Interaction*. Amsterdam: John Benjamins.

Tannen, Deborah. 1981. Indirectness in discourse. Ethnicity as conversational style. *Discourse Processes* 3: 221-238.

Trask, Robert L. 1999. *Key Concepts in Language and Linguistics*. London: Routledge.

*Tsohatzidis, Savas L. (ed.). 1999. *Foundations of Speech Act Theory: Philosophical and Linguistic Perspectives*. London: Routledge.

*—— (ed.). 2007. *John Searle's Philosophy of Language: Force, Meaning, and Mind*. Cambridge, UK: Cambridge University Press.

Verschueren, Jef. 2011. IPrA, the International Pragmatics Association, at 25. *SemiotiX* XN-6: 1-10. URL: http://www.semioticon.com/semiotix/2011/10/ipra-the-international-pragmaticsassociation-at-25/

—— 2012. *Ideology in Language Use. Pragmatic Guidelines for Empirical Research*. Cambridge, UK: Cambridge University Press.

*von Cranach, Mario, Klaus Foppa, Wolfgang Lepenies and Detlev Ploog (eds.). 1979. *Human Ethology—Claims and Limits of a New Discipline*. Cambridge, UK: Cambridge University Press.

*Warnock, Geoffrey J. 1989. *J. L. Austin*. London: Routledge.

*Webster, Anthony K. 2008. "Plaza 'g and before he can respond...": Language ideology, bilingual Navajo, and Navajo poetry. *Pragmatics* 18: 511-541.

Weissenborn, Jurgen and Wolfgang Klein. 1982. Introduction. In: Jurgen Weissenborn and Wolfgang Klein (eds.), *Here and There. Cross-Linguistic Studies on Deixis and Demonstration,* 1-12. Amsterdam: John Benjamins.

Weitz, Shirley. 1979. *Nonverbal Communication. Readings with Commentary*. New

York: Oxford University Press. [second edition].

*Werner, Oswald. 1998. Sapir-Whorf hypothesis. In: Jacob L. Mey and Ron E. Asher (eds.), *Concise Encyclopedia of Pragmatics*, 799–807. Amsterdam: Elsevier.

Whorf, Benjamin Lee. 1940a. Science and linguistics. *Technology Review* 42: 229–231 and 247–248 [= 1956: 207–219].

—— 1940b. Linguistics as an exact science. *Technology Review* 43: 61–63 and 80–83 [= 1956: 220–232].

——1941. The relation of habitual thought and behavior to language. In: Leslie Spier (ed.), *Language, Culture and Personality—Essays in Memoriam of Edward Sapir*, 75–93. Menasha, US: Sapir Memorial Publication Fund [= 1956: 134–159].

—— 1956. *Language, Thought and Reality: Selected Writings of Benjamin Lee Whorf Edited by John B. Carroll*. Cambridge, MA, US: MIT Press.

*Wilce, James M. 2009. *Language and Emotion*. Cambridge, UK: Cambridge University Press.

Wilkins, David. 2003. Why pointing with the index finger is not a universal (in sociocultural and semiotic terms). In Sotaro Kita (ed.), *Pointing: Where Language Culture and Cognition Meet*. 171- 215. Mahwah, US: Lawrence Erlbaum.

*Wodak, Ruth. 1997. *Gender and Discourse*. London: Sage.

Woolard, Kathryn A. and Bambi B. Schieffelin. 1994. Language ideology. *Annual Review of Anthropology* 23: 55–82.

Wundt, Wilhelm. 1900. *Völkerpsychologie—Eine Untersuchung der Entwicklungsgesetze von Sprache, Mythus und Sitte. Erster Band: Die Sprache. Erster Teil*. Leipzig, Germany: Wilhelm Engelmann.

—— 1900-1920. *Völkerpsychologie—Eine Untersuchung der Entwicklungsgesetze von Sprache, Mythus und Sitte*. 10 Vols. Leipzig, Germany: Wilhelm Engelmann.

—— 1973. *The Language of Gestures*. With an introduction by Arthur L. Blumenthal and additional essays by George Herbert Mead and Karl Buhler. The Hague: Mouton.

Young, Michael. 2004. *Malinowski: Odyssee of an Anthropologist 1884-1920*. New Haven, US: Yale University Press.

索　引

1.　アルファベット順に並べている.
2.　数字はページ数を示し, →は「参照」を表す.

[A]

アバクロンビー, デイビッド
　(Abercrombie, D.)　147
絶対的参照枠 (absolute frames of
　reference)　62, 63, 86, 87, 99, 161,
　163　→空間参照枠 (frames of
　spatial reference)
責任関係／説明可能性 (accountability)
　5, 7, 43, 54, 201, 253-4,
隣接対 (adjacency pairs)　205-6, 210,
　212, 217, 219, 220-2　→質問応答
　(question-answer)　205-6, 208
Agar, M.　156
Agnoli, F.　182
アラスカのユピック語 (Alaskan Yup'ik)
　66
Alibali, M. W.　95
Ameka, F.　63
照応 (anaphora)　16, 60-1
　照応的 (anaphoric)　60, 65-6, 77, 107
　非照応的 (non-anaphoric)　65-6, 107
Anderson, R.　136
アンダーソン (Anderson, S. R.)　62,
　65-6
Anscombe, G. E. M.　34
人類言語学 (anthropological-
　linguistic(s))　7, 16, 45, 51-2, 119,
　124-5, 143-4, 156, 168, 178, 228
Antonopoulou, E.　108
アリストテレス (Aristoteles)　184
アレント語 (Arrernte)　97, 160, 163

陳述 (assertion)　16-20, 23, 31-5, 41
アサバスカン人 (Athabaskan)　40
態度 (attitudes)　34, 149, 167, 185, 192,
　233-4, 249
Auer, P.　182
オースティン, ジョン・L. (Austin, J. L.)
　6, 16-27, 35, 42-3, 45, 53-4, 146, 220
オーストラリア原住民 (Australian
　Aboriginal)　41, 97-8, 106
オーストロネシア語族 (Austronesian)
　87, 160, 243
エイヤー・アルフレッド (Ayer, A. J.)
　16
アイマラ語 (Aymara)　99

[B]

Baker, A. B.　108
バンツー語族 (Bantu)　160
Baron-Cohen, S.　142
バッソ, エレン (Basso, E.)　108, 120-1,
　140, 174, 178
Basso, K. H.　40, 178, 182, 252
Batic, G. C.　142
Baugh, J.　252
Bauman, R.　5, 146, 169, 178, 253
Bazzanella, C.　182
行動様式 (behaviour patterns)　110-1,
　113-4, 129, 139, 141, 255　→表出行
　動 (expressive behaviour), 儀礼化
　(ritualization)
ベルハラ語 (Belhara)　160, 163

289

ベル, チャールズ (Bell, C.) 109, 112
ベンジャミン, ジョン (Benjamins, J.)
　10
Bereiter, C. 229
Berger, P. L. 120
バーンスティン, バジル (Bernstein, B.)
　11-2, 224-9, 249
つながり (binding) 43-4, 134, 147-8,
　179, 251, 254 →つながりをつくる
　(bonding), 言語行為 (speech acts)
Birdwhistell, R. L. 118
Blanco Salgueiro, A. 55
ブロック, モーリス (Bloch, M.) 169
Blommaert, J. 252
ブラム-カルカ, ショショナ
　(Blum-Kulka, S.) 41
ボアズ, フランツ (Boas, F.) 10, 156-7,
　159, 165-6, 179-80
身体動作 (body motion) 89-90, 116,
　118 →身体動作学 (kinesics)
(身体の) 位置 (body position) 110,
　113, 116, 118, 139, 141 →身体動作
　学 (kinesics)
姿勢 (body posture) 8, 110, 113, 116,
　118, 120, 141, 150 →身体動作学
　(kinesics)
Bohnemeyer, J. 59, 63
つながりをつくる (bonding) 111, 121,
　122-3, 125, 128-9, 134, 136, 140, 147-
　8
　つながりをつくる機能 (bonding
　function) 2, 9, 54, 119, 134-6, 147-
　8, 250, 257 →つながり (binding),
　言語行為 (speech acts)
Boroditsky, L. 62, 182
Branaman, A. 187
違反実験 (breaching experiments) 11,
　197, 221
ブラウン, ペネロピ (Brown, P.) 39,
　159, 162, 207

ビューラー, カール (Bühler, K.) 7, 21,
　57-61, 147
Burenhult, N. 108

[C]

Çap, P. 252
Carlson, T. B. 55
カルナップ, ルドルフ (Carnap, R.) 15
Castelfranchi, C. 55
後方照応 (cataphora) 60-1, 79
タイ中央部 (Central Thai) 213
Chagnon, N. 130
Charnock, H. R. 55
Cheepen, C. 150
Chen, R. 40
チブチャ語族 (Chibchan) 170
ベンバ語 (ChiBemba) 243, 245
チョコ語 (Choco) 170
チョムスキー, ノーム (Chomsky, N.)
　3
チュー (Chu, M.) 95-6
Church, R. B. 94
Clark, H. H. 24, 26, 39, 55, 62, 64, 138,
　159, 165
Clayman, S. 204
Clift, R. 4, 202, 204, 219, 253
コード／符号／規範 (code) 52, 167,
　224-5, 237
　精密コード (elaborated code) 11-2,
　225-7
　限定コード (restricted code) 11-2,
　225-6, 229
コード理論 (code theory) 224-9, 231,
　249, 251 →補償教育プログラム
　(compensatory education pro-
　grammes), 欠陥仮説 (deficit
　hypothesis)
Colletta, J. M. 108
約束型 (commissives) 35-6, 42, 55
　→発語内行為 (illocutionary acts)

コミュニケーション (communication)
8-9, 11, 27, 40, 43-4, 53, 88-9, 100,
102, 111, 117, 119-22, 125, 132, 135,
137, 139, 148, 157, 164-6, 169, 178,
188, 224, 226, 229
コミュニケーション行動 (communicative
behaviour) 3-5, 8, 10, 46, 120, 128,
139, 149-51, 167, 183, 254-6
コミュニケーション能力 (communicative
competence) 168, 178, 180
(コミュニケーション上の) 記号 (com-
municative signals) 8, 109-11, 114-
5, 119-20, 129, 134, 135, 139-41, 255
共通基盤 (common ground) 10, 120,
166
常識 (common sense) 11, 183, 189, 195,
200-2, 234, 256
補償教育プログラム (compensatory
education programmes) 12, 224,
227-8, 249
能力 (competence) →コミュニケーショ
ン能力 (communicative compe-
tence), 社会的能力 (social compe-
tence)
Connolly, B. 136
事実確認発話／文 (constatives) 17, 19-
20, 22-3, 35
コンテクスト (context(s)) 3-5, 7, 9-10,
13, 15, 19, 30-1, 39, 45, 53-5, 57, 59,
60-2, 64-6, 69, 78, 86, 93, 98, 103,
105-7, 120, 124, 139-40, 143, 145-6,
155, 160-1, 165-7, 170, 174, 176-7,
179-80, 189, 191, 193, 194-5, 197,
201-2, 206, 213, 220, 224, 226, 228,
237-8, 242, 244, 249, 253-7
コンテクスト (に) 依存 (dependent)
7, 13, 93, 226, 237
慣習 (convention) 3, 5-7, 20, 24-6, 28,
39, 53-5, 96, 110, 157, 186, 236, 244,
253-6

慣習的な (conventional) 18, 24-5, 39,
93, 102
慣習的な効果 (conventional effect) 18
慣習的な力 (conventional force) 24-5
慣習化された (conventionalized) 39,
91, 103, 122, 243, 255
会話 (conversation) 6, 10, 37-9, 51, 53-
4, 89, 95, 101-3, 107, 116-8, 127, 129,
132, 135, 137, 139, 141, 149-51, 154-
5, 171, 176, 183-5, 188, 190, 197, 201-
2, 205-6, 211-3, 216, 218-9, 256
会話分析 (Conversation Analysis) 11,
138, 168, 183, 201-6, 208, 217-20
転記 (書き起こし) 体系 (transcription
system) 204
→隣接対 (adjacency pairs), 修復
(repair), 順番／発話 (turn)
会話の含み (conversational implicature)
6, 15-6, 39, 45-6, 50-1, 53-5
会話の格率 (conversational maxims) 6,
16, 39, 45-8, 50-2, 54-5
故意に守られない／破られる (flouted/
violated) 6, 45, 48-9, 55
協調の原則 (cooperative principle) 6,
39, 45-6
思考とともになされるジェスチャー
(co-thought gestures) 8, 95, 106
→ジェスチャー (gesture)
クルマス, フロリアン (Coulmas, F.)
149
Couper-Kuhlen, E. 222
Coupland, J. 182
複数の文化／異文化 (cross-cultural) 5-
6, 8, 27, 40-1, 83, 88, 96, 137, 143,
159, 217, 257, 259
複数の言語／異言語 (cross-linguistic)
5, 7, 58, 83, 106, 137, 159, 217, 257
文化的多様性 (cultural diversity) 9,
110, 119, 137
文化的知識 (cultural knowledge) 12,

120, 155, 249, 255
文化特有の (culture-specific)　3, 5, 13,
　40, 54-5, 91, 93, 96, 98, 100-2, 107,
　110, 113, 124, 139, 254-5

[D]

ダガ語 (Daga)　66
Daikuhara, M.　40
デンマーク語 (Danish)　206, 208
ダネル，レグナ (Darnell, R.)　156
ダーウィン，チャールズ (Darwin, C.)
　109, 112, 139
Davis, W. A.　55
de Bot, K.　108
宣言型 (declaratives)　36　→発語内行
　為 (illocutionary acts)
欠陥仮説 (deficit hypothesis)　12, 224,
　226-8, 230, 233
直示的に規定される (deictically
　anchored)　59
直示的ジェスチャー (deictic gesture)
　58, 65, 68-9, 71, 87, 91, 93, 97-8, 106
　→指さし／指し示す (pointing)
直示語 (deictic terms)　59-60
　非直示的用法 (non-deictic usage of)
　60-1, 65　→指標表現 (indexicals)
直示 (deixis)　7-8, 57-62, 66-8, 77, 87,
　105
　次元直示 (dimensional)　62
　談話直示 (discourse)　60-1, 77
　人称直示 (personal)　60, 62
　位置直示 (positional)　61-2
　相対化された直示 (relativized)　62
　社会的直示 (social)　60, 62
　空間直示 (spatial)　7, 58, 60-2, 67-8,
　105
　時間直示 (temporal)　60
　転置／想像直示 (transposed ／
　imaginative)　61
　　→照応 (anaphora), 指示詞 (demon-

stratives), 方向詞 (directionals),
distance (距離), 指標表現 (indexi-
cals), 位置 (location), 方向／向き
(orientation), 指さし／指し示す
(pointing), 話し手中心の直示体系
(speaker-based deictic system)
de Jorio, A.　88
de León, L.　68
Demir, Ö. E.　108
指示詞 (demonstratives)　65, 67-73, 76-
　8, 81, 216
デニー (Denny, J. P.)　66-67
ディルイター，ジャン・ピーター (de
　Ruiter, J. P.)　205-6, 208
Deutsch, R.　118
di Luzio, A.　182
Diessel, H.　108
差異仮説 (difference hypothesis)　12,
　224, 228, 233, 249, 251
次元直示 (dimensional deixis)　→直示
　(deixis)
ディンジマンス，マーク (Dingemanse,
　M.)　220, 256
方向 (direction)　59, 63, 73, 80-2, 86,
　97-9, 101, 118, 162
方向詞 (directional)　65, 68, 79, 81
指図型 (directives)　35, 42, 55　→発語
　内行為 (illocutionary acts)
直接言語行為 (direct speech acts)　→言
　語行為 (speech acts)
Dirven, R.　182
談話直示 (discourse deixis)　→直示
　(deixis)
距離に基づく体系 (distance-based deictic
　system)　76　→直示 (deixis)
(直示体系における) 距離 (distance (in
　deictic systems))　67, 97
　遠距離／遠称 (distal)　67-8, 71, 73, 76
　中距離／中称 (medial)　67-8, 71, 73,
　76

索　引　293

近距離／近称（proximal）　68, 71, 73, 77
→直示（deixis）
Dittmar, N.　224, 276, 231
Dixon, R. M. W.　60, 67, 97
Doke, C.　244
ドラヴィダ語（Dravidian）　64
Drew, P.　186
デュシェンヌ，ギョーム（Duchenne, G. B. A.）　109, 112
Dumont, J.-P.　182
Dunbar, R.　148, 182
Duncan, S. D.　92, 108
Dundes, A.　121
Duranti, A.　169, 177-8
オランダ語（Dutch）　60, 160, 163, 205-8

[E]
東エスキモー（East Eskimo）　66
Egbert, M. M.　213, 215
Egner, I.　55
Ehlich, K.　147
エールリッヒ（Ehrich, V.）　59, 60-2
アイブル=アイベスフェルト，イレネウス（Eibl-Eibesfeldt, I.）　9, 93, 109-10, 113-5, 122-5, 130, 132, 138-9, 140
エイポ族（Eipo）　9, 110, 115, 119, 124-9, 140
エクマン，ポール（Ekman, P.）　109, 112-5, 139
解放的語用論（emancipatory pragmatics）　13, 260-1
Emmorey, K.　92
感情（emotions）　109-14, 121-2, 139, 141
エンフィールド（Enfield, N. J.）　62, 67, 98, 108, 209, 219
エンゲルマン（Engelmann, S.）　211-2, 231
英語（English）　16, 28-9, 37, 42, 49, 60-

3, 64, 66, 70, 73, 98-100, 146, 149, 168, 170, 205-6, 208, 230-2, 258
アフリカ系アメリカ人英語（Afro-American）　231
アフリカ系アメリカ人常用言語（Afro-American（Vernacular））　231
アメリカ英語（American）　101, 230-1
黒人英語（Black）　232
黒人常用言語（Black English Vernacular）　231
イギリス英語（British）　40
インド英語（Indian）　40
非標準英語（nonstandard）　232
非標準黒人英語（Nonstandard Negro）　230-1
内側の視点／外側の視点（emic/etic）　177
Endicott, K. M.　174
Erickson F.　117
Errington, J.　243
エセグベイ，ジェームス（Essegbey, J.）　101
本質条件（essential condition）　30
→言語行為（speech acts）
本質条件規則（essential condition rules）　31-2
言語使用の民族誌（ethnography of speaking）　10, 144, 168-70, 177-8, 180
エスノメソドロジー（ethnomethodology）　194-5
西欧言語（European languages）　54
Evans, N.　178
エウェ語（Ewe）　63, 100-1
表出行動（expressive behaviour）　8, 109, 113, 139
表出動作（expressive movement）　8, 110-1, 119, 139-41
表出型（expressives）　36, 55　→発語内行為（illocutionary acts）

（早い）眉上げ／眉を上げる（eyebrow flash/eyebrow raising） 8, 109, 114-5, 120, 128, 139-40, 208

視線を合わせる（eye-contact） 113, 128, 192-3, 244

[F]

面目（face） 186-7, 194, 220

表情（facial expressions） 8, 109, 111-4, 116, 139, 146, 150

対面相互行為（face-to-face interaction） 11, 87, 96, 111, 118, 138, 183-4, 186, 202 →相互行為（interaction）

Fairclough, N. 252

Feld, S. 178

適切性条件（felicity condition） 18-9, 25, 27, 31-2, 39-40, 54-5 →言語行為（speech acts）

Fenigsen, J. 252

ファーガソン，チャールズ（Ferguson, C.） 223

Fernández-Dols, J. M. 142

図（figure） 63, 161

フィルモア，チャールズ（Fillmore, C.） 58-9, 62, 67

Finegan, E. 252

フィンランド語（Finnish） 258

ファース（Firth, A.） 197, 199, 203

フィッシュマン，ジョシュア（Fishman, J.） 223

Fitch, K. L. 167-8, 178

決まった行動様式（fixed action pattern） 93, 113

フォーリー，ウィリアム（Foley, W.） 124, 143, 178, 249

Frake, C. O. 182

空間参照枠（frames of spatial reference） 62, 68, 82, 143, 160, 161, 164

絶対的参照枠（absolute frames of reference） 62-3, 86-7, 98-9, 161, 164

固有的参照枠（intrinsic frames of reference） 62, 64, 82, 86, 161, 164

相対的参照枠（relative frames of reference） 62-4, 161, 163 →空間参照（spatial reference）

フランス語（French） 245

フレンチ（French, D.） 177

フリーセン，ウォーレンス（Friesen, W. V.） 112

機能（function） 2-6, 28-30, 34, 39, 44-5, 57-8, 65-6, 68, 71, 77, 88, 93, 97, 102-3, 105-6, 109-11, 114-5, 119-22, 124, 134-5, 139, 141, 145-52, 155, 173-4, 179, 181, 185, 187-8, 225, 228, 234, 242-3, 250, 253-5, 257

[G]

Gaby, A. 62

Garber, P. 94

ガーフィンケル，ハロルド（Garfinkel, H.） 11, 183, 194-201, 220-1

Garland, J. 252

Gazdar, G. 3

ギーチ，ピーター（Geach, P.） 16

ギアツ，クリフォード（Geertz, C.） 243

Gentner, D. 182

ドイツ語／ドイツ人（German） 61, 64, 212

ジェスチャー（gesture） 7-8, 58-9, 65, 77, 81, 87-108, 118, 126, 134, 136, 146, 150, 194, 229, 254-5

子どものジェスチャー使用（children's use of gesture） 92

ジェスチャーの定義（definition of gesture） 8, 88, 90

聞き手を考慮したジェスチャー（designed for addressee） 95, 106, 254

ジェスチャーの機能（functions of） 8, 88-94, 96-7, 100-1, 103-6

電話での会話におけるジェスチャー (in telephone conversations) 89, 95
ジェスチャーの段階 (phases of) 91
ジェスチャーの種類 (types of) 8, 58, 90, 100, 106-7, 176
→直示 (deixis), 指さし／指し示す (pointing)
贈り物 (gift) 122-3, 127-8, 130-2, 134-6, 153-4
Giles, H. 252
ゲーデル, クルト (Gödel, C.) 15
ゴフマン, アーヴィング (Goffman, E.) 11, 119, 121, 183-5, 201, 220-2
ゴールディン-メドゥ, スーザン (Goldin-Meadow, S.) 8, 58, 88-9, 92-4, 96, 108, 182
Good, D. A. 224, 227
Goodwin, C. 218-9, 222
Goodwin, M. H. 222
Gossen, G. H. 178
文法 (grammar) 58, 144-5, 156, 158, 164, 166-8, 206, 231-3
グラマー, カール (Grammer, K.) 114-5
Green, K. 67
挨拶 (greeting) 2, 10-1, 31-2, 54, 106, 114-5, 122, 127, 135, 140, 142, 146, 149, 151-2, 172-3, 180, 188, 190, 193, 203, 205, 221
挨拶の機能 (function of greeting) 2, 152, 172
→つながりを作る (bonding)
ギリシャ人／ギリシャ語 (Greek) 7, 40, 58, 87, 97, 147
Greenwood, J. D. 58
Grenoble, L. 108
グライス, ポール (Grice, H. P.) 6-7, 16, 39, 45-55, 257
毛づくろいの会話 (grooming talk) 122, 148

地 (ground) 62-3, 161
Guerini, M. 55
Guidetti, M, 108
Gullberg, M. 108
ガンパース・ジョン (Gumperz, J.) 40, 144, 169, 178, 197, 201, 223-4
ガイアナ人のクレオール化言語 (Guyanese Creole) 210

[H]
Habermas, J. 55
ハイコム語 (Hai//om) 160, 163, 206, 208
ハイマン (Haiman, J.) 52-3
ホール, エドワード・T. (Hall, E. T.) 109, 116-7
ハンクス, ウィリアム (Hanks, W.) 13, 66, 108, 253, 258-9
Harnish, R. M. 55
Harré, R. 142
Harris, S. G. 41
Hassall, T. 142
Haugh, M. 55
ハヴィランド, ジョン・(Haviland, J. B.) 62, 98, 108, 125, 252
頭を振り上げる (head toss) 97 →ジェスチャー (gesture)
ヒーシェン, ヴォルカー (Heeschen, V.) 66, 125-9
Heinemann, T. 206
ヘンペル, カール (Hempel, C.) 15
Henrich, J. 178
ヘリテージ, ジョン (Heritage, J.) 199, 204, 220
ヘルダー, ヨハン・ゴットフリート (Herder, J. G.) 143, 159
ヨルチョー (Hjortsjö, C.-H.) 112
Holler, J. 108
Holzinger, K. 55
敬語 (honorific language/honorifics)

13, 235, 242-3, 245-9, 258
Hookway, C. J.　3
Horn, L.　55
Huang, Y.　39, 41
Hudson, J.　41
Hunt, E.　182
ハイムズ，デル (Hymes, D.)　144, 166-
　9, 177-8, 180, 197, 201, 223
ヒスロップ (Hyslop, C.)　67

[I]

井出祥子 (Ide, S.)　13, 101, 258
イデオロギー (ideology)　→言語イデオ
　ロギー (language ideologies)
グイ語 (IGui)　258
発語内行為 (illocution/illocutionary
　acts)　6, 17, 22-37, 55, 102-4
発語内行為の効果 (effect of)　24-6
　発語内の力 (illocutionary force)　6,
　24-6, 28, 33-4, 37, 102
発語内行為の目的 (illocutionary point)
　32-7, 39
イロンゴト族 (Ilongot)　41-2, 113
想像直示 (imaginative deixis)　→直示
　(deixis)
含み (implicature)　→会話の含み
　(conversational implicature)
指標表現 (indexicals)　7, 59, 65, 87, 97,
　105-7
間接言語行為 (indirect speech acts)
　→言語行為 (speech acts)
推論 (inference)　38-9, 46, 94, 161, 194
インド・ヨーロッパ語族 (Indo-European)
　51, 101, 156, 160, 248, 258
不誠実な言語行為 (insincere speech
　acts)　→言語行為 (speech acts)
意図 (intention)　4, 7, 19, 24, 28, 34, 36,
　41, 44, 53, 120, 128, 132, 134, 138-9,
　155, 188, 194-5, 209
会話参加者 (interactants)　6-7, 66, 90,

101, 118-9, 149-50, 155-6, 210, 218-
9, 255-6
相互行為 (interaction)　7-11, 40, 42, 53,
　57-8, 67, 106, 109-110, 115-20, 123-
　5, 128, 135-41, 149-51, 173-4, 179-
　81, 183-7, 190, 193-4, 199, 203-4,
　206, 209, 220-2, 231, 249-51, 253-7,
　259　→マルチモーダルな相互行為
　(multimodal interaction), 社会的相
　互行為 (social interaction)
相互行為エンジン (interaction engine)
　9, 110, 119, 136-8, 140, 221
相互行為 (interaction entity)　190
相互行為課題 (interaction games)　83,
　86, 161
相互行為の秩序 (interaction order)　11,
　183-4, 186, 189, 220-1
相互行為連鎖 (interaction sequence)
　219
相互行為方略 (interaction strategies)　9,
　110, 113, 119, 122-3, 137-8, 140-1,
　221
相互行為の単位 (interaction unit)　190,
　188, 202
International Pragmatics Association
　(IPrA)　4
固有的参照枠 (intrinsic frame of refer-
　ence)　→空間参照枠 (frames of
　spatial reference)
イヌイット語 (Inuit)　66
アーバイン，ジュディス (Irvine, J.)
　243-9
Ishino, M.　108
イタリア人／イタリア語 (Italian)　103,
　206
Iverson, J. M.　93
Izard, C. E.　113

[J]

Jahoda, G.　177

索　引　297

Jaisson, P.　142
ヤーコブソン (Jakobson, R.)　148, 166
日本語 (Japanese)　99-101, 149, 160,
　163, 208-9, 258
ジャワ語 (Javanese)　243, 247-8
ジェファーソン, ゲイル (Jefferson, G.)
　11, 201, 203-5
Jörgensen, A. M.　182
Jourdan, C.　236
Jucker, A.　55

[K]
カント, イマヌエル (Kant, I.)　47
Kasher, A.　55
片桐恭弘 (Katagiri, Y.)　13, 258
Kataoka, K.　108
キーナン (Keenan, E.)　→Ochs, E.
キーナン (Keenan, E. L.)　62
Kelly. S. D.　94
ケンドン, アダム (Kendon, A.)　8, 58,
　88-92, 96, 103-5, 118, 148, 184-5
ケンドンの連続体 (Kendon's continuum)
　90
Key, M. R.　102
ガラガディ語 (Kgalagadi)　160, 163
コイサン語族 (Khoisan)　160
Kiefer, F.　53
キリヴィラ語 (Kilivila)　3, 7, 52, 58, 68,
　70-2, 74, 76-7, 79, 81-2, 86-7, 144,
　160, 163
身体動作学 (kinesics)　116, 118　→位
　置 (body position), 姿勢 (body
　posture), 身体動作 (body motion)
喜多壮太朗 (Kita, S.)　67, 88, 91, 95-102
Kitayama, S.　101
Klein, W.　62
Koerner, E. F. K.　157
韓国語 (Korean)　9, 143, 151-5, 180, 206
Krauss, R. M.　108
Kroskrity, P. V.　252

クナ語 (Kuna)　10, 144, 170-2, 174-6,
　180

[L]
ラボフ, ウィリアム (Labov, W.)　12,
　121, 224, 228-33, 249-50
Lakoff, R. T.　50-1
行為としての言語 (language as action)
　→行為としての言語 (speech as
　action)
言語・文化・認知 (language, culture and
　cognition)　9-10, 143, 156-9, 165,
　179-80, 256
言語イデオロギー (language ideologies)
　11-2, 223-5, 233-6, 242-3, 247-52,
　257
言語特有の (language-specific)　257
ラオ語 (Lao)　67, 97-8, 206, 208, 258
ラテン語 (Latin)　66, 165, 196
レイバー, ジョン (Laver, J.)　147, 149-
　51
Lee, P.　157
左／右 (left/right)　64, 76, 80, 99, 101,
　161-2
Levelt, W. J. M.　59
レビンソン, スティーブン (Levinson, S.
　C.)　3, 9, 18, 36-7, 39, 46, 50, 57,
　59-60, 65, 98, 110, 112, 119, 136-8,
　140, 159, 162-3, 178, 211, 219, 221
Liebal, K.　108
Liddel, S.　92
言語イデオロギー (linguistic ideologies)
　→言語イデオロギー (language
　ideologies)
言語相対 (性) (linguistic relativity)　10,
　143, 157-8, 178
　強い仮説 (strong version)　10, 158
　弱い仮説 (weak version)　10, 158-9,
　165
　→サピア-ウォーフの仮説 (Sapir-

Whorf hypothesis)

Lillo-Martin, D. 92

Liszkowski, U. 108

ちょっとした儀礼 (little rituals) 119, 124-5, 140, 250 →儀礼 (ritual)

位置 (location) 59-65, 67-8, 81-2, 87, 95, 97-101, 161

場所格 (locatives) 65-6, 68, 79

発語行為 (locutions/locutionary acts) 6, 17, 23-6, 28

ローグ, デイビッド (Logue, D. M.) 203

ロングー語 (Longgu) 160, 163

Lorenz, K. 142

Luckmann, T. 120

Lucy, J. 182

ルー語／村 (Lue) 213, 216

Lyons, J. 62, 148

[M]

Maebiru, E. 236

Makihara, M. 235-42

マラガシ語 (Malagasy) 51

マリノフスキー, ブロニスワフ (Malinowski, B. K.) 9-10, 143-51, 156, 165-7, 174, 179-181

Malotki, E. 182

Margetts, A. 68

Markus, H. R. 101

Martínez-Flor, A. 55

マヤ語族 (Maya) 63, 160, 258

Maynard, S. K. 101

McElhinny, B. 252

マクニール, デイビッド (McNeill, D.) 8, 58, 88-92

意味 (meaning) 3-7, 9, 15-17, 22-5, 28, 37, 39, 45, 47, 50-1, 53, 64, 68, 91-4, 96, 98-9, 103, 107, 114, 137, 143, 145-8, 155-6, 166, 172, 174, 179, 197-9, 202-3, 217, 220, 225, 234, 246-7, 253-

7

語用論的機能 (pragmatic function) 145-6

意味を持つ／意味のある (meaningful) 6, 15, 24, 45, 91, 177, 200, 203, 220

意味を持たない／意味がない (meaningless) 15, 52, 153

メック語 (Mek) 66, 125

Métraux, R. 145

メイ, ヤコブ (Mey, J.) 3-4, 259

誤解 (misunderstanding) 2, 54, 152

モーマン, マイケル (Moerman, M.) 213, 216-8

Monteith, M. K. 232

モーパン語 (Mopan) 160, 163

倫理的 (moral) 186, 190, 256

Morgan, M. 252

モリス, チャールズ (Morris, C.) 3

Morris, D. 97, 148

母子間の相互行為 (mother-child interaction) 115 →相互行為 (interaction)

Mufwene, S. S. 252

Mulamba, K. 55

マルチモーダルな (multimodal) 8, 96, 106, 109, 138, 140, 255, 259

[N]

Naruoka, K. 108

Neumann, R. 105

ノイラート, オットー (Neurath, O.) 15

Newman, S. S. 167

Niemeier, S. 182

ニジェール・コンゴ語族 (Niger-Congo) 63, 243-6

Nikiforidou, K. 108

うなずき／うなずく (nods/nodding) 59, 101-2, 114, 147, 208 →ジェスチャー (gesture)

非言語（コミュニケーション）（non-
verbal (communication)) 10, 26,
38, 57, 89, 102, 119, 125-9, 140-1,
161-3, 179, 256 →コミュニケーショ
ン（communication）
規範（norm/normative）25, 40, 52, 110,
120-1, 141, 165, 167, 180, 187, 203,
208, 220, 223, 234, 250-1, 256-7
相互行為の規範（norms of interaction）
167 →相互行為（interaction）
Núñes, R. E. 99

[O]
オセアニア語族（Oceanic）7, 68, 160
Ochs, E. 51, 178
オドリスクル，ジム（O'Driscoll, J.）
189-90
Ono, T. 222
方向／向き（orientation）59, 62-4, 82,
86-7, 95, 150, 160, 162, 188
エーストマン，ヤン=オラ（Östman,
J.-O.）4
オジュレック，アスリ（Özyürek, A.）
68, 95, 99-100

[P]
Pagliai, V. 121
パマ・ニュンガン語族（Pama-Nyungan）
160
パプア諸語（Papuan）125, 211
Park, Duk-Soo 150-1, 155
パーカー，ドロシー（Parker, D.）147
パーソンズ，タルコット（Parsons, T.）
196
参与観察（participant observation）12,
249, 251
ペイラト（Payrató, L.）102
Pederson, E. 62, 64, 74, 159, 182
行為遂行発話（performatives）17-8, 20-
3, 40, 42, 54, 102

発語媒介行為（perlocutions/perlocution-
ary acts）6, 17, 23-6, 39-40
効果（effect）6, 17, 24-6
Perniss, P. 108
人称直示（personal deixis）→直示
（deixis）
対人距離（personal distance）8, 110,
113, 116-7, 139, 141 →近接空間学
（proxemics）
交感的言語使用（phatic communion）9,
52, 143-4, 146-52, 155-6, 179-81,
221-2, 255
用語行為（phatic act）23-4, 146 →言
語行為（speech acts）
Philipsen, G. 167, 178
系統発生的な儀礼化（phylogenetic
ritualization）8, 111, 119, 141
→儀礼化（ritualization）
ピアジェ（Piaget, J.）94
Pike, K. 177
ピンカー・スティーヴン（Pinker, S.）
164
Ploeg, A. 124
指さし／指し示す（pointing）7, 58-9,
66, 97-8, 100, 102, 106 →直示
（deixis）
丁寧さ（politeness）39-40, 52, 100, 149,
190, 247
位置直示（positional deixis）→直示
（deixis）
姿勢（posture）→身体の姿勢（body
posture）
（行動の）予測可能性（predictability (of
behaviour)) 119, 120, 255
前提（presupposition）16, 20, 50, 199
命題（proposition）20, 22, 28, 32, 35,
43-4, 49, 63, 103, 155
命題内容（propositional content）6, 28-
9, 33-6, 103, 242
命題内容条件（propositional content

conditions) 6, 27, 29-30
命題内容規則 (propositional content rules) 30-2
近接空間学 (proxemics) 116 →対人距離 (personal distance)
Psathas, G. 195, 197
心理言語学 (psycholinguistics) 59, 62, 82, 92, 113, 205
Pullum, G. K. 182
Putnam, H. 57

[R]

ラパ・ヌイ (Rapa Nui) 13, 235, 237-42
対象 (referents) 63-5, 68-71, 73-4, 76, 81-2, 91, 93, 98 →直示 (deixis)
規則／規範 (regulation) 3, 5, 249, 254, 257
ライヘンバッハ, ハンス (Reichenbach, H.) 15
Reiss, N. 55
相対的参照枠 (relative frame of reference) →空間参照枠 (frames of spatial reference)
相対化された直示 (relativized deixis) →直示 (deixis)
指示基点 (relatum) →地 (ground)
修復 (repair) 203, 211-3, 216-8, 222
陳述型 (representatives) 35, 55 →発語内行為 (illocutionary acts)
要請／要求／依頼 (request/requesting) 9, 32, 34-5, 41, 55, 110, 119, 124-9, 132-5, 140, 176, 192, 203, 220, 239
Reynolds, E. 222
儀礼 (ritual) 8-9, 110, 119, 122-4, 132, 134-6, 146, 149, 151-3, 155, 169-77, 179-80, 185-8, 193-4, 220-1, 250, 255-6 →機能 (functions of) 8, 119, 122, 135
儀礼的コミュニケーション (ritual communication) 9, 53, 119-22, 124, 129, 134, 136, 140, 141, 174, 176
儀礼的な侮辱 (ritual insults) 121, 231
儀礼化 (ritualization) 8, 52, 110-1, 119-20, 141, 235
儀礼行動／儀礼化された (行動) (ritualized (behaviour)) 8, 52, 111, 113-4, 115, 118, 120-1, 123-4, 133-5, 139, 175, 221, 255
Roberts, F. 222
Romaine, S. 232
ロザルド, ミッシェル (Rosaldo, M.) 41-3, 113
Rousseau, J.-J. 45
規範／規則 (rules) 3, 5-6, 27-8, 30-2, 70, 121, 123-4, 167, 171, 186-7, 191, 196, 201, 218, 230-2, 254, 256
Russell, B. 19
Russell, J. A. 113, 142
ライル, ギルバート (Ryle, G.) 16

[S]

サックス, ハーヴィ (Sacks, H.) 11, 67, 183, 197, 201-5
Sadock, J. M. 53, 55
Saliba 語 (Saliba) 68
Sandler, W. 92
サピア, エドワード (Sapir, E.) 10, 143, 156-9, 165-6, 179-80
サピア-ウォーフの仮説 (Sapir-Whorf hypothesis) 10, 156-9, 179 →言語相対性 (linguistic relativity)
Sauter, D. 142
Saville-Troike, M. 182
Saxton, P. M. 113
シビサ, マリナ (Sbisà, M.) 17, 20-6, 31
Scheflen, A. E. 142
シェグロフ, エマニュエル・A (Schegloff, E. A.) 11, 67, 201, 203, 205, 218, 220, 222

シェフェリン, バンビ (Schieffelin, B. B.) 178, 233-6, 252

シェーフェンヒューベル, ウルフ (Schiefenhövel, W.) 125

シュリック, モーリッツ (Schlick, M.) 15

Schmitt, A. 142

Schütz, A. 198

サール, ジョン・R. (Searle, J. R.) 6, 16, 27-36, 41-6, 53-4, 257

自己 (self) 11, 101, 186-7, 235-7
→ 自己表現 (presentation of) 123, 136

意味的／意味論 (semantic(s)) 4, 6, 15-6, 27, 30, 45, 70-2, 77, 89, 93, 99, 149, 159, 171, 206, 247-8

Senft, G. 2, 52, 57-8, 62, 68, 70-1, 79, 82, 86-7, 113, 114, 120-1, 124, 130, 138-40, 143-4, 156, 159-62, 165-6, 174, 176-7, 180, 222, 233, 235, 251

連鎖 (sequencing) → 順番／発話 (turn)

シューレン, ピーター (Seuren, P. A. M.) 3, 6, 16, 29, 39-40, 43-5, 53, 158, 254

Seyfeddinipur, M. 103

シャーザー, ジョエル (Sherzer, J.) 10, 144, 166-7, 169-78, 180, 182

サイアミーズ語 (Siamese) 213

Sidnell, J. 209-11, 218-9, 222

記号 (signals) → コミュニケーション上の記号 (communicative signals)

手話 (sign language) 8, 58, 88, 90, 92

沈黙 (silence) 128, 146, 149, 188, 208

シルヴァスティン, マイケル (Silverstein, M.) 224, 233, 242

誠実性条件 (sincerity condition) 30, 34-6 → 言語行為 (speech acts)

誠実性条件規則 (sincerity condition rule) 31-2

Skeat, W. V. 174

スロービン, ダン (Slobin, D. I.) 164, 179

Smith, A. 182

Smith, B. C. 55

社会的行為 (social action) 4, 11, 169, 202-3, 220, 253, 256

社会階級 (social class) 223, 225-8, 237, 249-50

社会的能力 (social competence) 39, 45, 54, 254

社会的コンテクスト (social context) 10, 180, 224, 228, 244, 249, 257

社会契約 (social contract) 45, 186, 256
→ 社会的な契約 (social pact)

社会的直示 (social deixis) → 直示 (deixis)

(社会的な) 出会い (social encounter) 11, 117, 134-5, 148, 150-1, 181, 184-9, 192, 194, 221

(社会的な) アイデンティティ (social identity) 59, 97, 151, 179, 189, 220, 236-7, 242, 250-1, 257

社会的相互行為 (social interaction) 3, 5, 9-11, 94, 102, 110, 115, 119-20, 123, 129, 136, 138-40, 165, 174, 176, 179, 181, 183, 194, 200, 203-4, 206, 220, 228, 233, 253, 255

社会秩序 (social order) 11, 183, 186, 194, 201, 243

社会的な契約 (social pact) 7, 44-5, 53
→ 社会契約 (social contract)

社会的現実 (social reality) 10, 43, 53, 120, 157, 254

社会的関係 (social relationship) 102, 119-20, 122, 172, 186, 191, 225

社会的状況 (social situation) 120, 169, 184, 187, 189, 194, 256

社会言語学 (sociolinguistics) 4, 12, 124, 143, 168, 223-4, 230, 233, 249

結束／連帯 (solidarity) 121, 131, 135-6, 179, 250-1, 255, 257

ソロモン島のピジン英語（Solomon Pijin） 236-7
空間（space） 10, 59-60, 62-3, 65-7, 72, 76-7, 82-3, 91, 95-6, 98-9, 106-7, 116-8, 143, 159-64, 179, 181
スペイン語（Spanish） 170, 237-241
空間直示（spatial deixis） →直示（deixis）
空間参照（spatial reference） 10, 64, 66, 68, 81, 159-61, 179 →空間参照枠（frames of spatial reference），直示（deixis），相互行為課題（interaction games）
話し手中心の直示体系（speaker-based deictic system） 68, 70-1 →直示（deixis）
言語行為（speech acts） 6-7, 16, 20-1, 23, 27, 29, 31, 33-6, 38-44, 53-5, 102-3, 167
　社会的なつながりをつくる力（binding force of） 6, 16, 43-4
　直接言語行為（direct） 36-7
　言語行為の機能（functions of） 39
　間接言語行為（indirect） 36-40, 45-6, 55, 155
　不誠実な言語行為（insincere） 19, 44
　規則（rules of） 6, 27, 31-3
　→事実確認発話（constatives），発語内行為（illocutions），発語行為（locutions），行為遂行発話（performatives），発語媒介行為（perlocutions）
言語行為論（speech act theory） 6, 15-7, 27, 36, 38, 40, 42-3, 53
行為としての言語（speech as action） 7, 17, 20, 53
言語共同体（speech community） 3, 10, 13, 53, 65, 107, 110, 119-20, 124, 139, 235
言語事象（speech event） 57, 65, 166-8, 169, 180, 186, 197, 231, 256

言語様式（speech styles） 166, 168, 180
Sperber, D. 55
スレ語（Sre） 66
Stam, G. 6. 108
地位（status） 33, 44, 121, 123, 127, 149-50, 179, 185, 187, 191, 226, 248, 250
Stenström, A-B. 182
スタイバーズ，タニヤ（Stivers, T.） 62, 203-4, 206-9, 217
Stolz, C. 63
ストローソン，ピーター（Strawson, P.） 16, 19
Streeck, J. 222
Sweetser, E. 99
空間直示の体系（systems of spatial reference） →空間直示の枠組み（frames of spatial reference）

[T]

タイ-カダイ語族（Tai-Kadai） 213
Takanashi, H. 222
タミル語（Tamil） 64, 160, 163
Tanaka, H. 209-10
タネン，デボラ（Tannen, D.） 40-1
電話での会話（telephone conversation） →会話（conversation），ジェスチャー（gesture）
時間直示（temporal deixis） →直示（deixis）
縄張り（行動）（territoriality/territorial behaviour） 110, 139 →対人距離（personal distance），近接空間行動（proxemic behaviour）
タイ語（Thai） 258
主題（theme） →図（figure）
言語に対する思考（thinking for speaking） 164, 179
チベット-ビルマ語族（Tibeto-Burman） 160
トトナック語（Totonac） 160, 163

超領域的 (transdiscipline) 4-5, 13, 254, 257, 259
トランスニューギニア (Trans New Guinea) 125
転置直示 (transposed deixis) →直示 (deixis)
真／真理／真実 (truth) 32, 35, 41, 49, 121, 132, 172
真理条件 (truth conditions) 15
真偽値 (truth value) 35
Tsohatzidis, S. L. 55
トゥカーノ語 (Tucano) 97
トルコ語 (Turkish) 67, 99-100
順番／発話権 (turn) 90, 129, 203-6, 208-11
　順番割り当ての方法 (allocation techniques) 203
　順番完了点 (completion points) 203
　順番構成単位 (constructional units) 203
　先行連鎖 (presequences) 219
　発話連鎖 (sequencing of turn) 218
　順番移行可能場所 (transition relevance places) 203, 209
　問題のある発話 (trouble source turns) 211
順番交替 (turn-taking) 202-3, 208, 218, 220, 222
　間 (gaps) 203-5, 211, 213, 219-20, 222
　重なり (overlaps) 203-5, 208, 210-1, 217, 220, 222
順番移行可能場所 (transition relevance places) →発話／発話権 (turn)
ツェルタル語 (Tzeltal) 160, 163, 206-8

[U]

普遍的 (universal) 6, 9, 51, 66, 96, 110, 112-3, 119, 122, 124, 137-40, 156, 177-8, 208-9, 221, 226, 255-7

Urban, G. 178
Usó-Juan, E. 55

[V]

価値 (values) 52, 102, 122, 149, 167, 169, 238
言語的 (verbal) 15, 109, 124, 136-7, 141, 228-9, 231, 249-50 →相互行為 (interaction)
言葉による闘い (verbal duels) 121 → 儀礼的な侮辱 (ritual insults)
Verschueren, J. 225, 234, 258
Vilakazi, B. W. 244
von Cranach, M. 142
フォン・フンボルト, ヴィルヘルム (von Humboldt, W.) 143, 156-7

[W]

Walmajari 41
Warnock, G. 55
言語使用 (ways of speaking) 3-5, 9-10, 13, 143-52, 166-8, 170, 176, 180-1, 197, 253, 255
Webster, A. K. 252
Weinreich, U. 223
Weissenborn, J. 62
Weitz, S. 89
Werner, O. 182
ウォーフ, ベンジャミン・リー (Whorf, B. L.) 10, 143, 156-9, 164-6, 168, 179
Wilce, J. M. 142
Wilkes-Gibbs, D. 159
Wilkin, K. 108
Wilkins, D. 74, 97
Wilson, D. 55
ヴィトゲンシュタイン, ルードヴィヒ (Wittgenstein, L.) 16, 145
Wodak, R. 252
ウォロフ語 (Wolof) 243, 246-8

ウーラード, キャスリン (Woolard, K.)
233-4, 252
Wootton, A.　186
ヴント, ヴィルヘルム (Wundt, W.)　8,
58, 87-8, 91

ヤノマモ族／ヤノマモ語 (Yanomamö)
9, 110, 115, 119, 124, 129-30, 132,
134-6, 140
Young, M.　144
ユカテコ語 (Yukatec Maya)　63, 258

[Y]
イェレ語 (Yélî-Dnye)　206, 208, 211

[Z]
ズールー語 (Zulu)　243-5, 248

著者・訳者紹介

グンター・ゼンフト（Gunter Senft）
マックス・プランク研究所心理言語学部門（オランダ・ナイメーヘン）上級研究者兼コロン大学言語学科特別教授．1982 年から 30 年間パプアニューギニア・トロブリアンド諸島の言語と文化の研究を行ってきた．研究の関心には，オーストロネシア語，パプア諸語，人類言語学，語用論，意味論，言語・文化・認知の相互関係，空間の概念化・推論，連続動詞構文，名詞分類の体系がある．学術論文，解説論文 150 本以上，20 冊の書籍を出版しており，1992 年から 2001 年まで International Pragmatics Association (IPrA) の学術論文誌の編集委員，2002 年から 2016 年まで編集長を務めた．2009 年からは，*Culture and Language Use—Studies in Anthropological Linguistics* (John Benjamin Publishing Company) の編集委員を務めている．

石崎雅人（いしざき　まさと）
東京大学大学院情報学環教授．Ph.D. (The University of Edinburgh)．北陸先端科学技術大学大学院知識科学研究科助教授，東京大学社会科学研究所助教授，東京大学大学院情報学環助教授を経て現職．主な著書に，『高齢者介護のコミュニケーション研究』（ミネルヴァ書房），『これからの医療コミュニケーションへ向けて』（篠原出版新社），『談話と対話』（東京大学出版会）がある．

野呂幾久子（のろ　いくこ）
東京慈恵会医科大学人間科学教室日本語教育研究室教授．博士（東北大学）．米国国務省日本語研修所講師，静岡大学助教授，東京慈恵会医科大学准教授を経て現職．主な著書に，『コミュニケーション実践トレーニング』（ナカニシヤ出版），『看護系学生のための日本語表現トレーニング』（三省堂），『医療コミュニケーション分析の方法　第 2 版』（三恵社）がある．

語用論の基礎を理解する
(*Understanding Pragmatics*)

著　者	Gunter Senft
訳　者	石崎雅人・野呂幾久子
発行者	武村哲司
印刷所	日之出印刷株式会社

2017 年 9 月 23 日　第 1 版第 1 刷発行

発行所　　株式会社　開 拓 社	〒113-0023 東京都文京区向丘 1-5-2 電話　（03）5842-8900　（代表） 振替　00160-8-39587 http://www.kaitakusha.co.jp

Japanese edition ⓒ 2017 M. Ishizaki and I. Noro　　　　　ISBN978-4-7589-2246-3　C3080

JCOPY ＜（社）出版者著作権管理機構 委託出版物＞
本書の無断複写は，著作権法上での例外を除き禁じられています．複写される場合は，そのつど
事前に，（社）出版者著作権管理機構（電話 03-3513-6969，FAX 03-3513-6979，e-mail: info@
jcopy.or.jp）の許諾を得てください．